Online-Marketing für Sachverständige

Online-Marketing für Sachverständige

Websites erstellen – Kunden finden – gefunden werden

von
Kim Weinand

Mitautorin
RA Hildegard Reppelmund,
Kapitel „Rechtliche Rahmenbedingungen"

Bibliografische Information der Deutschen Nationalbibliothek

Die Deutsche Nationalbibliothek verzeichnet diese Publikation in der Deutschen Nationalbibliografie; detaillierte bibliografische Daten sind im Internet über http://dnb.d-nb.de abrufbar.

Bundesanzeiger Verlag GmbH
Amsterdamer Straße 192
50735 Köln
Internet: www.bundesanzeiger-verlag.de

Beratung und Bestellung:

Tel.: +49 (0) 221 97668-306
Fax: +49 (0) 221 97668-236
E-Mail: vertrieb@bundesanzeiger.de

ISBN (Print): 978-3-8462-0591-4

ISBN (E-Book): 978-3-8462-0593-8

© 2017 Bundesanzeiger Verlag GmbH, Köln

Alle Rechte vorbehalten. Das Werk einschließlich seiner Teile ist urheberrechtlich geschützt. Jede Verwertung außerhalb der Grenzen des Urheberrechtsgesetzes bedarf der vorherigen Zustimmung des Verlags. Dies gilt auch für die fotomechanische Vervielfältigung (Fotokopie/Mikrokopie) und die Einspeicherung und Verarbeitung in elektronischen Systemen. Hinsichtlich der in diesem Werk ggf. enthaltenen Texte von Normen weisen wir darauf hin, dass rechtsverbindlich allein die amtlich verkündeten Texte sind.

Herstellung: Günter Fabritius
Produktmanagement: Elke Ehring
Satz: Cicero Computer GmbH, Bonn
Druck und buchbinderische Verarbeitung: Digital Print Group O. Schimek GmbH, Nürnberg
Titelabbildung: © Julien Eichinger – Fotolia

Printed in Germany

Vorwort

Sehr geehrter Leser, vielen Dank, dass Sie sich für unser Buch entschieden haben. Auf den folgenden Seiten möchten wir Ihnen praxisnah mit vielen Anleitungen zeigen, wie Sie zukünftig zielgerichtet im Internet werben können. Im Vergleich zu klassischen Massenmedien wie Radio, Plakat oder auch Fernsehen können Sie mit Online-Marketing die gleiche Reichweite in Ihrer relevanten Zielgruppe erreichen. Dabei werden Sie allerdings aufgrund geringerer Streuverluste erheblich weniger Werbebudget benötigen.

Mit keinem anderen Medium können Sie potenzielle Interessenten so zielgerichtet ansprechen wie mit dem Internet. Noch viel besser, im Internet finden Sie nicht nur potenzielle Interessenten, sondern Sie lassen sich finden – und zwar genau in dem Moment, in dem ein Interessent in Ihrem Umkreis nach Leistungen Ihres Fachgebiets sucht. Klingt gut? Dann freuen Sie sich auf interessante Einblicke in die Tiefen des Online-Marketings. Aber auch auf rechtliche Fußangeln machen wir Sie aufmerksam. Besser am Anfang etwas Zeit investieren, die rechtlichen Vorgaben richtig zu erfüllen, als später teure Abmahnungen wegen Fehlern einzufangen. Das Kapitel „Rechtliche Rahmenbedingungen" informiert Sie dabei über Grundlegendes – bitte prüfen Sie darüber hinaus stets individuell die für Ihren Fall erforderlichen Maßnahmen.

Viele Informationen möchten wir Ihnen zum aktuellen Zeitpunkt der Veröffentlichung des Buches mit Statistiken und aktuellen Studien darlegen, aber nichts ist so beständig wie der Wandel. Wir sehen täglich, dass dies vor allem für die Kundenansprache im digitalen Zeitalter zutrifft.

Marketing im Internet bzw. digitales Marketing im Allgemeinen kann heute auf Basis vieler Informationen erfolgen und wird daher auch häufig als datengetriebenes Marketing bezeichnet. Während Sie Werbekampagnen ausführen, erfahren Sie auch gleichzeitig in Ihrer Webanalyse immer etwas über die Zielgruppe, deren Interessen und die Geräte, mit denen die Interessenten auf das Internet zugreifen. Die kontinuierliche Analyse wird Sie dabei unterstützen, fortwährend die Werbemaßnahmen im Hinblick auf Ihre Zielsetzung zu überprüfen. So können Sie auch jederzeit neue Marketingmaßnahmen austesten und anhand der Daten, die Sie gewinnen, Ihre Planung anpassen und die Effizienz steigern.

Innovationen überschlagen sich und die digitale Kommunikation wird immer schneller. Aus diesem Grund ist es uns wichtig, Ihnen nicht nur zu zeigen, wie Sie werben, sondern auch, wie Sie in Zukunft Werbekanäle bewerten und als Chance für Ihr Marketing erkennen können.

Der Fisch auf dem Teller ist zwar schön und macht satt, aber wir möchten Ihnen zeigen, wie Sie angeln, denn dann haben Sie auch morgen, übermorgen und in fünf Jahren etwas, was Sie voranbringt.

In diesem Sinne – holen Sie schon mal die Angel, wir gehen fischen!

Kim Weinand   Hildegard Reppelmund
August 2017

Inhaltsverzeichnis

Vorwort 5

1 Marketing für Sachverständige 11
   1.1 Welche Möglichkeiten und Werbewege gibt es? 11
       1.1.1 Klassische „alte" Werbewege 11
       1.1.2 Der neue Werbeweg Online-Marketing 13
   1.2 Marketingmix 17
   1.3 Wie kann ich mich aus der Masse hervorheben? 19
       1.3.1 Mehrwert bieten – Vordrucke und Checklisten 19
       1.3.2 Tipps bereitstellen 20
   1.4 Welcher Werbekanal ist effektiv? 22
       1.4.1 Gibt es effektive Werbung? Ja, gibt es! 22
       1.4.2 Die natürlichen Suchergebnisse 23
   1.5 Wie kann ich die Effektivität von Online-Werbung messen? 26
       1.5.1 Werbereichweite 26
       1.5.2 Werbewirksamkeit 26

2 Was zeichnet Online-Werbung aus und was kann sie leisten? 29
   2.1 Was zeichnet Online-Werbung aus? 30
   2.2 Was kann Online-Werbung leisten? 34
   2.3 Welche Werbeansprache zu welchem Zweck? 35

3 Werbekanäle im Internet 61
   3.1 Strategie und Werbekanal – ein wichtiger Unterschied 61
   3.2 Warum ist eine Website so wichtig? 62
   3.3 Daten und Fakten – Websiteanalyse 69
   3.4 Bei Suchmaschinen gefunden werden 76
       3.4.1 Das klickstarke Drittel in Suchmaschinen 77
       3.4.2 Organische Suchergebnisse 78
       3.4.3 Werbeanzeigen – Google AdWords 83
       3.4.4 Die Kombination von AdWords und organischer SEO 86
       3.4.5 Google My Business – in Google Maps gefunden werden 86
   3.5 Social Media 89
       3.5.1 Ihre eigene Unternehmenspräsenz in Social-Media-Plattformen ... 89
       3.5.2 Unternehmenskommunikation 90
       3.5.3 Werbemaßnahmen in sozialen Netzwerken 91
       3.5.4 Targeting bei der Social-Media-Werbung 92
   3.6 Display-Werbung 94
       3.6.1 Targeting-Kriterien (Context-Targeting, Interessentargeting, Retargeting) 96
       3.6.2 Werbemittel (Bild/Bewegtbild) 98

Inhaltsverzeichnis

3.7 E-Mail-Marketing	100
3.8 Online-PR	102
3.9 Praxishinweise	103
3.9.1 Aktuelle Herausforderungen	103
3.9.2 Was bringt die Zukunft?	104
4 Praxisleitfaden: Websiteerstellung für Sachverständige	**107**
4.1 Technik	107
4.1.1 Die Ladezeit	108
4.1.2 Mobilfähigkeit	109
4.1.3 Ein kurzer Überblick über WordPress	112
4.1.4 Warum es sich lohnt, mit WordPress zu arbeiten	112
4.2 Struktur	121
4.3 Inhaltlicher Aufbau	122
4.4 Optik und Gebrauch („nicht in Schönheit sterben")	123
4.5 Content-Marketing als Strategie für die Website	128
4.5.1 Guter Content schafft Mehrwert	128
4.5.2 Welchen Content veröffentlichen?	128
4.5.3 Der Keyword-Planer von Google	130
4.5.4 Der Nutzer soll wissen, wer der Urheber ist	140
4.5.5 Wie guter Content aussieht	140
4.5.6 Content-Marketing schafft Vertrauen	141
4.5.7 Aufbereitung der Inhalte	141
4.6 Suchmaschinenoptimierung	142
4.6.1 Überschriften	143
4.6.2 Die Meta-Daten	143
4.6.3 Interne Verlinkungen	143
4.7 Websiteanalyse	147
4.7.1 Google Analytics	148
4.7.2 Websiteziele	148
4.7.3 Besucherquellen stärken	149
4.7.4 Prüfung und Optimierung	149
4.7.5 Demografische Daten nutzen	150
4.7.6 Steuerung und Optimierung	150
4.8 Aktuelle Herausforderungen	150
4.9 Zusammenfassung und Praxishinweise	154
5 Werbung und Kommunikation – der feine Unterschied	**157**
5.1 Multiplikatoren als Zielgruppe erkennen	158
5.2 Sachkompetenz zeigen, Erfahrungen teilen	160
5.3 Content-Marketing/Story-Telling	162
5.4 Online-PR	163
5.4.1.1 Der Vorteil einer PR-Anzeige im Gegensatz zur Werbeanzeige	165
5.4.1.2 PR-Anzeigen im richtigen Medium	165

5.5	Fachveröffentlichungen/Bloggen	166
5.6	B2B-Netzwerke (XING, LinkedIn)	171
5.7	Praxishinweis – Fachartikel streuen	176
5.8	Der Vorteil des Sachverständigen	177

6. Rechtliche Rahmenbedingungen ... 179

- 6.1 Was ist beim Einrichten einer Homepage rechtlich zu beachten? ... 179
    - 6.1.1 Domainname ... 179
    - 6.1.2 Impressum ... 180
    - 6.1.3 Impressum bei Social Media ... 182
    - 6.1.4 Dienstleistungsinformationspflichtenverordnung (DL-InfoV) ... 182
    - 6.1.5 Datenschutz ... 184
        - a) Datenschutzerklärung auf der Homepage ... 184
        - b) Inhalt der Datenschutzerklärung ... 184
    - 6.1.6 Urheberrecht ... 186
    - 6.1.7 Links ... 188
- 6.2 Werbung im Internet ... 188
    - 6.2.1 Kommerzielle Kommunikation nach § 6 TMG ... 188
    - 6.2.2 Gesetz gegen den unlauteren Wettbewerb (UWG) ... 188
        - a) Rechtsbruch ... 190
        - b) Mitbewerberschützende Regelungen ... 190
        - c) Verbot der aggressiven Werbung ... 190
        - d) Irreführung ... 190
        - e) Irreführung durch Unterlassen ... 192
        - f) Vergleichende Werbung ... 193
        - g) Belästigende Werbung ... 194
    - 6.2.3 Rechtsdienstleistungen und Rechtsdienstleistungsgesetz ... 195
- 6.3 Besonderheiten für die Werbung von Sachverständigen ... 196
    - 6.3.1 Werbung als öffentlich bestellter und vereidigter Sachverständiger (öbuv) ... 196
        - a) Werbung mit der öffentlichen Bestellung und Vereidigung ... 196
        - b) Werbung mit „Ehemals öffentlich bestellt und vereidigt" ... 197
    - 6.3.2 Werbung mit einer Zertifizierung ... 198
    - 6.3.3 Werbung mit „anerkannter Sachverständiger" und sonstigen Bezeichnungen ... 199
    - 6.3.4 Trennungsgebot ... 200
    - 6.3.5 Werbung mit Referenzen ... 200
- 6.4 Praktische Tipps ... 201
    - 6.4.1 Wen kann man fragen, ob Werbung rechtlich in Ordnung ist? ... 201
    - 6.4.2 Was passiert, wenn man Fehler gemacht hat? ... 201

Inhaltsverzeichnis

       6.4.3 Was tun, wenn Sie eine Abmahnung erhalten haben? 202
            a) Ist der vorgeworfene Rechtsverstoß tatsächlich ein
               Rechtsverstoß? 202
            b) Stimmen die Formalien? 202
            c) Ist derjenige, der abmahnt, zur Abmahnung befugt? 203
            d) Wie ist die Unterlassungserklärung formuliert? 203

Glossar 205

Die Autoren 213

Stichwortverzeichnis 215

1 Marketing für Sachverständige

1.1 Welche Möglichkeiten und Werbewege gibt es?

Sachverständigen bietet sich eine große Auswahl an Möglichkeiten, um auf ihre Leistungen aufmerksam zu machen. Dazu zählen altbewährte, klassische Werbeformen ebenso wie moderne Methoden. Im ersten Kapitel stelle ich Ihnen die diversen klassischen Werbeformen vor. Alle haben ihre Vor- und Nachteile und Sie werden bestimmt mit der ein oder anderen Form der Werbung schon Erfahrungen gesammelt haben.

1.1.1 Klassische „alte" Werbewege

Noch gibt es sie, wenngleich sie vielerorts auch schlanker geworden sein mögen. Telefonbücher und Gelbe Seiten waren jahrzehntelang die Informationsquelle, um Dienstleister aus der eigenen Umgebung schnell ausfindig zu machen und mit ihnen in Kontakt zu treten. Wer gefunden werden wollte, musste sichergehen, darin vertreten zu sein. Mittlerweile sind viele dieser Gewerbe-Nachschlagewerke nur noch onlinebasiert erhältlich und die Printwerke wurden generell von den vielfältigen Auskunftsmöglichkeiten im Internet verdrängt, die auf einen Klick schneller und aktueller eine größere Anzahl an Ergebnissen liefern. Als Sachverständiger war es lange Zeit der erste und beste Weg, in den Gelben Seiten vertreten zu sein und eine Anzeige im lokalen Telefonbuch zu schalten. Wenn Sie heute einen Jugendlichen fragen „Was ist ein Telefonbuch?", dann wird er Ihnen wahrscheinlich sein Smartphone zeigen und die eigenen Kontakte öffnen. Der Begriff „Telefonbuch" hat für die Jugendlichen heute keine tiefere Bedeutung mehr. Auch im Alltag Ihrer Zielgruppen hat das Telefonbuch heute keine Relevanz mehr. Daher wird Ihnen diese Werbeform kaum noch eine nennenswerte Anzahl an Kontakten bringen. So selbstverständlich wie wir früher in den Gelben Seiten nach dem passenden Handwerker oder dem passenden Dienstleister gesucht haben, so selbstverständlich greifen Menschen heute zum Smartphone und recherchieren bei Google nach dem regionalen Angebot an Handwerkern oder Dienstleistungen. Wenn das Telefonbuch ein bewährter Werbeweg für Sie war, dann sollten Sie sich dem heutigen Verhalten Ihrer Zielgruppe anpassen.

Zeitung, Fachzeitschrift, Wurfsendung, Mailing, Flyer

Wenn auch lange vom Printsterben gesprochen wurde, finden Mailings, Flyer und Zeitungen immer noch zielsicher in großer Anzahl ihren Weg in die Briefkästen deutscher Haushalte. Vor allem Fachzeitschriften können geeignet sein, um die gewünschte Zielgruppe zu erreichen und die eigene Kompetenz als Sachverständiger zu unterstreichen. Was jedoch bei Printwerbung immer in Kauf genommen werden muss, sind die Kosten durch Streuverluste. Bei einer Werbeschaltung in einer Zeitung lässt sich nie 100-prozentig die Zielgruppe erreichen. Zum Großteil kommen Menschen mit der Werbebotschaft in Kontakt, die aktuell keinen Bedarf an der Leistung haben. Die Kosten fallen allerdings voll für die gesamte Reichweite an. Ein Nachteil besteht in den oft hohen Anzeigen- und Druckkosten für Printwerbung, die die Einstiegsschwelle in diese Werbeform hoch ansetzen.

1 Marketing für Sachverständige

Plakat, Radio – für Sachverständige kaum geeignet

Glücklich ist, wer als Interviewpartner ins Radiostudio geladen wird, um als Experte zu einem aktuellen Sachverhalt vor Tausenden Ohrenpaaren Stellung zu nehmen und sich dabei als erste Adresse für Betroffene empfehlen zu können. Für alle anderen erweist sich Radiowerbung jedoch ebenso wie Plakatwerbung als kostspielig und wie die Printwerbung mit großen Streuverlusten verbunden. Bei der Plakatwerbung kommt neben relativ hohen Kosten bei Buchung mehrerer Standorte auch ein großes Fragezeichen hinzu, wenn es um die Frage nach dem perfekten Standort geht. Denn wo läuft Ihre Zielgruppe garantiert vorbei, damit das Plakat auch wirklich sinnvoll ist? Eine Frage, die sich in den meisten Fällen nur sehr schwer beantworten lässt.

Fachartikel veröffentlichen

Personen, die nach Sachverständigen-Dienstleistungen suchen, möchten sichergehen, dass sie sich an einen Sachverständigen wenden, der ein Spezialist auf seinem Gebiet ist. Fachartikel bieten die Möglichkeit, sich als Experte zu positionieren und das eigene Fachwissen zu untermauern. Regelmäßige Fachartikel in einschlägigen Medien unterstützen die Wahrnehmung der Kompetenz als Sachverständiger und schaffen erste Anknüpfungspunkte für Personen, die gerade mit genau den Thematiken zu tun haben, die im Artikel beschrieben werden, und hier eine Expertenmeinung einholen möchten.

Als Sachverständiger referieren

Eine gute Variante, um sich als Experte bzw. Expertin zu positionieren, bieten Vorträge, bei denen Interessierte die Möglichkeit erhalten, sich Tipps und Informationen von einem Fachmann zu holen. Tritt tatsächlich Bedarf ein und wird eine Sachverständigenleistung benötigt, ist klar, wer der erste Ansprechpartner dafür sein wird, wenn der Vortrag überzeugend war und damit auch der Erstkontakt bereits stattgefunden hat.

Eigene Informationsveranstaltungen anbieten

Um als Referent auf Veranstaltungen eingeladen zu werden, bedarf es guter Kontakte zu den jeweiligen Veranstaltern. Einfacher ist es hingegen, selbst Informationsveranstaltungen zu organisieren. Diese können im kleineren Rahmen abgehalten werden und bestimmten Themenschwerpunkten gewidmet sein. Laden Sie zu eigenen Veranstaltungen nicht nur Ihre Kunden ein, sondern berücksichtigen Sie auch lokale Verbände wie Handwerkskammern (HWK) und die Industrie- und Handelskammern (IHK) sowie weitere Unternehmervereinigungen am jeweiligen Standort. Eigene Informationsveranstaltungen, zu denen Sie derartige Multiplikatoren einladen, können oftmals ein erster Schritt zu Vorträgen für größere Institutionen und Veranstaltungen sein.

Idealerweise finden diese Veranstaltungen in den eigenen Büroräumlichkeiten statt. Dann ist für zukünftige Kunden bereits die erste Hürde überwunden, den Sachverständigen persönlich aufzusuchen. Tritt konkreter Bedarf ein, wird meist nicht mehr lange überlegt, an wen man sich als Erstes wendet.

1.1.2 Der neue Werbeweg Online-Marketing

Neben den vielen klassischen Werbeformen, die es schon lange gibt, um als Sachverständiger mit der Zielgruppe in Kontakt zu treten, kommt kaum jemand heute noch an Online-Marketing vorbei.

Wesentliche Gründe dafür, warum Sachverständige auf Online-Marketing setzen sollten, sind die klaren Vorteile bei der Erreichung der Kunden:

- **Geringe Streuverluste und damit einhergehend hohe Kosteneffizienz**: Beim Online-Marketing gehen die Streuverluste je nach Werbekanal nahe gegen null. In Kapitel 2 erörtere ich Ihnen unter „Die Targeting-Arten" die Selektionsmöglichkeiten für die Zielgruppenansprache im Detail. Die Zielgruppe kann sehr genau ausgemacht und direkt angesprochen werden. Während Sie bei klassischen Werbeformen jeweils für die Gesamtreichweite zahlen, zahlen Sie im Onlineumfeld häufig nur für die relevanten Kontakte.

- **Große Reichweite**: Das Internet ist ein Massenmedium, das es in der Gesamtreichweite durchaus mit Radio und Fernsehen aufnehmen kann. Drei von vier Deutschen ab 14 Jahren sind online.[1] In der Altersgruppe 18 bis 49 Jahre liegt die Zahl der Internetnutzer sogar deutlich höher.

Abb. 1: Digitale Mediennutzung in der DACH-Region 2016
Quelle: Bundesverband Digitale Wirtschaft (BVDW) e.V.

---

[1] AGOF e.V./digital facts 2016-02.

1 Marketing für Sachverständige

Aber ist die Gesamtreichweite der Online-Werbung oder einer Tageszeitung oder eines Radiosenders gleichbedeutend mit der relevanten Zielgruppe, die Sie ansprechen möchten? Über Online-Werbung lassen sich viele unterschiedliche Zielgruppen selektieren und die Reichweite Ihrer persönlichen Werbeansprache können Sie durch Filter individualisieren. Das können Sie nicht nur regional, sondern auch überregional. Sie haben die vollständige Kontrolle über die Reichweite und Ausspielung Ihrer Werbung und können unterschiedliche Selektionskriterien kombinieren.

- **Flexibilität:** Die Schaltung von Werbeanzeigen im Internet kann sowohl zeitlich, geografisch als auch inhaltlich absolut flexibel angepasst werden. Sie können Ihre Werbung beispielsweise auf wenige Stunden am Tag oder konkret auf Samstage und Sonntage ausrichten. Wenn Sie nur lokal tätig sind, dann werben Sie umkreisbezogen oder in vordefinierten PLZ-Gebieten. Selbst in Bezug auf die Werbemittel können Sie bei fast allen digitalen Werbemöglichkeiten Ihre Werbemittel flexibel anpassen und innerhalb von 24 Stunden austauschen. Während Sie bei einer Zeitungsanzeige logischerweise nach Druck der Zeitung keine Möglichkeit haben, noch Änderungen vorzunehmen, können Sie bei einer Werbeschaltung im Internet jederzeit die Werbeansprache bzw. Ihr Werbemittel verändern. Wenn Sie für 4 Wochen im Internet Bannerwerbung ausführen möchten und bemerken nach der ersten Woche, dass Ihr Werbemittel zwar häufig ausgeliefert und auf Internetportalen dargestellt wird, aber nicht angeklickt wird, dann können Sie das Werbemittel anpassen. Sie können ein neues Werbemittel erstellen, die Werbeansprache verändern oder das Bildmaterial anpassen. Danach tauschen Sie das Banner aus und schalten das neue Werbemittel. Nun können Sie prüfen, ob das neue Werbemittel eine bessere Performance bietet.

- **Geringe Einstiegskosten**: Um den eigenen Service zu bewerben, benötigt es nicht Tausende Euro für eine Anzeige. Der Einstieg ins Online-Marketing ist schon zu weitaus niedrigeren Investitionen möglich. Selbst mit einem Werbebudget unter 100 Euro pro Monat lässt sich mit Werbung bei Suchmaschinen gezielt das regionale Interesse nach den Dienstleistungen bewerben. Die Vergütungsmodelle für Werbemaßnahmen im Internet sind für Sachverständige, Freiberufler sowie kleine und mittelständische Unternehmen optimal. Bei vielen Onlinewerbekanälen zählt das Cost-per-Click-Verfahren. Das bedeutet, dass die reine Auslieferung Ihrer Werbung noch keine Kosten verursacht. Erst wenn ein Internetnutzer Ihre Anzeige wahrnimmt und anklickt und damit sein Interesse an der angebotenen Leistung bekundet, entstehen Ihnen Kosten.

Lassen Sie uns das an einem Beispiel verdeutlichen. Sie sind Bausachverständiger in Berlin. Die Suchanfrage „Bausachverständiger Berlin" wurde in den letzten 12 Monaten durchschnittlich 260-mal pro Monat in Berlin ausgeführt. Mit dem Werbeprogramm Google AdWords (weitere Erklärungen folgen in Kapitel 3) können Sie nun eine Werbeanzeige erstellen, die in den Suchergebnissen erscheinen soll, wenn Nutzer zukünftig mit dieser Suchanfrage bei Google recherchieren.

1.1 Welche Möglichkeiten und Werbewege gibt es?

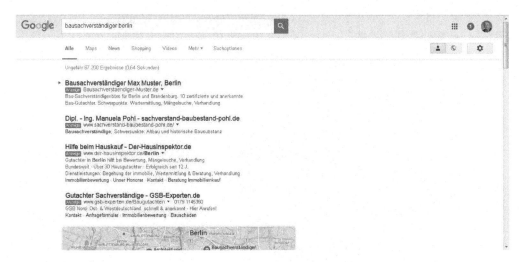

Abb. 2: Google-Suche „Bausachverständiger Berlin"
Quelle: Google und das Google-Logo sind eingetragene Marken von Google Inc., Verwendung mit Genehmigung

Sofern ein Nutzer nach „Bausachverständiger Berlin" googelt und Ihre Anzeige lediglich sieht, aber nicht anklickt, entstehen Ihnen für die Auslieferung der Anzeige keine Kosten. Erst wenn der Nutzer die Anzeige anklickt, müssen Sie für die Werbung einen Klickpreis bezahlen. Der Preis für den Klick ist dabei von vielen unterschiedlichen Faktoren abhängig und kann bei jedem Klick variieren. Grundsätzlich können Sie als Werbetreibender allerdings festlegen, was Sie als maximalen Klickpreis bereit sind auszugeben. Die Ausspielung Ihrer Werbeanzeige richtet sich dann nach diesem Gebotspreis als einem von vielen weiteren Kriterien aus. Das Auktionsmodell für die Ausspielung der Werbeanzeigen in den Suchergebnissen wird Ihnen in Kapitel 3 ausführlicher beschrieben.

1 Marketing für Sachverständige

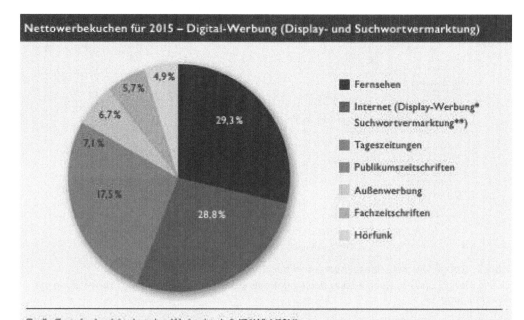

Abb. 3: Nettowerbekuchen 2015 für Digitalwerbung
Quelle: Zentralverband der deutschen Werbewirtschaft (ZAW)/(2016)/OVK-Report 2/2016 hrsg. vom Bundesverband Digitale Wirtschaft (BVDW) e.V.

Die Werbung wird zunehmend digitaler und das Internet als Massenmedium löst die Vorreiterposition von Zeitung, Plakat und Radio ab. 2017 wird das Internet mit hoher Wahrscheinlichkeit einen höheren Anteil am Werbekuchen besitzen als das Fernsehen.

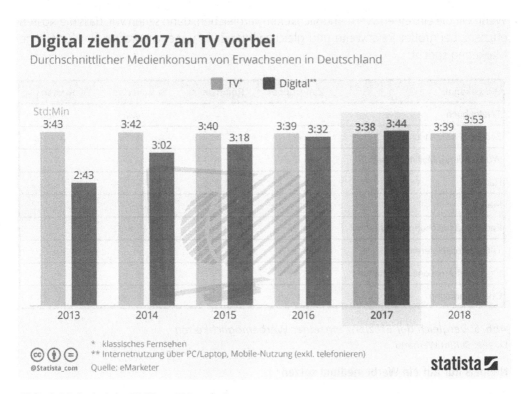

Abb. 4: Digital zieht 2017 an TV vorbei
Quelle: https://de.statista.com/infografik/6788/medienkonsum-von-erwachsenen-in-deutschland/

1.2 Marketingmix

Es stehen also sowohl im Offline- als auch im Onlinebereich viele verschiedene Möglichkeiten zur Kundenkommunikation und zur Werbung zur Verfügung. Wer allerdings meint, auf alle Kanäle gleichzeitig setzen zu müssen, läuft schnell Gefahr, die eigenen Kapazitäten zu überstrapazieren. Selbst große Konzerne schaffen es nur mit gezielter Ressourcenplanung, wirklich alle Werbekanäle für sich zu nutzen. Prüfen Sie daher gezielt, welche Medien von Ihrer Zielgruppe genutzt werden und wo Ihre Werbung am effektivsten wirkt. Es ist durchaus möglich, dass es sowohl Online- als auch Offlinemedien bzw. Marketingmaßnahmen gibt, die für die Ansprache Ihrer Zielgruppe ungeeignet sind. Damit Sie Ihre Wahl richtig treffen, ist es wichtig, dass Sie jeden Marketingkanal in ein Kosten-Nutzen-Verhältnis setzen. Natürlich erreichen Sie mit Plakat, Radio oder auch Display-Werbung in kurzer Zeit eine hohe Reichweite. Es entstehen Ihnen allerdings viel höhere Kosten als bei der Veröffentlichung von Fachartikeln im Internet. Die Werbetätigkeit bringt Ihnen keine weiteren Kontakte, sobald Sie die Werbung einstellen. Ein Fachartikel, den Sie veröffentlichen und der bei Google zu den entsprechenden Suchanfragen gut aufgefunden werden kann, bringt Ihnen nachhaltig Kontakte und kann daher langfristig ein wesentlich besseres Kosten-Nutzen-Verhältnis erbringen als eine klassische Werbeschaltung.

1 Marketing für Sachverständige

Wenn wir die einzelnen Werbemöglichkeiten vergleichen, dann sehen wir, dass die Kosteneffizienz bei großer Reichweite und gleichzeitiger Zielgruppenansprache klar für Online-Marketing spricht:

Werbekanal	Zielgruppe	Reichweite	Streuverlust	Kosten
Telefonbuch	- -	- - -	- - -	- -
Zeitung, Fachzeitschrift	+	+	+	- -
Wurfsendung, Mailing, Flyer	- - -	+	- - -	-
Radio	- - -	+ + +	- - -	- - -
Plakat	- - -	+ +	- - -	- - -
Fachveröffentlichung / Fachartikel	+ +	+	+ +	+
Tätigkeit als Referent	+ +	-	+	+
Eigene Informationsveranstaltung	+ + +	- -	+ + +	+
Onlinemarketing	+ + +	+ + +	+ + +	+ + +

Abb. 5: Vergleich der Effizienz einzelner Werbemöglichkeiten
Quelle: © Kim Weinand

Niemals nur auf ein Werbemedium setzen

Alleine nur auf einen einzelnen Kommunikationskanal zu vertrauen, kann der falsche Weg sein, da es oftmals mehrere Kontakte zum Kunden benötigt, bis ein Auftrag zustande kommt. Was Sie benötigen, ist der richtige Marketingmix. Dabei gilt es, herauszufinden, welche Methoden für Ihr Geschäft gut funktionieren und mit welchen Sie auch ein gutes Gefühl haben. Auch wenn Sie wissen, dass Vorträge eine gute Möglichkeit sein können, um Kontakte zu knüpfen, Sie aber überhaupt nicht gerne in der Öffentlichkeit stehen, sollten Sie sich überlegen, ob nicht vielleicht ein Internet-Blog auf Ihrer Website, in dem Sie Tipps zu Ihrem Fachgebiet geben, besser zu Ihnen passt.

Bewährte Pfade nicht abrupt abbrechen

Wenn Sie komplett neu mit Marketing starten, haben Sie die Möglichkeit, sich Ihren Marketingmix völlig neu zusammenzustellen. Aber: Wenn Sie bereits gute Erfahrungen mit der einen oder anderen Methode haben, bleiben Sie dabei! Es gibt keinen Grund, den bereits eingeschlagenen Weg abrupt zu verlassen, nur um neue, vielleicht zeitgemäßere Wege zu gehen. Versuchen Sie nicht, etwas zu reparieren, das tadellos funktioniert. Wenn es Ihre Kapazitäten erlauben, steht es Ihnen natürlich frei, neue Werbemittel in Ihren Werbemix mit aufzunehmen.

Offen für Neues sein und dem Alten treu bleiben

Seien Sie offen für Neues und probieren Sie aus, welche Marketingwege für Sie funktionieren könnten, die Sie bisher noch nicht ausprobiert haben. Bleiben Sie aber den Maßnahmen treu, die sich bereits gut eingespielt haben und die Ihnen regelmäßig Umsätze bringen. Beim erfolgreichen und auch effizienten Marketing gilt es, auf einen Kern an

Maßnahmen zu setzen und andere Methoden und Werbemittel darum herum aufzubauen.

1.3 Wie kann ich mich aus der Masse hervorheben?

Die Leistung von Sachverständigen wird nur in sehr speziellen Lebenssituationen benötigt. Daraus ergibt sich die Schwierigkeit, dass viele Kunden, die diese Leistungen benötigen, mitunter noch nie Kontakt zu einem Sachverständigen hatten und sich erst einmal umhören müssen, an wen sie sich wenden können. Vertrauen in die Kompetenz des Sachverständigen spielt dabei eine wesentliche Rolle. Sie müssen daher die eigene Präsenz als Experte steigern. Veröffentlichungen, die Teilnahme an Informationsveranstaltungen und Referententätigkeiten sind wesentliche Bestandteile einer solchen Marketingstrategie. Denn sowohl durch Veröffentlichungen als auch durch Vorträge ergeben sich wichtige Anknüpfpunkte mit potenziellen Kunden, die beispielsweise Fragen zu bestimmten Fachthemen haben. Können diese kompetent beantwortet werden, wird sich der Betroffene mit seinem Fall mit hoher Wahrscheinlichkeit an Sie wenden und einen Auftrag erteilen.

Diese Begegnungen und die Tätigkeiten als Referent oder bereits durchgeführte Gutachten dienen Ihnen als Basis, sich der Zielgruppe im Internet zu präsentieren. Bedenken Sie hierbei allerdings bitte, dass es rechtliche Bedingungen bzgl. der Werbung mit Referenzen gibt. Weitere Informationen dazu erhalten Sie in Kapitel 6.3.5.

1.3.1 Mehrwert bieten – Vordrucke und Checklisten

Eine gute Möglichkeit, um in Erinnerung zu bleiben, aber vor allem um „einen Fuß in die Tür zu bekommen", bieten Vordrucke und Checklisten, die selbstverständlich mit Ihren Kontaktdaten versehen sind. Dadurch bieten Sie Interessenten einen wichtigen Mehrwert und schaffen vor allem einen Multiplikatoreffekt: Häufig werden Sie von Freunden, Bekannten und Kollegen weiterempfohlen.

1 Marketing für Sachverständige

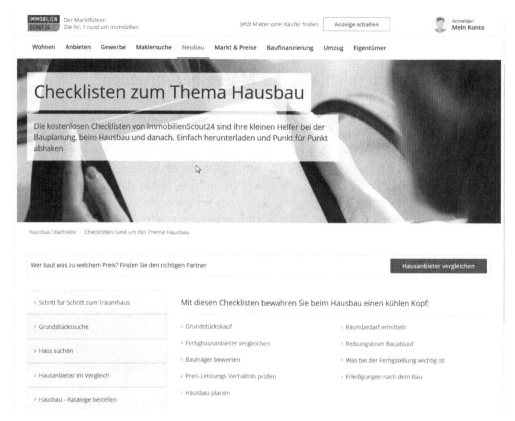

Abb. 6: Immobilienscout24 bietet Checklisten zum Thema „Hausbau" und wird damit bei Google auch zu den entsprechenden Suchbegriffen gefunden
Quelle: © Immobilien Scout GbmH

1.3.2 Tipps bereitstellen

Bei Vorträgen und Referententätigkeiten steht häufig im Mittelpunkt, wertvolle Tipps bereitzustellen, mit denen Betroffene von Schäden – z. B. im Kfz- oder Baubereich – sich schon ein Stück des Weges selbst helfen oder aber sich einen ersten Überblick verschaffen können. Speziell im Immobilien- oder aber auch im Kfz-Bereich gibt es zahlreiche Beispiele, um Tipps zu geben, damit sich Betroffene besser absichern können oder keine Fehler begehen. Diese Menschen werden dankbar für die Hinweise sein, die oft bares Geld wert sind, und sich vertrauensvoll an Sie wenden, wenn es darum geht, ein Sachverständigen-Protokoll zu erstellen. Vor allem, wenn es durch kleine Handlungsempfehlungen schon gelingt, den Betroffenen vor hohen Folgekosten zu schützen, bleibt dies meist sehr nachhaltig im Gedächtnis. So empfehlen Sie sich als kompetenten Ansprechpartner. Deshalb: Zeigen Sie auch online Ihre Fachexpertise und stellen Sie wichtige Tipps bereit. Aber zeigen Sie auch auf, wie Sie konkret unterstützen können, falls Ihre Hilfe vonnöten sein sollte.

1.3 Wie kann ich mich aus der Masse hervorheben?

www.immobilienscout24.de

IMMOBILIEN SCOUT 24

Checkliste Raumprogramm

Raum	Anzahl Räume	Fläche in m²	Lage			
			Keller	EG	OG	DG
Wohnräume:						
Wohnzimmer mit Essplatz						
Wohnzimmer ohne Essplatz						
Esszimmer						
Arbeitsküche						
Wohnküche						
offene Küche						
Gästezimmer						
Eltern-Schlafzimmer						
Schrankzimmer / Ankleideraum						
Kinderzimmer 1						
Kinderzimmer 2						
Kinderzimmer 3						
Bad Eltern (mit / ohne WC)						
Bad Kinder (mit / ohne WC)						
Bad Gast (mit / ohne WC)						
WC						
Arbeitszimmer / Büro						
Terrasse						
Balkon (1/4 bis 1/2 anrechenbar)						
Loggia (1/2 anrechenbar)						
Gebrauchsräume:						
Hausarbeitsraum						
Abstellraum 1						
Abstellraum 2						
Vorratsraum						
Hobbyraum						
Werkstatt						
Sauna / Fitnessraum						
Garage 1						
Garage 2						
Sonstiges						
Summe Wohnfläche: (ca. 73% BGF)						
Erschließung: (zählt nicht zur Wohnfläche)						
Treppenraum 1						
Treppenraum 2						
Flur 1						
Flur 2						
Summe Erschließung:						
Technikräume: (zählt nicht zur Wohnfläche!)						
Hausanschlussraum						
Heizungsraum						
Brennstofflagerraum						
Sonstige						
Summe Technik:						

Der Marktführer:
Deutschlands größter Immobilienmarkt

Abb. 7: Immobilienscout24 bietet auch Vordrucke zum Download als PDF an. Ein Mehrwert, der gerne genutzt und geteilt wird
Quelle: © Immobilien Scout GmbH

1.4 Welcher Werbekanal ist effektiv?

Um Effektivität im Marketing mit den Worten von Henry Ford zu beschreiben: „Ich weiß, die Hälfte meiner Werbung ist hinausgeworfenes Geld. Ich weiß nur nicht, welche Hälfte." Mit dieser Definition erfahren Sie bereits einiges über Streuverluste bei der Werbung.

Streuverluste gehörten lange Zeit zur Werbung: Denn ob Sie den Weg der Postwurfsendung wählen, eine Schaltung in der regionalen Tageszeitung oder sogar eine Radioschaltung – es wird immer einen großen Anteil an Empfängern geben, der überhaupt keinen Bedarf für Ihr Angebot hat. Diese Kontakte nennt man Streuverluste. Bei klassischer Werbung sind es üblicherweise lediglich einige wenige Prozent der eigentlich erreichten Personen, aus denen sich tatsächlich Umsätze ergeben.

1.4.1 Gibt es effektive Werbung? Ja, gibt es!

Eine deutlich andere Lage zeigt sich im Bereich der Online-Werbung. Im Vergleich zu klassischen Werbeformen sind hier weitaus weniger Streuverluste zu verzeichnen. Der Grund dafür liegt darin, dass nicht einfach Anzeigen gebucht werden in der Hoffnung, dass die Zielgruppe sich unter den Empfängern befindet, sondern die Werbekampagnen so abgestimmt werden, dass ausschließlich die Zielgruppe damit angesprochen wird bzw. die Personen, die begründet Interesse an Ihren Dienstleistungen haben könnten.

Wie kann dieser hohe Grad an Effektivität erreicht werden? Die Erklärung dafür ist einfach. Nutzer im Internet sind zwar anonym, aber sie hinterlassen Spuren und das Nutzerverhalten bzw. die Surfhistorie kann zu Marketingzwecken analysiert werden. Wer heute eine Zeitung liest, gibt dem Verleger in der Regel keinerlei Informationen über sich, seine Vorlieben und Kaufgewohnheiten preis. Wer allerdings eine Website im Internet besucht oder nach Produkten in einer Suchmaschine sucht, tut dies sehr wohl. Bei jedem Klick werden Daten über den jeweiligen User gespeichert, auch wenn nicht namentlich. Dank der Historie der besuchten Seiten oder der Eingaben bei Google und anderen Suchmaschinen lässt sich sehr gut auswerten, welche Interessen die jeweiligen Nutzer haben oder nach welchen Themen oder Angeboten sie im Internet suchen.

Suchmaschinen wie Google, die auch bezahlte Werbung anbieten, verknüpfen diese Daten mit ihrem Werbetool, sodass Werbetreibende die Möglichkeit haben, ihre Werbekampagne ganz speziell auf die gewünschte Zielgruppe abzustimmen. Dank dieser intelligenten Technologie werden Streuverluste minimiert. Die Onlinewerbeanzeigen bekommen nur jene Personen zu sehen, die anhand ihrer Suchhistorie der Zielgruppe angehören.

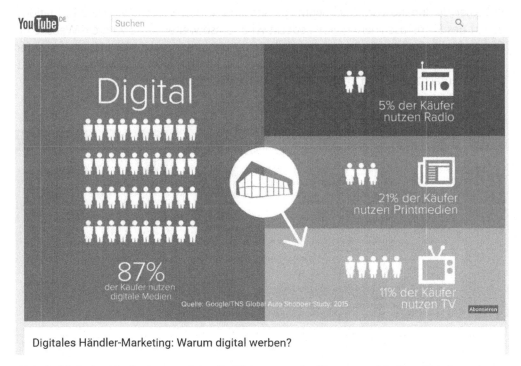

Abb. 8: Digitales Marketing erreicht die Zielgruppe der Neuwagenkäufer effektiver als andere Medien
Quelle: https://youtu.be/zzz9_hqGOgE; Google und das Google-Logo sind eingetragene Marken von Google Inc., Verwendung mit Genehmigung

1.4.2 Die natürlichen Suchergebnisse

Ebenso verhält es sich auch bei sogenannten natürlichen Suchergebnissen, die in den Suchmaschinen aufscheinen, wenn ein Nutzer einen bestimmten Begriff, nach dem er sucht, in das Suchfeld eingibt. Google versucht immer, dem Nutzer möglichst das relevanteste Ergebnis zu liefern, das zur Verfügung steht.

Ein Beispiel:

Sucht ein Nutzer bei Google beispielsweise nach dem Begriff „Kfz-Schadensgutachten", wird die Suchmaschine versuchen, die relevantesten Ergebnisse zu dieser Suche herauszufiltern. In keinem Fall wird der Nutzer also etwa Websites für Autoreinigung oder gänzlich andere Branchen angezeigt bekommen, da diese seinem Suchbegriff nicht entsprechen würden. Google verwendet mittlerweile einen sehr intelligenten Algorithmus, um zu erkennen, welche Websites in Bezug auf bestimmte Suchbegriffe besonders relevant sind und welche nicht.

Dazu werden die thematische Relevanz, technische Mindestanforderungen (Ladezeit und Mobilfähigkeit der Website) sowie weitere Faktoren berücksichtigt. Der Aufbereitung und Strukturierung einer Website, aber auch den darauf befindlichen Inhalten, kommt dabei eine entscheidende Rolle zu.

1 Marketing für Sachverständige

Je besser die Inhalte zum Suchbegriff passen und je besser der jeweilige Informationsbedarf des Suchmaschinennutzers gedeckt wird, umso weiter vorne wird die Website bei Google in den Suchergebnissen potenziell gereiht und umso mehr relevante Interessenten landen auf Ihrer Website. Anschaulich wird dies bei komplexeren Suchanfragen wie „Kfz-Schadengutachten Kosten" oder „Hausdach-Sachverständigengutachten".

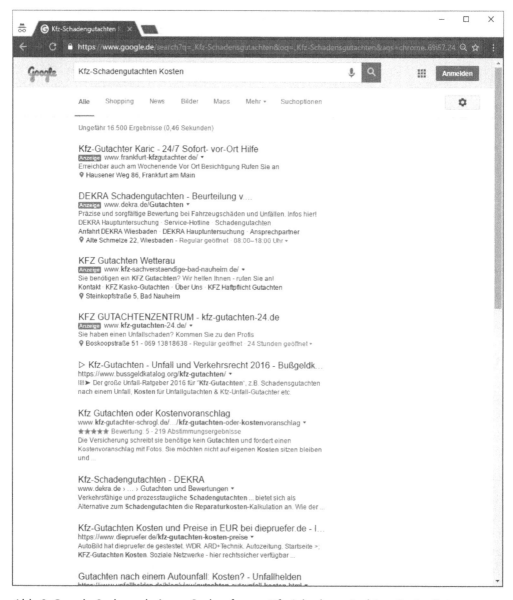

Abb. 9: Google-Suchergebnis zur Suchanfrage „Kfz-Schadengutachten Kosten"
Quelle: Google und das Google-Logo sind eingetragene Marken von Google Inc., Verwendung mit Genehmigung

1.4 Welcher Werbekanal ist effektiv?

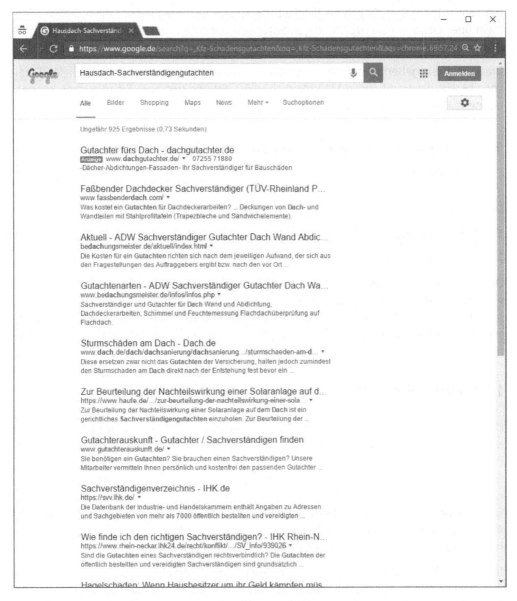

Abb. 10: Google-Suchergebnis zur Suchanfrage „Hausdach-Sachverständigengutachten"
Quelle: Google und das Google-Logo sind eingetragene Marken von Google Inc., Verwendung mit Genehmigung

Bei solchen Suchanfragen sind die Nutzer bereits sehr genau auf der Suche nach einem speziellen Angebot oder einer speziellen Information. Google wird versuchen, genau diese Information zu liefern und nicht etwa Inhalte, die sich nur am Rande damit beschäftigen. Websites, die bei ersterer Suchfrage eine konkrete Kostenaufschlüsselung für ein Kfz-Schadengutachten oder Preisbeispiele bereithalten, sind hier sehr wahrscheinlich im Vorteil und werden in den Suchergebnissen weiter vorne angezeigt. Beim zweiten Suchbegriff wird Google eine Website, die Inhalte gezielt zum Thema Hausdach-Sachverständigengutachten liefert, mit hoher Wahrscheinlichkeit vor andere Websites reihen, die lediglich allgemein über Gebäude-Sachverständigenleistungen berichten und damit den konkreten Informationsbedarf des Nutzers nicht genau abdecken.

Diese Beispiele geben einen kleinen Einblick, warum Online-Marketing in so vielen Bereichen bereits das traditionelle Marketing abgelöst hat und wie auch Sie es nutzen können, um neue Kunden für sich zu gewinnen.

1.5 Wie kann ich die Effektivität von Online-Werbung messen?

Die Effektivität von Online-Werbung wird in 2 Kategorien unterteilt:

1. Werbereichweite

2. Werbewirksamkeit

Die Werbereichweite beschreibt die quantitative Bewertung der Online-Werbung: Wie viele Kontakte konnten angesprochen werden? Die Werbewirksamkeit hingegen beschreibt die qualitative Bewertung der Onlinemaßnahmen: Wie viele potenzielle Interessenten haben ein vordefiniertes Ziel ausgeführt (beispielsweise Kontaktformular ausgefüllt)?

1.5.1 Werbereichweite

Die Werbereichweite ist bei der Online-Werbung im Vergleich zu vielen traditionellen Werbemitteln äußerst genau festzustellen. So lässt sich ohne großen Aufwand auswerten, wie oft eine Anzeige Nutzern gezeigt wurde bzw. wie viele Impressionen stattgefunden haben. Dabei handelt es sich um einen rein quantitativen Wert, der über die Qualität der Kontakte nichts aussagt. Sehr ähnlich verhält es sich beispielsweise mit der Auflage einer Zeitung. Selbst wenn diese hoch ist und eine Anzeige in der Ausgabe damit theoretisch eine hohe Anzahl an Lesern erreicht hat, bedeutet dies noch nicht, dass die Anzeige auch wahrgenommen wurde oder danach eine Kaufaktion stattgefunden hat.

Je nach Werbekanal gibt es weitere relevante Kriterien. Beispielsweise bei Werbung in sozialen Netzwerken wie Facebook, XING etc. Dort zählen dann noch die Likes und Shares. Bei der Google-Suche gibt es auch den Wert „Lost Impression Share", der Ihnen anzeigt, wie häufig Ihre Werbung im Verhältnis zum Gesamtsuchvolumen zu den entsprechenden Suchbegriffen eingeblendet wurde. Das zeigt, wie viel zusätzliches Potenzial es noch gibt.

1.5.2 Werbewirksamkeit

Um allerdings die Effektivität von Online-Werbung messen zu können, ist es für Werbetreibende wichtig, zu erfahren, wie die Interessenten mit den Anzeigen interagiert haben. Haben sie bloß ein Video geschaut und die Werbeeinschaltung daneben gar nicht wahrgenommen? Wurde das Werbemittel bewusst wahrgenommen oder gar nicht beachtet?

1.5 Wie kann ich die Effektivität von Online-Werbung messen?

Die Klicks auf ein Banner und andere Werbemittel geben Auskunft über die Interaktion und damit über das Interesse an der Werbung. Doch wirklich wirksam ist Werbung erst, wenn sie sich auch in Umsätzen widerspiegelt bzw. in der gewünschten Handlung, auf die der Werbetreibende abzielt.

Eine Möglichkeit, die Werbewirksamkeit zu messen, besteht in einer lokalen Websitestatistik. Noch aussagekräftiger ist jedoch der Einsatz sogenannter Conversion-Pixel, die in der Website genau dort platziert werden, wo die gewünschte Handlung ausgeführt werden soll, und diese messen. Beispielsweise kann dies der Download eines PDFs sein, das Ausfüllen eines Formulars oder das Absenden einer Bestellung. Ein Conversion-Pixel ist ein kleines Quellcode-Fragment, welches in die Website integriert wird und das Ausführen dieser vordefinierten Aktionen protokolliert. Wenn Sie beispielsweise ein Kontaktformular auf Ihrer Website haben, dann kann es durchaus ein Ziel der Werbeaktivität sein, mehr Kontaktanfragen zu erhalten. Mithilfe des Conversion-Trackings wird genau das analysiert. Jedes Mal, wenn ein Besucher Ihrer Website ein Kontaktformular ausfüllt und absendet, wird dies als Conversion bzw. Zielerfüllung gewertet und durch das Conversion-Pixel an Ihre Webanalyse oder das entsprechende Programm weitergeleitet. In der späteren Analyse können Sie dann Ihre Werbeausgaben der Anzahl der Zielerreichungen gegenüberstellen und die Wirtschaftlichkeit der Maßnahme überprüfen.

Die Kampagnenanalyse

Wenn Sie Werbekampagnen im Internet durchführen, ist es wichtig, diese währenddessen und auch im Anschluss genau analysieren zu können. Egal, ob es sich um eine Kampagne mit Google AdWords, eine Facebook-Werbekampagne oder ein Bannerprogramm handelt. In der Regel stellen die Anbieter Ihnen umfangreiche Tools zur Verfügung, um die Erfolge Ihrer Kampagne genau messen zu können. Dabei kommen jedoch häufig Begriffe vor, mit denen Sie sich unbedingt vertraut machen sollten. In Kapitel 3.3 schauen wir uns daher einige dieser Begriffe genauer an.

Erfolgskontrolle und Optimierung

Dank der zuvor genannten Kennzahlen erhalten Sie umfassende Möglichkeiten, um den Erfolg Ihrer Onlinekampagnen messen zu können. Wichtig ist dabei, dass dies als ein langfristiger Prozess anzusehen ist. Nur selten wird eine Onlinekampagne aufgesetzt, die sofort perfekt funktioniert und zu geringen Kosten viele Aufträge beschert. Darum ist es empfehlenswert, zuerst mit einem kleineren Budget zu starten und die Onlinekampagne zu testen und zu optimieren, bevor mit größeren Budgets gearbeitet wird. Dank der flexiblen Möglichkeiten hinsichtlich des Budgets im Online-Marketing können Sie zuerst mit geringen Kosten testen, bevor Sie sich schlussendlich für Kampagneneinstellungen entscheiden, die Sie auch mit einem großen Budget ausrollen möchten.

Starten Sie beispielsweise mit einer kleinen Testkampagne. Mit dem Werbeprogramm Google AdWords (später mehr dazu) können Sie eine 10-tägige Kampagne mit einem Werbeeinsatz von 100 Euro ausführen. Indem Sie mit einer derartigen kleinen Testkampagne beginnen, erhalten Sie bereits verschiedene erste Daten. Sie können sehen, wie Ihre Kampagne ankommt, bevor Sie dann mehr Kapital einsetzen. Mit Daten wie der Anzahl

1 Marketing für Sachverständige

der Unique Users oder den Ad Impressions lassen sich vor allem Rückschlüsse auf die Effektivität hinsichtlich der Werbereichweite treffen.

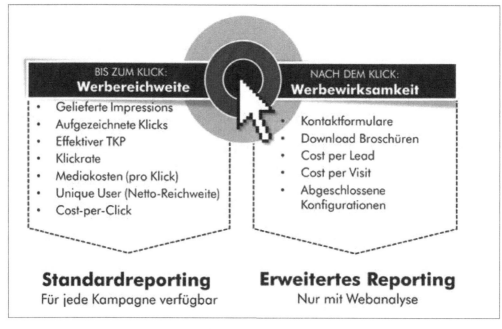

Abb. 11: Die qualitative Bewertung der Werbeaktivität beginnt erst nach dem Klick
Quelle: © Kim Weinand

Praxistipp: 5 Tipps für den Start ins digitale Marketing

 1. *Ihre Website ist der zentrale Punkt Ihrer Werbung. Starten Sie nicht mit Online-Werbung, solange Sie auf Ihrer Website keine Mehrwerte für Interessenten bieten.*

2. *Glänzen Sie durch Know-how und bieten Sie Mehrwert! Nicht jeder, der Ihre Website besucht, hat ein konkretes Auftragsinteresse. Vordrucke, Checklisten und Tipps bieten Besuchern wichtige Erkenntnisse entsprechend ihrem Informationsbedarf. Wer sich einmal gut beraten fühlt, wendet sich mit höherer Wahrscheinlichkeit wieder an die gleiche Person, wenn neuer Bedarf eintritt.*

3. *Achten Sie auf einen Marketingmix: Setzen Sie nicht auf einen einzelnen Werbekanal. Wie bereits geschildert, rate ich Ihnen nicht dazu, bewährte Pfade abrupt abzubrechen. Allerdings möchte ich Sie bitten, für Neues offen zu sein.*

4. *Bewerten Sie Ihre Werbe- und Kommunikationsstrategie nach einem Kosten-Nutzen-Verhältnis und berücksichtigen Sie potenziell langfristige Auswirkungen der Maßnahmen.*

5. *Schaffen Sie sich eine aussagekräftige Bewertungsgrundlage, auf der Sie alle Maßnahmen messen und analysieren können.*

2 Was zeichnet Online-Werbung aus und was kann sie leisten?

Die Frage lautet heute nicht mehr „Kann ich im Internet Kunden erreichen?", sondern „Wie kann ich Kunden zielgerichtet erreichen?" oder aber „Wie viele potenzielle Kunden kann ich dort erreichen?".

Ein einfaches Beispiel zeigt bereits, welches enorme Potenzial Online-Marketing für Ihre Kundenansprache bietet. Der Begriff „Bausachverständiger" wurde in den letzten 12 Monaten 79.200-mal gegoogelt. Der Suchbegriff „Fahrzeugbewertung" wurde sogar 120.000-mal in den letzten 12 Monaten recherchiert (Stand: 8/2017). „Googeln" ist zu einem eigenständigen Begriff geworden und es hat unseren Lebensalltag und die Art, wie wir Informationen recherchieren, revolutioniert.

Die Frage „Wie viele potenzielle Kunden kann ich erreichen?" lässt sich beim Online-Marketing also recht eindeutig beantworten. Anhand der Anzahl der monatlichen bzw. jährlichen Suchen zu einschlägigen Begriffen lässt sich die Größe der Zielgruppe, die online angesprochen werden kann, sehr gut bestimmen. Wenn Internetnutzer bei Google Begriffe wie „Sachverständigengutachten Kosten", „Bausachverständiger Berlin" oder „Kfz-Gutachten erstellen" eingeben, dann tun sie dies nicht einfach als Zeitvertreib, sondern weil sie einen konkreten Bedarf haben. Daher handelt es sich um potenzielle Kunden, die bereit sind, eine Leistung aus dem gesuchten Bereich zu buchen und Geld dafür auszugeben. Die potenzielle Größe einer solchen Zielgruppe lässt sich damit relativ genau bestimmen.

2 Was zeichnet Online-Werbung aus und was kann sie leisten?

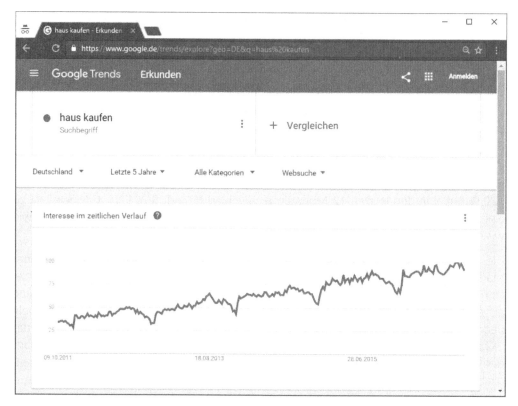

Abb. 12: Mit Google Trends (www.google.de/trends) ermitteln Sie das Suchinteresse im zeitlichen Verlauf und sehen, ob bestimmte Themen zeitlich stärker frequentiert werden
Quelle: Google und das Google-Logo sind eingetragene Marken von Google Inc., Verwendung mit Genehmigung

Die Frage, die sich stellt, ist nun lediglich: Wie gelingt es, diese potenziellen Kunden auf das eigene Angebot aufmerksam zu machen?

2.1 Was zeichnet Online-Werbung aus?

Das Internet unterscheidet sich klar von den klassischen Medien. Ein riesiger Vorteil liegt in der großen Reichweite, die sich damit generieren lässt. Während nicht jeder eine Tageszeitung liest und auch nicht jeder fernsieht, verzichtet kaum jemand auf das Onlinemedium Internet. Die Zahlen sprechen eine klare Sprache:

In der Altersgruppe der 14- bis 49-Jährigen sind 9 von 10 Deutschen online. Das Internet zählt damit zu den großen Massenmedien des Landes. Insgesamt hatten 2015 ganze 77,6 % der Deutschen Zugang zu einem Internetanschluss. Aber was noch wichtiger erscheint: Das Internet ist aufgrund der riesigen Menge an Informationsquellen zum wichtigsten Informationskanal bei Kaufentscheidungen geworden. Bei der Informationseinholung spielen nicht nur Produktbeschreibungen eine Rolle, sondern auch Erfahrungsberichte in Blogs oder Bewertungen anderer Kunden in Onlineshops und Bewertungsportalen. Interessenten für ein Produkt oder eine Dienstleistung möchten von Experten oder auch von anderen Kunden wissen, wie diese das Angebot bewerten und wie zufrieden sie mit einer Leistung waren, bevor sie diese selbst in Anspruch nehmen.

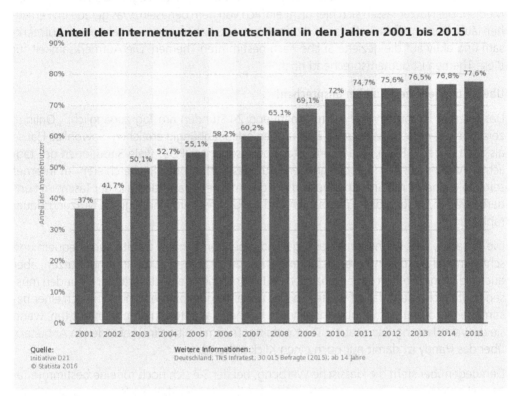

Abb. 13: Internetnutzer in Deutschland 2001–2015
Quelle: http://de.statista.com/statistik/daten/studie/13070/umfrage/entwicklung-der-internetnutzung-in-deutschland-seit-2001/

In welchem Ausmaß das Internet zur Einholung von Informationen bereits andere Quellen abgelöst hat, zeigt ein Blick in die Statistik. Jeden Tag wird das Internet von rund 45 Mio. Personen in Deutschland für persönliche Zwecke genutzt.[1] Etwa, um nach Dienstleistungen zu suchen, Informationen zu recherchieren, aber natürlich auch um E-Mails zu schreiben, Nachrichten und Blogs online zu lesen oder soziale Kontakte in Social Networks zu pflegen. Das Internet kann demnach nicht nur mit Fernsehen, Radio oder dem Plakat in puncto Reichweite leicht mithalten, sondern übertrifft die traditionellen Medien sogar in einem noch viel entscheidenderen Punkt, nämlich in der Interaktivität:

Während Menschen Plakatwerbung, Fernsehwerbung und Radiospots eher nebenbei wahrnehmen, öffnen diese Personen ihren Internet-Browser meist mit der ganz konkreten Intention, sich mit einem bestimmten Thema intensiv zu beschäftigen. Sei es zu Unterhaltungszwecken beim Lesen von Blogs oder dem Ansehen von YouTube-Videos oder aber

---

1 Quelle: http://www.ard-zdf-onlinestudie.de/ ARD/ZDF Onlinestudie 2016.

auch, um sich nach Tipps für bestimmte Lebenssituationen zu erkundigen oder ganz gezielt nach Produkten und Dienstleistungen zu suchen.

Und in genau diesem Punkt unterscheidet sich das Internet grundlegend von allen anderen Medien: Die Nutzer lassen sich hier nicht einfach von dem berieseln, was gerade im Fernsehen läuft, ohne großen Einfluss auf das Programm zu haben, sondern gehen sehr aufmerksam und aktiv auf die gezielte Suche nach bestimmten Themen. Die Aufmerksamkeit für diese Themen ist dementsprechend hoch.

Überall und jederzeit Kunden ansprechen!

Das Internet ist mittlerweile weltumspannend 24 Stunden am Tag zugänglich. „Online" zeichnet aus, dass Sie potenzielle Zielgruppen ortsunabhängig erreichen. Sowohl zu Hause als auch in der U-Bahn, in der Innenstadt oder sogar am POS. Viele Situationen des täglichen Ablaufs können ausschlaggebend für das Surfen oder Recherchieren im Internet sein. Da wir heute mit Smartphone und Co. das Internet quasi ständig in der Tasche mit uns herumtragen, steigen die Nutzerzahlen und die durchschnittliche tägliche Nutzungsdauer rapide an.

Die Tatsache, dass wir heute in der Lage sind, über immer mehr Geräte auch bequem und schnell mobil auf das Internet zuzugreifen, hat die Art, wie wir das Internet nutzen, aber auch die Möglichkeiten der potenziellen PR-Maßnahmen deutlich verändert. Kunden müssen heute nicht mehr darauf warten, bis sie daheim angekommen sind, um nach einer bestimmten Information zu googeln, sondern können das sofort in dem Moment tun, wenn sie die Veranlassung dazu haben. Die Kontaktaufnahme mit online gefundenen Anbietern über das Handy ist damit nur noch einen Klick entfernt.

Demgegenüber steht die klassische Werbung, bei der Sie sich noch für eine bestimmte Tageszeit entscheiden müssen, um mit einem bestimmten Werbeimpuls Interessenten in ihrem Alltag erreichen zu können. Ob es die Tageszeitung ist, die morgens beim Frühstück durchgeblättert, oder der Radiospot, der in der Arbeit oder im Auto wahrgenommen wird. Sie erreichen die potenzielle Zielgruppe immer nur zu einem ganz bestimmten Moment, der nicht zwangsläufig auch der richtige sein muss, um Ihre Werbebotschaft nachhaltig zu vermitteln. Auch das Plakat ist meist nur tagsüber sichtbar und bedarf gut frequentierter Standorte, um zu wirken. Bei Einschaltungen im Kino-Vorspann oder zwischen TV-Sendungen erreichen Sie die Zielgruppe in entspannter Atmosphäre am Abend, sodass auch die Werbebotschaft darauf abgestimmt sein sollte.

Das Internet hingegen ist für potenzielle Interessenten Tag und Nacht verfügbar. Ganz egal, ob diese erst um Mitternacht Zeit finden, um die gewünschten Informationen zu recherchieren, oder aber frühmorgens vor der Arbeit oder auf dem Weg ins Büro, um die durch die Recherche gewonnene Meinung später in der Kaffeeküche noch mit Kollegen besprechen zu können. Online-Werbung ist immer genau dann präsent, wenn das Thema für den Interessenten gerade hochaktuell ist und er sich der Sache mit voller Aufmerksamkeit widmen kann. Ein nicht zu unterschätzender Faktor.

2.1 Was zeichnet Online-Werbung aus?

Cookies, digitale Spuren und andere süße Werbeversprechen

Online-Marketing bietet die Möglichkeit, die digitalen Spuren der Internetnutzer zu analysieren und die Werbeauslieferung gezielt anhand von Interessen und Kaufverhalten im Web an gewünschte Zielgruppen auszuliefern. Denn auch wenn wir im Internet mehr oder weniger anonym sind, schaffen es Programme wie Google AdWords, sich an unsere Fersen zu heften. Die sogenannten Cookies helfen dabei, zu erkennen, auf welchen Seiten sich ein User bereits bewegt hat oder nach welchen Begriffen er in Suchmaschinen gesucht hat. Cookies sind kleine temporäre Dateien, die auf dem PC gespeichert werden und Informationen zu Ihrem Surfverhalten und konkreten Internetangeboten beinhalten können. Sie dienen außerdem dazu, Besucher zu authentifizieren, da mit ihnen eine sogenannte Session-ID gespeichert werden kann. Passt sein Suchverhalten in das Raster der gewünschten Zielgruppe eines Werbetreibenden, lassen sich Werbeanzeigen gezielt ausspielen, sodass nur dieser Personenkreis die Anzeigen auch tatsächlich zu sehen bekommt, wodurch Streuverluste auf ein Minimum reduziert werden.

Darüber hinaus bietet das Internet eine effektive Methode, um Remarketing zu betreiben. Hat ein potenzieller Kunde sich bereits einmal für Ihr Angebot interessiert und Ihre Website besucht, ist es möglich, ihn im Internet zu verfolgen und sich mit immer wieder auftauchenden Werbeanzeigen auch weiterhin erneut in Erinnerung zu rufen. Technisch basiert Remarketing auf Basis von Cookies. Hierzu wird beim Nutzer ein Cookie gesetzt und damit ein Verweis auf die Nutzerinteressen. Surft der Nutzer anschließend auf einer anderen Website, auf der Werbung mittels des gleichen Werbeservers geschaltet wird, kann das Cookie ausgelesen und gezielte Werbung der Website ausgespielt werden. Der Interessent kann somit nochmals auf die Website geführt werden und im besten Fall wird das Interesse erneut geweckt und der Interessent füllt eine Kontaktanfrage aus oder führt eine Zielaktion auf der Website aus.

Wer zur eigenen Zielgruppe gehört und wer nicht, lässt sich online viel einfacher deuten als in der realen Welt. Denn viele Internetnutzer informieren sich online über Produkte und Dienstleistungen zum Thema Hausbau, Renovieren und Sanieren. Nutzer, die über einen längeren Zeitraum Baumaterial online recherchieren, könnten potenziell ein höheres Interesse an Leistungen eines Bausachverständigen haben als Nutzer, die dieses Verhalten nicht aufweisen.

Indem z. B. Werbeanzeigen auf solchen Websites geschaltet werden, die mit Baumaterialien und Hausbau in Verbindung stehen, lässt sich die Zielgruppe in diesem Fall schon sehr gut eingrenzen. Noch genauer ist die Eingrenzung natürlich möglich, wenn auch noch Suchabfragen der Nutzer auf bestimmte Keywords wie „Mauer entfeuchten", „Haus renovieren" oder auch „Bauschaden prüfen" untersucht werden. Nutzer, die diese oder ähnliche Begriffe in der Suchmaschine eingegeben haben, beschäftigen sich generell mit diesen Themen und haben womöglich auch echten Bedarf an Leistungen eines Bausachverständigen.

2.2 Was kann Online-Werbung leisten?

Das Internet ist ein bedeutendes Medium und täglich wird es von Millionen für die Informations- und Angebotssuche genutzt. Die große Leistung der Online-Werbung bzw. der große Vorteil des Mediums „Online" ist also die Zielgruppenansprache bzw. -selektion. Im Online-Marketing spricht man auch von Targeting. Anstatt also sozusagen mit Kanonen auf Spatzen zu schießen, lässt sich im Internet zielgenau ausmachen, wer zur Zielgruppe gehört und deshalb die Werbebotschaft erhalten soll. Damit ergibt sich ein enormes Kosteneinsparungspotenzial, wie es in der klassischen Werbung nicht möglich ist.

Der direkte Vergleich mit traditionellen Medien macht sehr deutlich, welches Potenzial in Online-Werbung steckt. Mit Fernseh- oder Radiowerbung erreicht man flächendeckend die maximale Reichweite an Kontakten. Damit hat man eine enorme Abdeckung – ein echtes Massenmedium und eine Werbeansprache, die enorme Bekanntheit erreicht. Aber dieser positive Aspekt ist auch gleichzeitig der größte Nachteil. Die hohe Reichweite an Kontakten haben Sie leider immer – auch dann, wenn Ihre Zielgruppe nur 5 % der erreichten Nutzer ausmacht und davon wiederum nur ein kleiner Prozentteil auch Umsätze aufgrund der Werbung bei Ihnen tätigen wird. Trotzdem muss in klassischen Medien die Werbung zur Erreichung aller Nutzer bezahlt werden, auch wenn 85 % oder sogar noch ein höherer Anteil der Werbekonsumenten dabei für den Werbetreibenden uninteressant sind.

Kaum ein Unternehmen in Deutschland, nicht einmal die landesweit bekannten großen Marken können von sich sagen, dass 90 % aller Deutschen zu ihrer Zielgruppe gehören. Weder werden Autohersteller Autos an Kinder oder Senioren ohne Führerschein verkaufen noch hat jeder Bedarf an einem Rasenmäher, da ein großer Teil der Bevölkerung in Wohnungen lebt und gar keinen Zugang zu einem Garten hat. Schon gar nicht gilt dies aber für kleinere Unternehmen, die ihre Leistungen nur in einer ganz bestimmten Region anbieten, oder auch für Dienstleister wie Sachverständige, die sich auf eine sehr eng eingrenzbare Sparte spezialisiert haben. Die begrenzte Größe der Nische ist aber zugleich auch große Chance. Denn wer seine Zielgruppe gut kennt, kann diese auch besonders gut ausmachen und konkret ansprechen.

Kfz- und Bausachverständige beispielsweise wissen, dass ihre Zielgruppe zumindest entweder ein Auto besitzt oder aber auch eine Wohnung bzw. in den meisten Fällen ein Haus. Darüber hinaus wissen sie auch, dass sich die Zielgruppe mit Beschädigungen am Fahrzeug oder am Bauwerk beschäftigt. Schon alleine mit diesem Wissen lässt sich sehr rasch eruieren, auf welchen Seiten sich die Zielgruppe auch im Internet aufhält und nach welchen Themen sie sucht. Dies macht es einfach, die Streuverluste gering zu halten und ein effektives Targeting zu betreiben. So schaffen Sie es, nur genau jene Menschen anzusprechen, die sich gerade in diesem Moment mit den Kernthemen beschäftigen, die auch für Sachverständige relevant sind.

Abb. 14: 83 % der deutschen Internetnutzer finden ihr neues Zuhause online
Quelle: https://youtu.be/dYocQUrJOq0; Google und das Google-Logo sind eingetragene Marken von Google Inc., Verwendung mit Genehmigung

2.3 Welche Werbeansprache zu welchem Zweck?

Im Internet gibt es viele unterschiedliche Möglichkeiten der Werbeansprache. Je nach Marketingziel und Zielgruppenansprache lässt sich die Werbeform individuell wählen. Dabei stehen sehr viele unterschiedliche Werbemöglichkeiten zur Verfügung. Sie können die potenziellen Kunden immer und überall dort erreichen, wo sie sich aufhalten und informieren. Neben Werbebannern, die praktisch überall im Netz platziert werden können, lässt es sich auch mit Advertorials werben, sogenannten redaktionell aufgearbeiteten Werbeanzeigen, die den Anschein eines redaktionellen Beitrages erwecken. Das Advertorial zählt zu den Werbeformen, die vom Adressaten nicht eindeutig der Werbung oder Öffentlichkeitsarbeit zugeordnet werden können. Weitere Werbemittel sind Videos. Ein riesiges Potenzial birgt selbstverständlich die Keyword-Werbung in den Suchmaschinen. Ob nun organisch oder bezahlt. Auch Social Media gewinnen beim Marketing mit Plattformen wie Facebook, Twitter oder XING immer mehr an Bedeutung.

Es wird deutlich, dass Online-Marketing eine riesige Palette an Möglichkeiten bietet. Lassen Sie sich davon jedoch nicht abschrecken. Niemand verlangt, dass Sie alle Kanäle bravourös bespielen. Nur in den seltensten Fällen gelingt dies auch; vor allem, da für jeden Werbekanal auch entsprechende zeitliche und auch finanzielle Ressourcen aufgewendet werden müssen. Viel wichtiger ist es hingegen, herauszufinden, welche Plattformen und Werbearten für das eigene Geschäftsmodell funktionieren und welche nicht. Es ist viel

2 Was zeichnet Online-Werbung aus und was kann sie leisten?

sinnvoller, die Energien für diejenigen Werbeformen zu bündeln, mit denen sich tatsächlich Umsätze realisieren lassen, als alle Kräfte dafür zu verbrennen, möglichst überall präsent zu sein.

Zumeist ist es auch vorteilhaft, mehrere Werbeformen miteinander zu kombinieren. Vor allem, um den Interessenten in seiner Entscheidungsfindung, der sogenannten Customer Journey, über mehrere Kanäle hinweg im Internet zu begleiten. Selbst ein potenzieller Interessent mit einem konkreten Anliegen entscheidet nicht von jetzt auf gleich, Kontakt zu Ihnen aufzunehmen. Er durchläuft in der Regel einige Phasen der Entscheidungsfindung, bevor er ein Angebot auswählt und einen Auftrag vergibt bzw. Kauf tätigt.

Infobox: Customer Journey – Definition in der freien Enzyklopädie Wikipedia

> *„Customer Journey (ugs. zu Deutsch: ‚Die Reise des Kunden') ist ein Begriff aus dem Marketing und bezeichnet die einzelnen Zyklen, die ein Kunde durchläuft, bevor er sich für den Kauf eines Produktes entscheidet. Aus Sicht des Marketings bezeichnet die Customer Journey alle Berührungspunkte (…) eines Konsumenten mit einer Marke, einem Produkt oder einer Dienstleistung. (…)*
>
> *Die Customer Journey wird in 5 Phasen untergliedert:*
>
> *Phase 1: Awareness/Das Bewusstsein für das Produkt wird geweckt.*
>
> *Phase 2: Favorability/Das Interesse für das Produkt wird verstärkt.*
>
> *Phase 3: Consideration/Der Kunde erwägt den Kauf des Produktes.*
>
> *Phase 4: Intent to Purchase/Die Kaufabsicht wird konkret.*
>
> *Phase 5: Conversion/Das Produkt wird gekauft."*

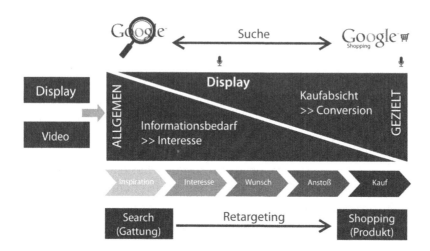

Abb. 15: Digitale Werbeansprache von potenziellen Interessenten während des Entscheidungszyklus
Quelle: © Kim Weinand; Google und das Google-Logo sind eingetragene Marken von Google Inc., Verwendung mit Genehmigung

Von der Information zur Transaktion

Man unterscheidet beim Surfverhalten zwischen informationsorientiertem Surfen und Recherchieren und transaktionsorientiertem Surfen. Nicht jeder Nutzer möchte ein Produkt kaufen oder eine Dienstleistung in Anspruch nehmen, auch dann nicht, wenn er sich bereits dafür interessiert. Oftmals möchte man den eigenen Informationsbedarf erst ausreichend decken und sich einen fundierten Wissensstand aneignen, der einem bei der Entscheidungsfindung als wichtige Basis dient. Während der Entscheidungsfindung nimmt das informationsorientierte Verhalten ab. Die Suchanfragen werden während der fortschreitenden Customer Journey gezielter und die Kaufabsicht wächst zunehmend mit der Befriedigung des Informationsbedarfs. Die Frage „Soll ich das jetzt wirklich kaufen?" stellen sich viele Leute nicht, weil sie den eigentlichen Kauf eines Produktes oder einer Leistung infrage stellen, sondern weil sie sich nicht sicher sind, ob sie ausreichend Kenntnis haben, um sich aktiv zu entscheiden. Versetzen Sie sich in Ihren Kunden und überlegen Sie, wie sich Ihr Kunde Wissen aneignet und welchen Kenntnisstand er haben muss, um seine Entscheidung zu treffen. Geben Sie Ihrem Kunden in jeder Phase seiner Entscheidungsfindung die Informationen, die er benötigt.

Die folgende Matrix hilft Ihnen bei einem kleinen Rollenspiel, bei dem Sie zwischen Interessent und Sachverständigem wechseln können. Was ist das Interesse bzw. der Informationsbedarf Ihres potenziellen Kunden und welches Angebot bieten Sie ihm, um seinen Informationsbedarf zu decken?

2 Was zeichnet Online-Werbung aus und was kann sie leisten?

Ziele und Zielgruppen der Website – Customer Journey

Internetseite: _____

Ziel: _____   Zielgruppe: _____

Ziel / Zielgruppe	Phase 1: Inspiration	Phase 2: Interesse	Phase 3: Wunsch	Phase 4: Anstoß	Phase 5: Kauf / Conversion
	Wie können wir das Bewusstsein für unsere Produkte / Dienstleistungen wecken?	Wie können wir das Interesse für unsere Produkte / Dienstleistungen verstärken?	Der Interessent erwägt, Kunde zu werden.	Die „Kaufabsicht" wird konkret	Vertragsabschluss
Interesse / Informationsbedarf der Zielgruppe					
Verhalten der Zielgruppe					
Eventuelle Suchbegriffe / Suchphrasen der Zielgruppe					
Zielführende Landingpages / Unterseiten unserer Website					
Ziele des Unternehmens					
Maßnahmen des Unternehmens					
Welche Conversion kann gemessen werden?					
Priorität (Ziel)					

Abb. 16: Customer-Journey-Matrix
Quelle: © Kim Weinand

Ein Bauherr weiß beispielsweise nicht, ob ein bestimmter Sachverhalt oder ein augenscheinlich kleiner Mangel am Bau bereits begutachtet werden sollte und ab wann er einen Sachverständigen konsultieren muss. Hier helfen konkrete Beispiele und Anleitungen, die den Bauherrn bei der Entscheidungsfindung unterstützen und ihm Gewissheit verschaffen.

Die richtige Werbeansprache zum richtigen Zeitpunkt ist sehr wichtig für den Erfolg Ihrer Kundenansprache. Bannerwerbung dient einem ganz anderen Zweck als Werbung in den Suchmaschinen. Bevor Interessenten eine Entscheidung treffen, durchlaufen sie ihre ganz persönliche „Customer Journey" bzw. den Weg der Entscheidungsfindung. Dabei bewegt sich der Interessent vom informationsorientierten Verhalten immer weiter in Richtung transaktionsorientiertem Verhalten und am Ende der Reise steht der Kauf bzw. die Entscheidungsfindung.

Für Werbetreibende ist es sehr wichtig, das zu verstehen. Wie auch im Offlinemarketing gibt es den kurzen Weg von einer Werbeanzeige direkt zu einer sofortigen Kaufaktion nur in sehr seltenen Fällen. Potenzielle Kunden informieren sich oft schon sehr lange Zeit vor dem eigentlichen Kauf über ein Produkt oder über eine Dienstleistung, vergleichen Angebote und machen sich schlau, wie sie am besten vorgehen sollen. Das gilt vor allem für

2.3 Welche Werbeansprache zu welchem Zweck?

komplexe Produkte und Dienstleistungen. Dienstleister, die es beispielsweise schaffen, auf diesem Pfad immer wieder aufzutauchen und dem Interessenten die Antworten zu liefern, nach denen er sucht, sind im Vorteil und gewinnen einen hohen Wiedererkennungswert. Je besser ein Anbieter seine Zielgruppe und vor allem auch die Customer Journey kennt, umso besser gelingt es, diese auch in den Marketingaktivitäten genau abzubilden.

Ein Anbieter, der dieses Targeting beherrscht und den potenziellen Kunden auf seinem Weg der Entscheidungsfindung begleitet, hat gute Chancen, sich als erste Wahl für den endgültigen Kauf in Position zu bringen.

Im weiteren Verlauf des Kapitels werden die wichtigsten Targeting-Arten erklärt und anhand von Beispielen für Bausachverständige und Kfz-Sachverständige praxisnah erörtert.

Die Targeting-Arten

Beim Targeting, also sozusagen dem „Klassifizieren" der Nutzer im Internet, wird zwischen mehreren unterschiedlichen Targeting-Arten unterschieden.

Grundsätzlich gibt es eine Vielzahl an technischen und nutzerorientierten Möglichkeiten der Selektion und Filterung anhand von Geräten, Browsern, Betriebssystemen, Cookies, geografischen und demografischen Merkmalen sowie dem individuellen Nutzerverhalten und dem Umfeld. Internetwerbung wird heute nicht nur an das Verhalten der Person angepasst, sondern auch an das Umfeld. Im Automobilbereich werben Hersteller je nach Wetter mit Motiven, die entweder ein Cabrio oder ein geschlossenes Fahrzeug zeigen. Auch die Uhrzeit kann eine Rolle spielen. Wir sind morgens im Auto, am Bahnhof oder allgemein auf dem Weg zur Arbeit für andere Werbemittel und Werbebotschaften empfänglich als abends zu Hause. So achten Werbetreibende bereits darauf, um welche Uhrzeit von welchem Gerät die Inhalte abgerufen werden und welche Werbung zur Situation passt.

Diese Themen in aller Tiefe zu beschreiben und darauf aufbauend die entsprechende Mediaplanung darzulegen, würde den Rahmen des Kapitels sprengen. Allerdings ist es mir wichtig, Sie dafür zu sensibilisieren. Im Folgenden möchte ich Ihnen jetzt einige wichtige Targeting-Arten vorstellen:

– Keyword-Targeting (Search)

– Contextual Targeting/Thementargeting mit Bannerwerbung

– Behavioural Targeting und Predictive Behavioural Targeting (interessenbezogenes Targeting)

– Social Media Targeting

– Retargeting

Je nach Angebot, Zielgruppe und Zielsetzung der Marketingaktion lassen sich unterschiedliche Targeting-Methoden wählen und auch miteinander kombinieren. Lernen Sie die verschiedenen Targeting-Arten im Folgenden besser kennen.

Keyword-Targeting (Search)

Das Keyword-Targeting ist eine der wohl wirkungsvollsten Methoden, um im Internet Interessenten auf das eigene Angebot aufmerksam zu machen. Denn der Unterschied zu den meisten anderen Werbeformen besteht dabei darin, dass die Initiative vom Kunden selbst ausgeht. Als „Keywords" werden jene Schlüsselworte bezeichnet, die wir bei Google und in anderen Suchmaschinen in das Suchfeld eingeben. Diese Suchbegriffe können aus einem Wort oder aus mehreren Wörtern bestehen oder sogar aus ganzen Sätzen.

Klassische Werbung
Sie suchen nach potenziellen Kunden

Online Werbung
Potenzielle Kunden suchen nach Ihnen

Abb. 17: Nicht Kunden suchen, sondern von Kunden gefunden werden
Quelle: © Kim Weinand

Suchmaschinen wie Google verstehen es heute bereits sehr gut, wofür sich Nutzer interessieren, wenn sie nach bestimmten Begriffen suchen. Gibt ein Nutzer beispielsweise den Begriff „Bausachverständiger" ein, wird er in den Suchergebnissen eher eine allgemeine Übersicht von Bausachverständigen-Websites aus ganz Deutschland und mitunter auch aus dem deutschsprachigen Ausland erhalten. Spezifiziert er seine Suche und ändert seine Suche in „Bausachverständiger Potsdam", wird Google wissen, dass er auf der Suche nach einem Bausachverständigen in einer bestimmten Region ist, und ihm daher nach Möglichkeit nur solche Anbieter anzeigen, die in dieser Region beheimatet sind. Suchmaschinen verstehen also sehr genau die Bedeutung bestimmter Begriffe.

2.3 Welche Werbeansprache zu welchem Zweck?

Online-Kommunikation

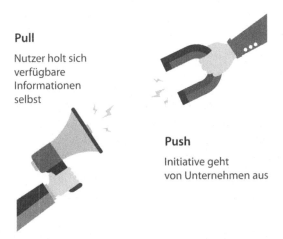

Pull
Nutzer holt sich verfügbare Informationen selbst

Push
Initiative geht von Unternehmen aus

Abb. 18: Push- und Pull-Strategien im Marketing
Quelle: © Kim Weinand

Gibt der Nutzer hingegen z. B. den Begriff „vob gewährleistung" in Google ein, ist er sehr wahrscheinlich noch nicht konkret auf der Suche nach einem entsprechenden Anbieter, sondern befindet sich noch in einer früheren Stufe seiner Customer Journey. Er möchte sich vielleicht erkundigen, welche Informationen in der VOB enthalten sind.[2] Google wird nun versuchen, dem Nutzer die relevantesten Seiten anzuzeigen, die seiner Suchabfrage entsprechen, und Seiten anzeigen, die genauer auf das Thema VOB Gewährleistung eingehen, vielleicht sogar Anschauungsmaterial in Form von Bildern oder auch detaillierte Beschreibungen bieten.

---

[2] Für alle Leser, die wie ich vorher noch nichts von der VOB gehört haben – die VOB ist die Vergabe- und Vertragsordnung für Bauleistungen.

2 Was zeichnet Online-Werbung aus und was kann sie leisten?

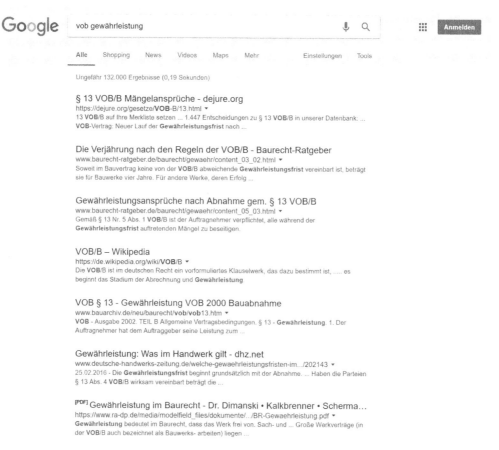

Abb. 19: Deutschlandweit wurden monatlich über 10.000 Suchanfragen zum Thema „Gewährleistung nach VOB/B" recherchiert (Stand:8/2017)
Quelle: Google und das Google-Logo sind eingetragene Marken von Google Inc., Verwendung mit Genehmigung

Interessant wird es auch, wenn der Interessent noch einen Schritt weiter geht in seiner Customer Journey. Die Suche „Mängelanzeige VOB" würde der Suchabfrage wiederum eine völlig neue Richtung geben. Die Suchmaschine weiß nun, dass sich der Nutzer über entsprechende Dokumente informieren möchte, und wird nach Websites suchen, die möglichst Informationen zur Mängelrüge bzw. zur Mängelanzeige aufzeigen. Am Suchergebnis sieht man bereits, dass auf vielen Websites dieser Bedarf gedeckt wird.

2.3 Welche Werbeansprache zu welchem Zweck?

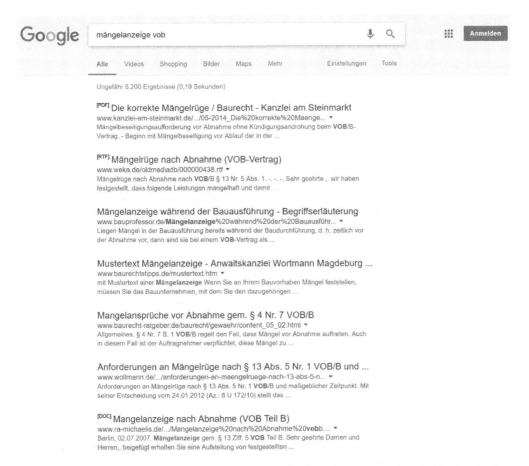

Abb. 20: Zur Suchanfrage „Mängelanzeige VOB" findet man entsprechende Vordrucke in den Suchergebnissen
Quelle: Google und das Google-Logo sind eingetragene Marken von Google Inc., Verwendung mit Genehmigung

Das müssen nicht nur Websites von Bausachverständigen sein, sondern es kann sich dabei ebenso auch um Foren handeln, in denen sich Betroffene austauschen, oder um die Websites von Innungen und anderen Institutionen oder auch von Fachanwälten. Je nachdem, welche Website die Suchmaschine als am relevantesten einstuft, wird diese ganz oben in den Suchergebnissen auftauchen.

Wenn wir bei diesem Beispiel bleiben und noch einmal den Informationszyklus eines Nutzers überdenken, dann sehen wir hier auch, dass der Interessent zuerst nach allgemeinen Informationen zum Gewährleistungsanspruch laut VOB sucht. Danach recherchiert er konkret nach der Mängelanzeige laut VOB und im nächsten Schritt kann man sich vorstellen, dass ein Nutzer, der diese Suchen im Vorfeld eingegeben hat, nach einem Sachverständigen sucht, der die Mängel dokumentiert und die Mängelanzeige sachgemäß ausführt.

2 Was zeichnet Online-Werbung aus und was kann sie leisten?

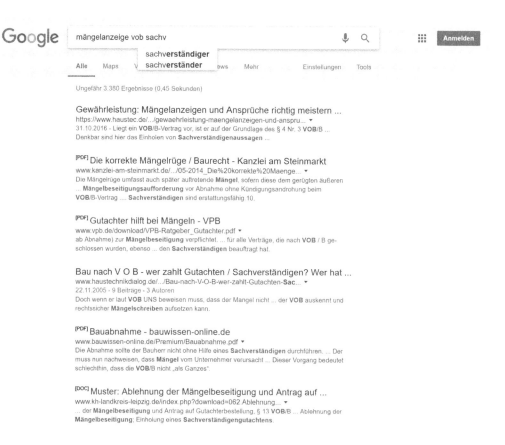

Abb. 21: Während des Tippens bietet Google Ihnen mit der Autovervollständigung Suchanfragen an, die häufiger recherchiert werden
Quelle: Google und das Google-Logo sind eingetragene Marken von Google Inc., Verwendung mit Genehmigung

Doch wie funktioniert Keyword-Targeting nun?

Diese Beispiele sollten ausreichend gezeigt haben, welche Rolle Keywords für die Suche im Internet spielen. Doch wie lässt sich dieses Wissen im Marketing nun nutzen?

Der Trick besteht einerseits darin, die verwendeten Keywords der eigenen Zielgruppe genau zu kennen und andererseits, die Onlineinhalte der eigenen Website so aufzubereiten, dass diese als möglichst relevant gelten und damit zu den jeweiligen Suchabfragen weit oben in den Suchergebnissen aufscheinen.

Das Keyword „Kfz-Gutachter" wird monatlich rund 4.400-mal in Deutschland eingetippt (Stand: 8/2017). Das sind jährlich rund 53.000 potenzielle Kunden, die konkret nach diesem Thema suchen. Schafft es ein Kfz-Sachverständiger nun, auf seiner Website Informationen bereitzustellen, die genau beschreiben, was ein Kfz-Gutachten ist bzw. dieses erklären, und dabei genau die Fragen zu beantworten, die die Interessenten in Bezug auf dieses Keyword haben, ist die Wahrscheinlichkeit sehr hoch, dass seine Website ganz oben in den Ergebnissen der Suchmaschine angezeigt wird, und zwar jedes Mal, wenn ein potenzieller

Kunde nach dem Begriff „Kfz-Gutachten" sucht. Analysen haben gezeigt, dass die Klickrate im oberen Drittel der Suchergebnisse besonders hoch ist. Daher sollte es das Ziel aller Websitebetreiber sein, bei relevanten Suchanfragen dort präsent zu sein.

Der große Vorteil an diesen sogenannten organischen Suchergebnissen ist einerseits, dass die Nutzer solchen Informationen mehr Vertrauen entgegenbringen als bezahlten Anzeigen, aber auch, dass, wenn eine Website es schafft, ganz oben in den Suchergebnissen zu landen, der einmalige Aufwand für die Informationsbereitstellung auf der Website langfristig belohnt wird. Denn wenn nicht ein Mitbewerber schon bald Inhalte bereitstellt, die in Bezug auf das Keyword noch relevanter sind, lässt sich eine Website üblicherweise nicht mehr so schnell von den vorderen Suchergebnisplätzen verdrängen, wofür im Gegensatz zu bezahlten Anzeigen keine weiteren Kosten mehr anfallen.

Paid Search – bezahlte Werbeanzeigen bei Suchmaschinen

Neben den organischen Suchergebnissen existieren auch die sogenannten bezahlten Werbeanzeigen. Bei Google spricht man hier von den Google-AdWords-Anzeigen. Wem es nicht gelingt, durch Veränderungen auf der Website oder andere Maßnahmen in die vorderen Ränge der Suchergebnisse zu gelangen, oder wer einfach zu wenig Zeit dafür hat, kann sich diese Plätze auch in Form von bezahlten Werbeanzeigen erkaufen.

Ein immenser Vorteil bei der bezahlten Search-Werbung ist der, dass sich damit exakt dieselbe Zielgruppe wie auch bei der organischen Suche erreichen lässt. Die Werbeanzeigen werden nämlich im direkten Umfeld der organischen Suchergebnisse platziert.

Bei den bezahlten Suchergebnissen haben Werbetreibende die Möglichkeit, ihre Anzeigen genau nach den eigenen Vorstellungen zu gestalten und auch die Suchanfragen (Keywords) zu definieren, bei denen die Anzeigen dargestellt werden sollen.

Das bringt 2 große Vorteile mit sich:

- Die Anzeigen werden tatsächlich nur bei Suchabfragen nach genau definierten Keywords angezeigt, wodurch die Zielgruppe exakt erreicht wird und Streuverluste vermieden werden.
- Die Kosten bleiben überschaubar, da keine ständigen Werbeeinschaltungen notwendig sind, sondern nur immer dann geworben wird, wenn irgendwo im Internet ein potenzieller Kunde nach einem passenden Keyword sucht.

Die Kosten für bezahlte Suchanzeigen

Im Vergleich zu traditionellen Marketingmaßnahmen bieten bezahlte Suchanzeigen immense Vorzüge. Fernsehwerbung und Werbeanzeigen in großen Zeitschriften oder Radiowerbung stehen aufgrund der großen Einstiegskosten meist nur großen und umsatzstarken Unternehmen offen. Werbeprogramme wie Google AdWords lassen sich idealerweise von kleinen und mittelständischen Unternehmen problemlos nutzen. Es gibt keine Mindestinvestition. Die Werbung mit bezahlten Anzeigen in Suchmaschinen ist schon ab 1 Euro möglich.

Wie viel Sie mit Werbeprogrammen zu bezahlten Suchanzeigen ausgeben möchten, liegt vollkommen bei Ihnen. So können Sie beim Aufsetzen einer Werbekampagne nicht nur ge-

2 Was zeichnet Online-Werbung aus und was kann sie leisten?

nau einstellen, ob Sie pro Tag maximal 1 Euro, 5 Euro oder auch 50 Euro ausgeben möchten, sondern auch, wie viel Ihnen ein Klick eines potenziellen Kunden auf Ihre Anzeige und damit auf Ihre Website maximal wert ist. Bezahlte Anzeigenwerbung in Suchergebnissen funktioniert nach dem Cost-per-Click-System, und das ist wohl einer der entscheidendsten Unterschiede zu klassischen Werbeformen: Während Sie bei klassischen Werbeformen für die Ausstrahlung (Reichweite) zahlen, entstehen Ihnen hier nur Kosten, wenn ein Interessent Ihre Anzeige anklickt und somit auf Ihre Website weitergeleitet wird.

Kosten pro Klick (CPC) – Ausgaben nur im Erfolgsfall

Das Cost-per-Click-System stellt eine der wichtigsten Neuerungen im Rahmen des Online-Marketings dar. Denn während große Werbepräsenz früher oft mit großem Marketingbudget verbunden war, haben nun endlich auch kleinere Unternehmen mit kleineren Werbebudgets Zugang zum weltweiten Pool an potenziellen Interessenten, ohne dafür unüberschaubare finanzielle Risiken eingehen und riesige Streuverluste befürchten zu müssen.

Wesentlicher Knackpunkt sowohl beim bezahlten wie auch beim nicht bezahlten Keyword-Targeting in Suchmaschinen ist es, die richtigen Keywords für das eigene Geschäft auszumachen. Am Anfang jeder Kampagne sollte daher eine ausgiebige Recherche stehen, um sich ein Paket an Keywords zurechtzulegen, zu denen Sie gefunden werden wollen und die auch das Potenzial haben, Umsätze zu generieren. Glücklicherweise gibt es eine Reihe von Tools, die dabei hilfreich sein können und mit denen sich auch vergleichen lässt, wie stark Ihre Mitbewerber ebenfalls auf diese Keywords setzen oder wie viele Suchmaschinennutzer monatlich nach diesen Keywords suchen.

Eines der wichtigsten Tools ist dabei der Google-AdWords-Keyword-Planer. Mehr dazu im Kapitel 4.5.3.

Contextual Targeting/Thementargeting mit Bannerwerbung

Eine weitere Werbeform im Internet, mit der sich rasch eine große Anzahl an potenziellen Kunden erreichen lässt, ist das Contextual Targeting oder Thementargeting mit Bannerwerbung. Banner, das sind die grafischen, manchmal dynamisch gestalteten Werbemittel, die uns im Internet vor allem auf Newsportalen, in Blogs und sogar in YouTube-Videos entgegenleuchten, mit einer Werbebotschaft versehen sind und bei Klick auf die entsprechende Zielseite mit weiteren Informationen führen.

Für Werbetreibende bietet dieses Thementargeting eine enorme Chance. Denn auch hier werden die Banner nicht einfach quer über das Internet verstreut in der Hoffnung, dass der eine oder andere Kunde damit in Kontakt kommt, sondern das Contextual Targeting macht es möglich, die Display-Werbung genau dort zu platzieren, wo die Zielgruppe auch unterwegs ist und sich über einschlägige Themen informiert. Die Portalbetreiber von Newsseiten, Foren und gut besuchten Blogs stellen einen Teil ihrer Websites als Werbeplätze zur Verfügung, da sie mit jedem getätigten Klick oder View einen Teil der Werbekosten aus den Werbeprogrammen ausgezahlt bekommen. Dadurch kann beispielsweise über das Banner-Werbeprogramm von Google AdWords

2.3 Welche Werbeansprache zu welchem Zweck?

(https://www.google.de/ads/displaynetwork/) auf ein riesiges Netzwerk an Werbepartnern zugegriffen werden, wo Werbung geschaltet werden kann.

In den Kampagneneinstellungen lässt sich dabei nach 4 Kriterien selektieren, wo die Banner aufscheinen sollen. So lassen sich die Seiten, auf denen geworben wird, nach

– Interesse der Nutzer,

– bestimmten Keywords,

– soziodemografischen Daten und

– Placements

auswählen.

Behavioural Targeting und Predictive Behavioural Targeting (interessenbezogenes Targeting)

Das sogenannte Interessentargeting (Behavioural Targeting) baut darauf auf, dass über den Nutzer bereits einige Informationen bekannt sind. Diese betreffen vor allem seine bisherige Besuchshistorie im Internet, also beispielsweise, welche Websites er in letzter Zeit besonders oft besucht hat oder für welche Themen er sich im Internet interessiert. Als Werbetreibender müssen Sie jedoch nicht auf Recherche gehen und sich diese Informationen selbst zusammensuchen. Google und andere Suchmaschinen machen das bereits für Sie. Dank Cookies, mit denen Daten über einen Internetnutzer gespeichert werden, lässt sich das Verhalten von Internetnutzern sehr deutlich nachvollziehen. Natürlich werden diese Informationen anonym gesammelt, dennoch lassen sie sich für Werbemaßnahmen nutzen.

Da bekannt ist, für welche Themen sich die Nutzer in letzter Zeit interessiert haben, gelingt es sehr gut, auch kaufbereite Personen auszumachen, die gerade mitten in der Thematik stecken und möglicherweise dringend die Dienste eines Sachverständigen in Anspruch nehmen wollen/müssen.

Wenn beispielsweise bekannt ist, dass sich ein Nutzer in den letzten Tagen und Wochen häufiger auf Websites, in Blogs und Foren recherchiert hat, in denen es vorwiegend um Bauthemen und Bauschadensthemen geht, liegt die Vermutung nahe, dass er Bedarf an einem Sachverständigengutachten für Bauschäden haben könnte. Vielleicht ist er aber selbst noch nicht auf ebendiese Idee gekommen oder weiß nicht, an wen er sich wenden soll. Werden ihm in dieser Phase Werbebanner oder andere Werbebotschaften zugespielt, die ihm einen Anknüpfungspunkt bieten, geschieht dies genau im richtigen Moment und es kann sich ein Auftrag daraus entwickeln.

Die Selektion nach Interessen ist eine der für Werbetreibende interessantesten Möglichkeiten, zu definieren, wo Werbebanner dargestellt werden sollen. Bei dieser Methode lässt sich beispielsweise einstellen, ob all jene Personen die Werbeanzeigen dargestellt bekommen sollen, die sich für Hausbau oder z. B. für Kfz-Technik interessieren. Bei der Aussteuerung über das Google-Werbenetzwerk wird dem Werbetreibenden gleich eine Vielzahl von Interessenten dargestellt:

2 Was zeichnet Online-Werbung aus und was kann sie leisten?

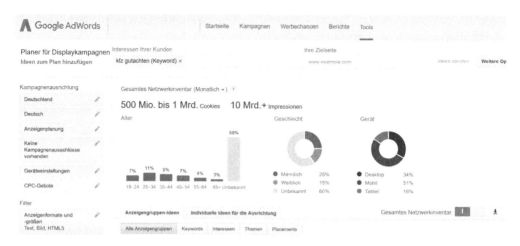

Abb. 22: Selektionskriterien zum Interesse „kfz gutachten" im Planer für Display-Kampagnen von Google AdWords
Quelle: Google und das Google-Logo sind eingetragene Marken von Google Inc., Verwendung mit Genehmigung

Auch für den Bereich der Bausachverständigen kann anhand der Interessen der potenziellen Zielgruppe eine Zielgruppenspezifizierung erfolgen:

Abb. 23: Konkretes Themenfeld zur Bewerbung über das Google-Display-Netzwerk
Quelle: Google und das Google-Logo sind eingetragene Marken von Google Inc., Verwendung mit Genehmigung

2.3 Welche Werbeansprache zu welchem Zweck?

Werden eine oder mehrere Kategorien in den Kampagneneinstellungen angeklickt, sorgt das Werbeprogramm automatisch dafür, dass die Werbebanner nur Nutzern angezeigt werden, die aufgrund ihres Surfverhaltens als relevante Interessenten identifiziert wurden.

Selektion nach Keywords/themenbezogene Selektion

Die Selektion nach Keywords bietet eine weitere hervorragende Methode, um Bannerwerbung auf thematisch passenden Websites automatisiert zu schalten. In den Einstellungen lassen sich dazu mehrere Keywords (Schlüsselwörter) eingeben, die mit dem jeweiligen Thema in Verbindung stehen, z. B. Bauschaden, Unfallschaden, Kfz-Gutachten, Bausachverständiger oder Gutachter Hausbau. Bei dieser Form der Selektion ist es sehr wichtig, sehr genau auf die Bedeutung der Worte zu achten. Werden Begriffe verwendet, die mehrere Bedeutungen haben können, dann kann es durchaus vorkommen, dass die Banner auch auf nicht relevanten Websites geschaltet werden. Klugerweise haben die Anbieter auch hier bereits vorgesorgt und eine Ausschlussmöglichkeit für die Websiteauswahl geschaffen.

Wenn ein Banner zu Kfz-Gutachten etwa in einem Forum neben den Beiträgen geschaltet wird, in dem sich die Forenuser über die richtige Vorgangsweise bei Kfz-Unfallschäden und die Versicherungsabwicklung austauschen, ist die Chance groß, von der richtigen Zielgruppe wahrgenommen zu werden.

2 Was zeichnet Online-Werbung aus und was kann sie leisten?

Abb. 24: Auf Hausbautipps24.de wird relevante Werbung passend zu den angezeigten Inhalten ausgespielt
Quelle: Hausbautipps24.de

Selektion nach soziodemografischen Daten

Die Selektion nach soziodemografischen Daten eignet sich besonders gut für alle, die ihre Zielgruppe sehr genau kennen oder mit einer Kampagne eine sehr spezielle und klar abgrenzbare Kundenschicht ansprechen möchten. Hier bietet sich beispielsweise die Möglichkeit, nach Geschlecht und Alter einzugrenzen, oder aber auch, ob die Zielgruppe bereits Kinder hat oder nicht.

Für Sie als Bausachverständigen kann diese Selektionsmethode sehr gewinnbringend sein, wenn Sie spezielle Angebote für einzelne Zielgruppen planen. Wenn Sie als Kfz-Sachverständiger beispielsweise wissen, dass es bei 18- bis 25-jährigen Männern besonders häufig zu Unfällen kommt, und Sie diesen ein besonderes Angebot machen möchten, kann es sich lohnen, auf diese Selektionsart zu setzen.

2.3 Welche Werbeansprache zu welchem Zweck?

Auch wenn Sie als Bausachverständiger wissen, dass Ihre Zielgruppe vor allem aus jungen Familien besteht, die gerade ihr erstes Haus bauen, ist es möglich, diese soziodemografischen Daten in Ihre Werbekampagne einfließen zu lassen.

Selektion nach Placements

Zu guter Letzt bietet sich die wahrscheinlich zielgenaueste Art der Selektion von Werbeflächen im Internet an, nämlich die Selektion nach Placements. Diese bringt zwar den größten Rechercheaufwand mit sich, da Sie die jeweiligen Portale nacheinander auswählen müssen, doch dafür kennen Sie die Kontexte, in denen Ihr Unternehmen präsentiert wird, sehr genau und wissen, dass die Banner nicht auf themenfremden Websites geschaltet werden.

Wenn Sie bereits Websites kennen, auf denen Sie Ihre Zielgruppe vermuten, und daher unbedingt dort Werbung schalten möchten, können Sie diese direkt mit der Webadresse in den Kampagneneinstellungen eingeben. Alternativ liefert Ihnen das Werbeprogramm auch eigene Vorschläge für Websites aus dem Werbenetzwerk, die Sie gezielt auswählen können, um darauf zu werben. In einigen Fällen können Sie sogar exakt bestimmen, wo die Banner genau angezeigt werden sollen, also etwa im linken oberen Drittel, im Footer oder auch im Header der Website oder im Textbereich.

Abb. 25: Placement-Beispiel im Google-Display-Netzwerk
Quelle: Screenshot Google Adwords-Planer für Displaynetzwerkkampagnen (Placement gutachten.net Stand Mai 2017); Google und das Google-Logo sind eingetragene Marken von Google Inc., Verwendung mit Genehmigung

2 Was zeichnet Online-Werbung aus und was kann sie leisten?

Social Media Targeting

Social-Media-Plattformen wie XING, Twitter, aber vor allem auch Facebook haben für Werbetreibende eine völlig neue Welt aufgestoßen, um Kunden zielgenau anzusprechen. Denn nirgendwo sonst im Internet geben wir so viele Informationen von uns preis wie auf Social-Media-Plattformen wie z. B. Facebook. Jeder Like, jeder Kommentar, jede gelikte Seite, selbst wenn der Like nicht direkt auf Facebook, sondern über eine Website, auf der eine Verknüpfung zu Facebook-Funktionen wie Kommentare oder Gefällt-mir-Buttons zustande gekommen ist, erfolgt, wird gezählt, registriert und analysiert.

Darüber hinaus geben wir an, wie alt wir sind, wann wir Geburtstag haben, in welcher Lebenssituation wir wohnen, ob wir liiert sind oder nicht, ob wir Kinder haben oder auch in welcher Region wir leben. Vor allem aber lässt sich anhand der Dinge, die wir mit einem „Gefällt mir" versehen, ein sehr komplexes und detailreiches Bild über uns kreieren. Dieses Profil lässt sich selbstverständlich für Marketingzwecke nutzen und Facebook, die größte Social-Media-Plattform der Welt, lebt genau davon, und das nicht unbedingt schlecht. Denn für Werbetreibende sind solch genaue Profilangaben selbstverständlich Gold wert. Warum, das wird sehr schnell deutlich, wenn es um die Zielgruppenansprache geht.

Dank Social-Media-Daten lassen sich Zielgruppen auf diesen Plattformen überaus genau eingrenzen und definieren. Auch soziografischen Daten können selektiert werden. Denn auch nach Alter, Geschlecht und anderen Kenndaten lässt sich die Zielgruppe genau einschränken.

Über Social Media lassen sich allerdings nicht nur Zielgruppen ausfindig machen, sondern auch Werbekampagnen erstellen. So haben auch Facebook oder Twitter ein eigenes Werbeprogramm, mit dem es sehr gut möglich ist, die vorher definierten Personengruppen auch exakt anzusprechen und ihnen neben ihren gewohnten Profilen, die sie mitunter täglich einsehen, um Neuigkeiten von ihren Freunden und Familienangehörigen, aber auch Unternehmen, denen sie folgen, zu lesen, auch Werbeanzeigen anzuzeigen.

2.3 Welche Werbeansprache zu welchem Zweck?

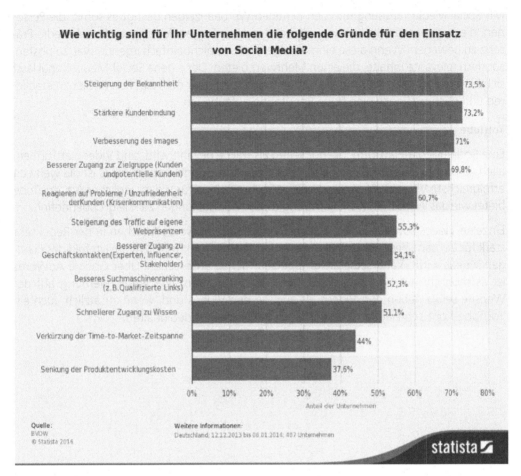

Abb. 26: Mit Social Media steigern Unternehmen ihre Bekanntheit
Quelle: https://de.statista.com/statistik/daten/studie/185531/umfrage/ziele-von-unternehmen-in-deutschland-bei-social-media-aktivitaeten/

Haben Sie schon ein Unternehmensprofil auf einer Social-Media-Plattform?

Wie bereits eingangs erwähnt, ist es im allerersten Schritt vor Beginn jeglicher Marketingaktivitäten sehr wichtig, für sich selbst genau abzustecken, welche Medien und Werbekanäle genutzt werden sollen und welche nicht. Das Führen eines eigenen Unternehmensprofils bzw. einer Unternehmensseite auf einer Social-Media-Plattform muss nicht zwangsläufig unternommen werden, kann aber eine gute Möglichkeit darstellen, um Bekanntheit zu gewinnen und erste Kontakte zu potenziellen Kunden zu knüpfen.

Wird eine Werbekampagne beispielsweise in Facebook angestrebt, ist es durchaus sinnvoll, nicht direkt auf die eigene Website zu verlinken, sondern mitunter auch auf die Facebook-Unternehmensseite. Dann nämlich klicken potenzielle Interessenten nicht nur einmalig auf die Website und informieren sich dort, sondern, wenn sie Ihnen folgen und Sie regelmäßig neue Beiträge posten, kriegen das auch die Nutzer regelmäßig mit und behalten Sie besser in Erinnerung.

Mit Social Media Targeting und den richtigen Werbeanzeigen gelingt es somit, die Personen, die auch potenzielle Kunden sein können, zum Folgen der eigenen Social-Media-Präsenz zu bewegen. Wenn diese einmal folgen, gilt es, nicht einfach irgendetwas zu posten, sondern relevante Inhalte, die einen Mehrwert bieten. Der eigene Social-Media-Kanal lässt sich hierbei sogar sehr gut nutzen, um sich als Experte auf dem eigenen Gebiet zu etablieren und nach und nach eine hohe Reputation aufzubauen.

YouTube

Eine Social-Media-Plattform, die nur selten als solche gezählt wird, sind Videoplattformen, allen voran YouTube. YouTube gehört ebenfalls zum Google-Imperium. Es ist die weltweit erfolgreichste Videoplattform und größte Suchmaschine für Videos jeglicher Art. YouTube bietet wie das Werbenetzwerk von Google exakte Einstellungen zur Zielgruppendefinition.

Einzelne Videos sowie Kanäle, in denen Videos gezeigt werden, stehen in der Regel sehr stark für ein ganz bestimmtes Thema oder ein Themenspektrum. Wer im Umfeld der richtigen Videos wirbt, kann seine Zielgruppe sehr genau ansprechen. Über Google AdWords ist es möglich, auf YouTube zu werben, sowohl in Form von Bannerwerbung auf der Website selbst neben den Videos als auch in den Videos und, wenn zusätzlich auch ein YouTube-Konto vorhanden ist, dann auch mit eigenen Videoinhalten.

2.3 Welche Werbeansprache zu welchem Zweck?

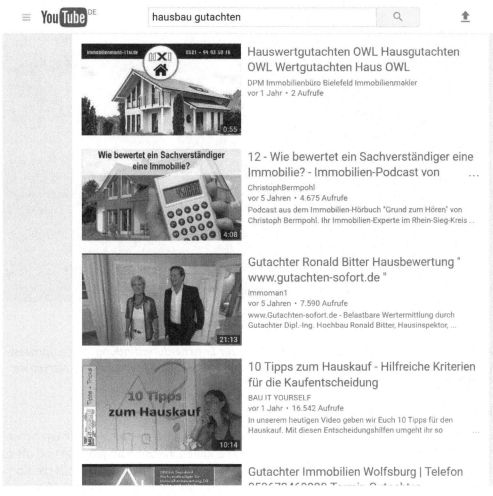

Abb. 27: Videos zum Thema „Hausbau Gutachten"
Quelle: https://www.youtube.com/results?search_query=hausbau+gutachten

Besonders sinnvoll ist es natürlich, Werbung nur bei solchen Videos zu schalten, die auch thematisch zum eigenen Gebiet passen, also ähnliche Zielgruppen ansprechen. Werben Sie als Bausachverständiger im Rahmen von Videos bei YouTube, in denen gezeigt wird, wie verschiedene Baumängel behoben werden können, ist dies in jedem Fall zielführender als in einer Zeitschrift für Wohnideen.

2 Was zeichnet Online-Werbung aus und was kann sie leisten?

Digitales Händler-Marketing: Mit Video-Werbung Kunden erreichen

Abb. 28: 54 % der Autokäufer nutzen YouTube zur Entscheidungsfindung im Kaufprozess
Quelle: https://youtu.be/b8qXxWHIt9o; Google und das Google-Logo sind eingetragene Marken von Google Inc., Verwendung mit Genehmigung

Blogs

Blogs sind zwar im weiteren Sinne Websites, auf denen immer wieder Neuigkeiten berichtet werden, aber sie werden im Allgemeinen von anderen Websites abgegrenzt und oft zu Social Media gezählt. Das liegt mitunter daran, dass einerseits häufig auf Blogs die Kommentarfunktion genutzt wird und damit Interaktion stattfindet, andererseits aber auch jeder heute in der Lage ist, einen eigenen Blog zu starten, und das teils auch kostenlos.

Blogs widmen sich in vielen Fällen einem bestimmten Thema und können damit ein guter Weg sein, um Targeting zu betreiben. Die meisten Blogs bieten außerdem Möglichkeiten, Werbeanzeigen neben den Artikeln zu schalten. Eine Anzeige für einen Bausachverständigen neben einem Artikel über Schäden am Bau könnte passender kaum sein.

Retargeting

Was im Online-Marketing alles möglich ist, was sich gleichzeitig in den traditionellen Marketingkanälen nicht ganz so einfach gestaltet, das wird klar, wenn der Begriff Remarketing ins Spiel kommt. Denn ein Interessent, der nur einmal auf die Website geklickt hat, sich dort ein bisschen umgesehen hat und dann wieder verschwunden ist, muss noch kein verlorener Kunde sein.

Ganz im Gegenteil: Der Erstkontakt hat bereits stattgefunden. In der Vertriebssprache würde man sagen, der Interessent hat bereits einmal Ja gesagt. Nämlich indem er auf die

Anzeige geklickt hat und so auf die Website gelangt ist. Es ist einfacher, diesen Interessenten wiederzugewinnen, als einen völlig neuen Nutzer auf die Website zu bringen.

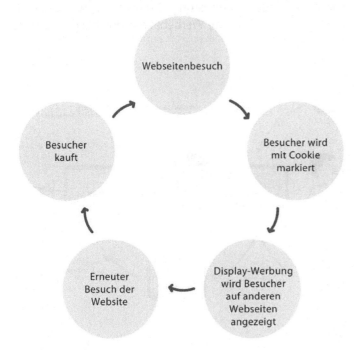

Abb. 29: Remarketing ist ein kontinuierlicher Prozess zur Ansprache der Zielgruppe
Quelle: © Kim Weinand

Mit den Methoden zum Remarketing, die das Online-Marketing bietet, ist das ein Kinderspiel. Durch die Einbindung eines Remarketing-Codes auf Ihrer Website, der mit Google AdWords verknüpft ist, gelingt es, zu erkennen, wer auf der Website war und sogar welche Inhalte er sich angeschaut hat. Diese Daten werden anonym gespeichert. Doch wenn sich derselbe Nutzer nach dem Besuch Ihrer Website wieder auf irgendeiner Seite im weltweiten Werbenetzwerk von Google bewegt oder auch bei YouTube, so bekommt er wieder Ihre Werbeanzeige zu sehen, sofern Sie eine Remarketing-Kampagne eingerichtet haben.

Kunden nochmals an Ihr Angebot erinnern

Durch Retargeting gelingt es, Besucher Ihrer Website wieder auf die Internetseite und Ihr Angebot zu lenken. Dies bringt einen enormen Vorteil mit sich, da Sie nicht in Vergessenheit geraten. Möglicherweise hat der Besuch Ihrer Website noch in einer sehr frühen Phase der Customer Journey stattgefunden, sodass noch keine Auftragsvergabe erfolgen konnte. Der Nutzer möchte sich noch aus anderen Quellen Informationen einholen oder wartet vielleicht noch auf die Rückmeldung der Baufirma auf seine Reklamation, die den Bauschaden an seinem Haus seiner Ansicht nach verursacht hat.

Es kann also sein, dass er sich nur kurz informieren wollte, die tatsächliche Entscheidung, einen Bausachverständigen zu beauftragen, aber erst 2 Wochen später stattfindet, nachdem der Hausbesitzer Ihre Website zum ersten Mal besucht hat. Möglicherweise erinnert er sich aber nicht mehr genau an Ihren Namen oder die genaue Domainadresse. Dank Retargeting rufen Sie sich automatisch wieder in Erinnerung. Denn überall, wo er sich im Internet bewegt, begleiten Sie ihn und zeigen ihm Ihre Werbebanner, durch die Sie dezent auf Ihr Angebot hinweisen.

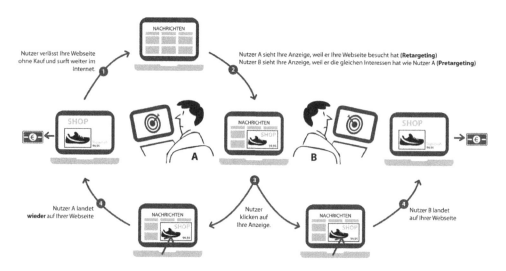

Abb. 30: Schritte des Remarketings
Quelle: © Kim Weinand

Auch hier lässt sich wieder einstellen, ob Sie pro Klick einen bestimmten Betrag bezahlen möchten oder aber pro 1.000 Views. Sollte der Interessent dann tatsächlich doch nicht an Ihrem Angebot interessiert sein, wird er wahrscheinlich die Anzeigen bemerken, aber nicht darauf klicken. In diesem Fall haben Sie allerdings kostenlose Imagebildung betrieben und den Wiedererkennungswert Ihrer Marke erhöht. Remarketing ist demnach in jedem Fall sinnvoll und trägt dazu bei, Ihren Bekanntheitsgrad langfristig zu steigern.

Remarketing nach Themen

Im Remarketing lassen sich sogar verschiedene Unterscheidungen treffen. Je nachdem, nach welchem Thema die Nutzer auf Ihrer Website recherchiert bzw. nach welchem Keyword sie gesucht haben, können auch im Remarketing in den nächsten Wochen danach unterschiedliche Inhalte ausgespielt werden.

Hat sich der Interessent beispielsweise für die Kosten eines Gutachtens interessiert und ist dementsprechend auf der dazugehörigen Subseite Ihrer Website gelandet, ist es wahrscheinlich sinnvoller, diesem Nutzer im Remarketing entsprechend auf dieses Thema abgestimmte Inhalte auszuspielen. In den Werbebannern, die idealerweise mit Ihrem Logo und einem auffälligen Bild versehen sind, können Sie den Nutzer beispielsweise dazu auffordern, ein unverbindliches Angebot anzufordern, oder ihn darauf hinweisen, dass die Kosten für ein Gutachten geringer sind als der finanzielle Schaden, der ihm ohne Gutachten entstehen kann.

2.3 Welche Werbeansprache zu welchem Zweck?

Haben Sie als Kfz-Sachverständiger hingegen einen Bereich auf Ihrer Website, in dem Sie auf die Lackschichtdickenmessung genauer eingehen, und sind Besucher auf dieser Seite gewesen, lässt sich auch das im Remarketing berücksichtigen. Bei der Kampagnenerstellung können Sie eine eigene sogenannte Remarketing-Liste erstellen, die ausschließlich die Websitebesucher enthält, die auf ebenjener Unterseite nach Informationen zu Lackschichtdickenmessung gesucht haben und sich dementsprechend für dieses Thema interessieren. Diese Remarketing-Liste lässt sich mit einer Anzeigengruppe verknüpfen, in der ausschließlich Werbeanzeigen enthalten sind, die auf das Thema Lackschichtdickenmessung abgestimmt sind.

Durch dieses genaue Eingehen auf das konkrete Thema, das den potenziellen Kunden beschäftigt, lässt sich die Klickrate deutlich erhöhen, da er sich direkt angesprochen fühlt. Früher oder später wird er wieder auf Ihre Seite gelangen. In den Remarketing-Anzeigen ist es dann bereits sinnvoll, ihn über den Klick auf eine Anzeige direkt auf eine Landing Page zu führen, bei der es eine Kontaktmöglichkeit gibt oder die Möglichkeit, ein Angebot einzuholen um damit auch in die nächste Phase der Customer Journey einzutreten.

3 Werbekanäle im Internet

In diesem Kapitel werden Konzept, Werbestrategie und einzelne Werbemöglichkeiten differenziert und erörtert. Sie erhalten einen Überblick, welche Werbemaßnahmen für Sachverständige geeignet sein könnten.

3.1 Strategie und Werbekanal – ein wichtiger Unterschied

In den vorhergehenden Kapiteln haben wir verschiedene Möglichkeiten kennengelernt, um im Internet Werbung zu betreiben und auf die eigenen Leistungen und Angebote aufmerksam zu machen. Nun sehen wir uns die einzelnen Werbekanäle näher an und vor allem die Differenzierung dieser zu Werbestrategien. Speziell im Onlinebereich wird beispielsweise Content-Marketing als Werbekanal verstanden. Doch bei genauerem Hinsehen wird klar, dass es sich dabei nicht um einen Werbekanal, sondern um eine Werbestrategie handelt. Diese Strategie wiederum kann mehrere Werbekanäle nutzen.

Gleichzeitig ist Content-Marketing eine der wohl stärksten Marketingstrategien im Internet. Mitunter auch gerade deshalb, weil sich damit viele unterschiedliche Werbekanäle miteinander verknüpfen lassen. Ein Content, also ein Inhalt wie etwa ein Text-Artikel, der auf Ihrer Website veröffentlicht wird, kann dabei beispielsweise mit anderen Werbekanälen verknüpft werden. So können Sie den Text nicht nur auf Ihrer Website veröffentlichen, sondern ebenfalls auch auf Social-Media-Plattformen posten, von einem Fachmagazin darauf verlinken oder mit AdWords-Werbebannern verknüpfen. Auf diese Weise lassen sich potenzielle Kunden auf unterschiedlichen Plattformen im Internet mit demselben Content-Komplex auf unterschiedliche Art und Weise ansprechen.

Virales Marketing

Virales Marketing ist eine Sparte des Online-Marketings, die im Grunde vor allem für große internationale Brands oder Unternehmen mit skalierbaren Geschäftsmodellen interessant ist, doch natürlich können auch kleinere Unternehmen oder Dienstleister von dieser Art des Marketings profitieren. In der Regel erfordert eine erfolgreiche Kampagne im viralen Marketing einen sehr guten kreativen Ansatz, um mit einem vergleichbar kleinen Budget eine sehr große Werbewirkung erzielen zu können.

Bei einer viralen Marketingkampagne wird darauf abgezielt, dass Content, der einmal erstellt und an einer oder mehreren Stellen publiziert wird, von anderen Menschen, die damit in Kontakt kommen, selbsttätig weitergeleitet und weiter mit deren Freunden, Kollegen und Bekannten geteilt wird. Sehr prägend für virale Kampagnen ist das Medium Video. Viele virale Kampagnen der Vergangenheit fanden ihren Ursprung etwa auf der Videoplattform YouTube, wo Marken ein Werbevideo platziert haben, das aber von der Zielgruppe als so wertvoll, witzig, interessant oder manchmal auch schockierend angesehen wurde, dass es tausendfach in sozialen Medien wie Facebook und Twitter geteilt wurde und damit sehr schnell sehr große Reichweite erzielen konnte. Der Begriff virales Marketing leitet sich davon ab, dass sich der Content wie ein Virus verbreitet.

Oft werden in der Folge auch von den Nutzern selbst erstellte Videos weiter geteilt, wie es etwa bei der Ice Bucket Challenge der Fall war.

Virales Marketing, so es funktioniert und die Kampagne viral wird, eignet sich vor allem zur Image- und Markenbildung. Da der Content meist quer durch alle Alters- und Interessengruppen geteilt wird, ist allerdings mit hohen Streuverlusten zu rechnen, da die Zielgruppe nicht immer klar ausgemacht werden kann. Speziell für Sachverständige eignet sich das Mittel der viralen Kampagne wahrscheinlich am besten, wenn es gelingt, zum richtigen Zeitpunkt genau den richtigen Content zu liefern, etwa einen Sachverhalt, der gerade durch die Medien geistert, rechtzeitig aufzugreifen und kompetente Antworten zu geben. Auch solch ein Beitrag kann theoretisch viral gehen. In jedem Fall gilt es, das eigene Image zu wahren und nicht um jeden Preis einen viralen Effekt anstreben zu wollen.

Cross-Media-Marketing

Wie bereits erwähnt, ist es heute wichtiger denn je, die gewünschte Zielgruppe über mehrere Kanäle ansprechen zu können und nicht nur über einen Kanal. Die Strategie muss also Cross-Media-Marketing heißen. Anstatt jedoch nur mehrere Kanäle mit Marketingmaßnahmen zu bespielen, besteht die Kunst darin, die verschiedenen Kanäle sinnvoll miteinander zu verknüpfen und damit ein stimmiges Gesamtbild zu schaffen, um vom Kunden als scharf konturierte und immer gleichförmige Marke wahrgenommen zu werden. Corporate Identity und Corporate Design sollten über alle genutzten Marketingkanäle hinweg einheitlich sein.

3.2 Warum ist eine Website so wichtig?

Wer im Internet auf seine Leistungen und Angebote aufmerksam machen möchte, der kommt an einer eigenen Website kaum vorbei. Theoretisch ist es zwar möglich, über entsprechende Firmenseiten auf Social-Media-Plattformen auch ohne eigene Website im Internet vertreten zu sein, doch die Website besticht nach wie vor durch mehrere Vorzüge:

- **Dreh- und Angelpunkt für alle Werbeaktivitäten:** Der wohl wichtigste Aspekt, weshalb Sie auf eine Website nicht verzichten sollten, ist der, dass diese den wesentlichen Dreh- und Angelpunkt all Ihrer Online- und auch Offlinemarketingaktivitäten darstellen kann. Wann immer Sie Display-Werbung schalten oder mit Google AdWords arbeiten oder auch eine Offlinezeitungsannonce buchen, kann ein entsprechender Link die potenziellen Interessenten genau zu der passenden Zielseite (Landing Page) Ihrer Website führen und damit genau die passenden Informationen liefern.

- **Offizielle Firmenpräsentation:** Einer Website bringen Nutzer nach wie vor mehr Vertrauen entgegen als anderen Präsentationsmöglichkeiten im Internet. Als Betreiber der Website können Sie darüber hinaus jederzeit frei über die Gestaltung der Seite ohne Einschränkungen bestimmen und besitzen die volle Kontrolle über alle Inhalte, während bei Social-Media-Plattformen auch sich verändernde Regeln der Betreiber zu beachten sind und ein vorgefertigtes Design mehr oder weniger einzuhalten ist.

3.2 Warum ist eine Website so wichtig?

- **Identifikation mit der Marke:** Ein gut gewählter Domainname lässt sich weitaus einfacher merken als ein sperriger Link zu einer Facebook- oder YouTube-Seite. Auch auf Ihren Visitenkarten macht sich Ihr Domainname inklusive der E-Mail-Adresse besser als andere Onlineinformationen.
- **Beste Voraussetzungen für Suchmaschinenoptimierung:** Bei keinem anderen Werbekanal im Internet haben Sie solch weitreichende Möglichkeiten, Suchmaschinenoptimierung zu betreiben, wie bei Ihrer eigenen Website. Indem Sie Ihre Website optimal an die Bedürfnisse der Zielgruppe anpassen, aber auch thematisch perfekt auf die dazu passenden Google-Suchbegriffe ausrichten, gelingt es Ihnen über Ihre eigene Website sehr gut, zu relevanten Suchabfragen weit oben in den klickstarken Suchergebnissen bei Google & Co aufzuscheinen.
- **Volle Kontrolle:** Über Ihre Website haben Sie volle Kontrolle und können alle Potenziale nutzen, die zur Verfügung stehen. Das schließt beispielsweise auch die genaue Analyse Ihrer Websitebesucher mit ein, inklusive aller relevanten Daten, die sich daraus gewinnen lassen. Je mehr Sie über Ihre Besucher wissen, umso leichter gelingt es, die Website weiter zu optimieren und so zu gestalten, dass die Besucher Käufe tätigen bzw. Kontakt mit Ihnen aufnehmen und Anfragen stellen.

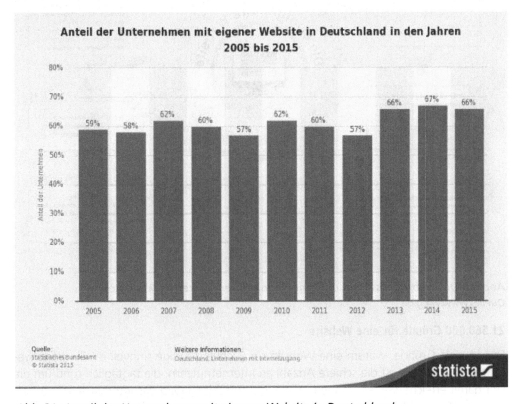

Abb. 31: Anteil der Unternehmen mit eigener Website in Deutschland
Quelle: https://de.statista.com/statistik/daten/studie/151766/umfrage/anteil-der-unternehmen-mit-eigener-website-in-deutschland/

3 Werbekanäle im Internet

Nicht zu vernachlässigen ist die Tatsache, dass Ihre Website einen geradezu unerlässlichen Bestandteil einer Content-Strategie darstellt. Wie bereits in Kapitel 2.3 bei der Customer Journey dargestellt, ist es wichtig, den Informationsbedarf der Interessenten zu decken und damit die Entscheidungsfindung durch fundiertes Wissen zu ermöglichen. Auch wenn Sie Content über verschiedene andere Kanäle als Ihre Website ausspielen, ist es häufig die Website, zu denen die Besuche schlussendlich geführt werden. Denn hier können Sie bereits mit perfekt auf die jeweiligen Suchanfragen abgestimmten Unterseiten auf sie warten, wo sie genau die Informationen finden werden, die gerade ihren aktuellen Informationsbedarf decken. Mit den richtigen Maßnahmen kommen Sie diesem Informationsbedarf entgegen und machen Ihre Website erfolgreich.

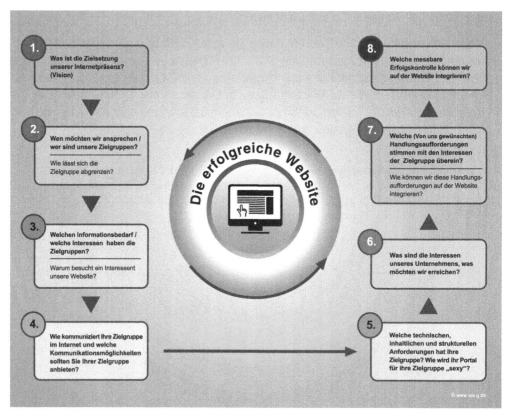

Abb. 32: Die Website als Dreh- und Angelpunkt Ihrer Marketingaktivitäten
Quelle: www.wa-g.de

21.560.000 Gründe für eine Website

Es gibt viele Gründe, warum eine Website für Sachverständige sinnvoll ist. Ein ganz wesentlicher allerdings ist die schiere Anzahl an Internetnutzern, die tagtäglich rund um die Uhr damit erreicht werden können. Allein in Deutschland wird das Internet durchschnittlich von 45 Mio. Menschen genutzt.[1] Kaum ein anderes Medium kann da so einfach mit-

---

1 Quelle: http://www.ard-zdf-onlinestudie.de/ ARD/ZDF Onlinestudie 2016.

3.2 Warum ist eine Website so wichtig?

halten. Die Tendenz ist sogar noch immer steigend. Das Aufkommen von Smartphones und der jederzeitige Zugriff auf die weltgrößte Wissens- und Informationsdatenbank, das Internet, haben dazu geführt, dass diese Form der Informationsbeschaffung noch deutlich an Attraktivität gewonnen hat.

In welch rasantem Tempo das Internet andere Medien als Informationsquelle abgelöst hat, zeigt die bisherige Entwicklung. Im Jahr 1997 waren rund 4,1 Mio. Deutsche bereits gelegentlich online. Das sind weniger als 10 % der heutigen Internetnutzerzahlen. 3 Jahre später waren es dann bereits 18,3 Mio. Nutzer in Deutschland. Nur weitere 6 Jahre später konnte diese Zahl weiter auf 38,6 Mio. mehr als verdoppelt werden. Die 50-Millionen-Marke wurde erstmals 2011 überschritten und im Jahr 2017 rechnen die Statistiker mit über 70 Mio. Menschen in Deutschland, die einen Zugang zum Internet haben. Damit nutzt nahezu ganz Deutschland das Internet. Im Umkehrschluss bedeutet dies, dass auch so gut wie jeder deutsche Konsument, der einen Bedarf an Sachverständigen-Dienstleistungen hat, auch über dieses Medium erreicht werden kann.

Global gesehen zeigt sich ein sehr ähnliches Bild. Während im Jahr 1997 lediglich rund 121 Mio. Menschen auf der Welt den Luxus eines Internetzugangs kannten, waren es nur 10 Jahre später mit über 1,3 Mrd. schon über 10-mal so viele. In den darauffolgenden 9 Jahren bis 2016 hat sich diese Zahl nochmals nahezu verdreifacht auf 3,4 Mrd. Menschen, womit rund die Hälfte der Weltbevölkerung heute Zugang zum Internet hat. Der nochmals beschleunigte Anstieg zwischen 2007 und 2016 war unter anderem auch auf die verstärkte Verbreitung von Smartphones zurückzuführen. Vor allem in Entwicklungs- und Schwellenländern gehen Internetnutzer weniger mit Notebook oder Desktop-PC online als vielmehr über das kostengünstigere Handy, das praktischerweise auch schon über einen eigenen Akku verfügt und damit vor allem in Regionen mit unsicherer Stromversorgung entscheidende Vorteile bietet.

3 Werbekanäle im Internet

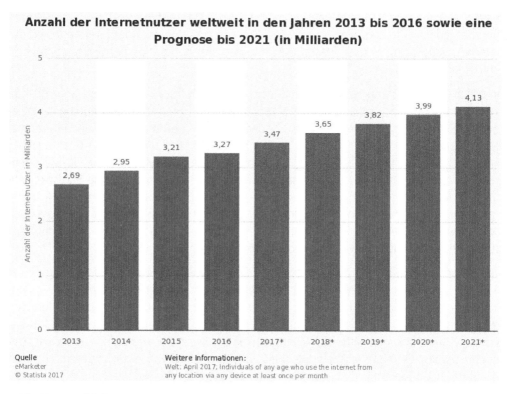

Abb. 33: Anzahl der Internetnutzer weltweit bis 2021
Quelle: © Statista 2017

Umsätze erzielen, während Sie schlafen

Einer der Gründe für die große Beliebtheit des Internets als Informationsquelle ist auch die Tatsache, dass es jederzeit verfügbar ist. Während Sendungen im Fernsehen und Radio nur zu einer bestimmten Zeit laufen, die Inhalte von Zeitungen und Zeitschriften schon morgen nicht mehr aktuell sein können und Plakate meist nur tagsüber gut gesehen werden, steht das Internet und damit auch Ihre Website rund um die Uhr zur Verfügung. Sie können damit also sogar Umsätze machen, während Sie schlafen. Auch wenn Ihr potenzieller Kunde um 1.00 Uhr früh auf die Idee kommt, ein Schadensgutachten für seinen erst kürzlich entstandenen Kfz-Schaden einzuholen, muss er sich nicht an Ihre Öffnungszeiten halten, sondern kann sich sofort, über sein Smartphone sogar theoretisch noch an der Unfallstelle, über Ihre Leistungen informieren und Ihnen umgehend eine Anfrage schicken, die Sie am nächsten Morgen bereits in Ihrem E-Mail-Postfach finden und damit zeitnah bearbeiten können.

Steigende Entwicklung der Nutzerzahlen, die sich im Internet informieren

Eine interessante Entwicklung zeigt sich auch bei der Zahl der Nutzer, die in Deutschland täglich das Internet zur Informationssuche nutzen. Im Jahr 2012 lag diese Zahl bei den über 14-Jährigen noch bei 13,62 Mio. Im Jahr 2013 stieg der Wert auf 14,21 Mio. Nutzer an und im Jahr 2015 suchten durchschnittlich 18 Mio. Menschen in Deutschland täglich nach

Informationen im Internet. Bei den Personen, die mindestens einmal in der Woche das Internet zur Informationsbeschaffung nutzten, waren es sogar nochmals rund 4 Mio. Menschen mehr – nämlich 22,36 Mio.[2]

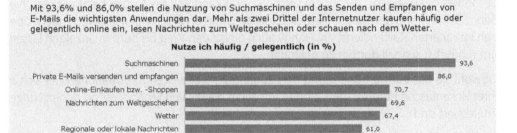

Abb. 34: Internetnutzung
Quelle: AGOF e. V. / digital facts 2016-07

Jederzeit überall online

Jeder nutzt heute ein Smartphone. „Wir tragen das Internet mit uns herum und sind jederzeit online." Niemand informiert sich mehr in den Gelben Seiten. Der Abruf von Informationen über das Internet ist schneller, treffsicherer und bietet je nach Abfrage auch Informationen aus der eigenen Umgebung oder auch globale Ergebnisse. Neben der Unternehmenssuche, wie sie auch in den Gelben Seiten üblich war, ist es auch möglich, in Foren die Meinungen anderer Menschen einzusehen oder die Blogs von Experten für ein bestimmtes Themengebiet zu lesen.

Die neue Suche ist mobil und lokal

Wer heute online nach Informationen sucht, tut dies oft mit einem lokalen Schwerpunkt. Dabei haben sich die Suchmaschinen einen entscheidenden Aspekt von den früher bei der Informationsrecherche dominanten Gelben Seiten abgeschaut. Denn wenn Menschen nach Angeboten, Dienstleistungen und anderen Informationen suchen, dann interessieren sie vor allem Ergebnisse aus ihrer direkten Umgebung. Nicht umsonst sind drei Viertel aller deutschen Smartphonenutzer der Überzeugung, dass es nützlich ist, wenn die Ergebnisse

---

2   https://de.statista.com/statistik/daten/studie/183133/umfrage/nachrichten-und-informationen---internetnutzung/Verbrauchs- und Medienanalyse – VuMA 2017 – https://www.vuma.de/vuma-praxis/die-studie/.

3 Werbekanäle im Internet

ihrer Suche an die Adresse, an der sie sich gerade befinden, angepasst sind. Google, Yahoo und Co haben diesen Wunsch schon lange erhört.

Während wir bei der Suche auf einem Notebook oder Desktop-PC zumeist noch Begriffe wie „Sachverständigengutachten Frankfurt", „Kfz-Sachverständiger in Düsseldorf" oder „SV-Gutachten Kosten Kiel" eingeben, um Ergebnisse aus unserer Region zu finden, passen Suchmaschinen die Ergebnisse, wo immer es möglich ist, schon lange an den jeweiligen Standort der Nutzer an. Smartphones, die GPS-Daten mitsenden, sind dafür natürlich besonders gut geeignet. Auf einem solchen Gerät kann sich der Nutzer nicht nur verschiedene Sachverständigenbüros in seiner aktuellen Umgebung anzeigen lassen, sondern über den integrierten Kartendienst am Handy auch gleich den Weg bis dorthin anzeigen lassen, um möglichst schnell dorthin zu gelangen.

Obwohl sie das Internet und damit den Zugang zu weltweiten Informationen mit sich in ihrer Hosentasche herumtragen, sind es vor allem die lokalen Ergebnisse, an denen Nutzer interessiert sind.

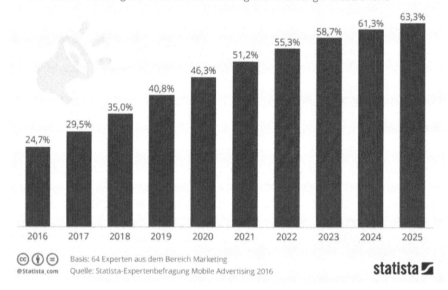

Abb. 35: Anteil mobiler Werbung in Deutschland
Quelle: https://de.statista.com/infografik/6141/anteil-mobiler-werbung-in-deutschland/

Wer den lokalen Aspekt aufnimmt, wird belohnt. Denn Nutzer reagieren besonders positiv auf Suchergebnisse, die mit Kontaktdaten wie Adresse, Anfahrtsplan, Telefonnummer oder anderen ortsbezogenen Informationen versehen sind. Die Interaktionsrate lässt sich deutlich steigern, indem sich auf der mobilen Version der Website auch ein Click-to-Call-Button befindet, mit dem es besonders leichtfällt, den jeweiligen Anbieter anzurufen, oder sich per Klick auch eine neue E-Mail im E-Mail-Programm des Smartphones öffnet, um in Kontakt zu treten.

Abb. 36: Die Neuwagenkäuferstudie 2016 zeigt, die Suche wird zunehmend mobiler
Quelle: https://youtu.be/7T1pNsReK6l; Google und das Google-Logo sind eingetragene Marken von Google Inc., Verwendung mit Genehmigung

3.3 Daten und Fakten – Websiteanalyse

Die Erfolgskontrolle als wichtiges Instrument des Online-Marketings

Ein entscheidender Vorteil einer Website ergibt sich für die Betreiber durch die umfassenden Möglichkeiten zur Websiteanalyse. Denn egal ob Sie einen Link zu Ihrer Website mit Google AdWords bewerben, durch eine Facebook-Werbeanzeige auf die Seite aufmerksam machen oder einen Wortlink in einem Fachartikel in einem Onlinemagazin auf Ihre Website verweist – dank der weitreichenden Analysemethoden können Sie genau auswerten, was Ihre Werbeaktivität tatsächlich gebracht hat und über welche Kanäle potenzielle Kunden auf Ihre Website gelangen.

Auch die Analysemöglichkeiten stellen einen wesentlichen Unterschied zu Offlinewerbung dar. Schalten Sie beispielsweise eine Werbeanzeige in einer Zeitung und erhalten Sie danach Anrufe von Interessenten, ist es eher schwer, festzustellen, ob diese Kontakte tatsächlich über die Werbeanzeige zustande gekommen sind oder Sie ob diese Aufträge womöglich auch ohne die Anzeige in der Zeitung erhalten hätten.

Schalten Sie jedoch eine Werbeanzeige auf der Onlinepräsenz derselben Zeitung, können Sie sehr einfach nachvollziehen, ob diese Werbeanzeige tatsächlich Interesse für Ihre Leistungen geschürt hat oder nicht und ob tatsächlich Personen darauf geklickt haben und in der Folge auf Ihre Website gelangt sind.

Daten aus der Websiteanalyse

Durch die Analyse der Besucher Ihrer Website erfahren Sie nicht nur, wie viele Personen sich in welchem Zeitraum dort aufgehalten haben, sondern Sie können noch eine Reihe anderer Informationen auf diesem Weg auswerten:

- Verweildauer der Besucher auf Ihrer Website
- Alter und Geschlecht der Besucher
- Quelle, über die die Personen zu Ihnen gelangt sind
- besuchte Unterseiten Ihrer Seite
- Sprache, Land und Zugriffsort der Besucher
- Zielseiten und Ausstiegsseiten
- häufigste Suchbegriffe bei der Suche, die Nutzer zu Ihnen geführt haben

Diese Aufstellung liefert nur einen kleinen Überblick der wichtigsten Informationen, die Sie bei der Websiteanalyse in Erfahrung bringen können. Doch schon diese kleinen Beispiele zeigen, welch riesiges Potenzial sich dahinter verbirgt. Denn je besser Sie die Personen kennen, die auf Ihre Website kommen, und je genauer Sie wissen, wie sich diese dort verhalten, umso besser gelingt es Ihnen auch, Ihre Homepage so abzustimmen, dass sie den Anforderungen der potenziellen Kunden gerecht wird. Darüber hinaus lassen sich durch die genaue Analyse auch verschiedene Fehler oder „Hinderer" auf der Website ausmachen und beseitigen. Vor allem aber erfahren Sie, welche die wichtigsten Quellen sind, über die die Besucher zu Ihnen kommen, und können diese noch weiter fördern.

Wie analysieren?

Doch wie ist es möglich, so viele Daten Ihrer Besucher zu gewinnen?

Mittlerweile gibt es eine Reihe von (teils kostenpflichtigen) Programmen, mit denen sich eine Menge an Daten auslesen lässt. Die einfachste und auch eine kostenlose Methode bietet ein Programm von Google selbst, nämlich Google Analytics. Dieser Gratis-Dienst ist für die meisten Websitebetreiber der Einstieg in die Websiteanalyse. Die Einrichtung gestaltet sich vergleichsweise einfach und auch die Darstellung der Daten ist gut durchdacht und intuitiv nutzbar.

3.3 Daten und Fakten – Websiteanalyse

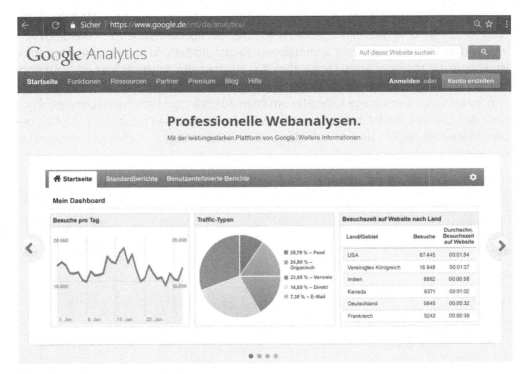

Abb. 37: Google-Analytics-Startseite
Quelle: https://www.google.de/intl/de/analytics; Google und das Google-Logo sind eingetragene Marken von Google Inc., Verwendung mit Genehmigung

Um die Daten sammeln zu können, mit denen Google Analytics gefüttert wird, wird ein sogenannter Tracking Code im HTML-Code der Website eingebaut, der von Google zur Verfügung gestellt wird.

Weitere Details dazu finden Sie auf der folgenden Google-Support-Seite: https://support.google.com/analytics/answer/1008080?hl=de. Fortan können Sie im eingerichteten Analytics-Dashboard einsehen, wie es um den Traffic auf Ihrer Website tatsächlich steht und wie sich Ihre Besucher verhalten, wonach sie suchen, und können Hinweise darauf finden, warum diese vielleicht noch nicht mit Ihnen in Kontakt getreten sind.

Analysieren und optimieren

Die Ergebnisse der Analyse helfen dabei, die Website Schritt für Schritt immer weiter zu verbessern. Ist die *Verweildauer* auf der Website beispielsweise nur wenige Sekunden lang, könnte dies auf einen Fehler auf der Seite hinweisen, der ein großes Hindernis für die Nutzer darstellt. Anstatt sich länger damit aufzuhalten, schließen diese die Seite einfach wieder und suchen nach einem anderen Sachverständigen. Daher ist es wichtig, dass alle Informationen auf der Website richtig dargestellt werden und keine technischen Fehler auftreten.

Informationen über den *Standort*, an dem Ihre Besucher Ihre Website aufrufen, geben Ihnen einen guten Überblick darüber, in welcher Region Ihr Bekanntheitsgrad bereits hoch ist. Gelangen vor allem Personen aus weiter entfernten Regionen auf Ihre Website, während Sie aber wissen, dass Ihr Angebot für Sachverständigenleistungen sich allerdings vorwiegend an Menschen aus Ihrer unmittelbaren Region richtet und nur für diese interessant ist, könnte das mitunter daran liegen, dass Ihre Werbemaßnahmen zu breit gestreut sind. Nutzen Sie Google AdWords, haben Sie die Möglichkeit, die Werbung z. B. lediglich in Ihrem Bundesland oder wenige Kilometer um Ihren Bürostandort herum auszuspielen. Auch über den Content auf Ihrer Website können Sie Suchmaschinen besser zu verstehen geben, in welcher Region Sie sich befinden und in welcher Region auch Ihre Zielgruppe zu finden ist.

Abb. 38: Google-Analytics-Ansicht der Sitzungen nach Herkunft (Stadt)
Quelle: Google und das Google-Logo sind eingetragene Marken von Google Inc., Verwendung mit Genehmigung

Besonders interessant ist auch die Information, welche *Geräte* Ihre Besucher nutzen, wenn diese auf Ihre Website gelangen. Je nachdem können Sie Ihre Website ausrichten. Wird Ihre Seite hauptsächlich von Smartphones aus aufgerufen, sollten Sie in jedem Fall prüfen, ob diese mobilfähig ist, und Kontaktmöglichkeiten, Anfahrtsplan und andere relevante Daten möglichst einfach auffindbar machen. Rufen Ihre Besucher die Seite hauptsächlich über Notebooks und Desktop-PCs auf, könnte dies darauf hinweisen, dass diese Personen sich ausführlich über bestimmte Themen erkundigen möchten und dies von zu Hause aus tun.

Dank der Angabe der am häufigsten genutzten *Zielseiten* und *Ausstiegsseiten* wissen Sie, welche die wichtigsten Seiten Ihrer Website sind, über die Besucher einsteigen, und bei welchen Seiten die Nutzer auch wieder die Internetpräsenz verlassen. Vor allem diese Ausstiegsseiten sind für die weitere Optimierung von Bedeutung. Denn wenn die Nutzer, die nach bestimmten Informationen suchen, diese Inhalte auf diesen Seiten womöglich nicht gefunden haben und deshalb ausgestiegen sind, könnte dies bedeuten, dass der Content wahrscheinlich noch nicht ausreichend Antworten auf die Fragen enthält, die sich die Suchenden stellen. Die Tatsache, dass sie auf diese Seite gelangt sind, deutet aber darauf hin, dass sie konkreten Informationsbedarf hatten. Vielleicht hatten sie aufgrund der Überschrift etwas anderes erwartet, als im Text dann zu finden war, oder die Informationen waren sperrig und damit nicht gut aufbereitet. Dem gilt es nachzugehen, um die Besucher länger auf der Seite zu halten und im Idealfall bis zur Kontaktaufnahme zu führen.

Funktionierendes stärken

Die Websiteanalyse macht nicht nur auf Schwächen einer Website aufmerksam, sondern gibt ebenso auch Bestätigung für die Elemente der Seite, die bereits gut funktionieren. So erfahren Sie beispielsweise, über welche Quellen besonders viele Besucher auf Ihre Website gelangen, was prinzipiell einmal gut ist. Erhalten Sie von einer bestimmten Website, auf der Sie Werbung geschaltet haben oder die mit einem Link zu Ihnen zeigt, besonders viel Traffic, sollten Sie diesen Kanal womöglich auch weiterhin betreiben und darauf setzen.

Auch die Aufschlüsselung nach besuchten Inhalten zeigt Ihnen genau, an welchen Themen Ihre potenzielle Kundschaft interessiert ist. Wird ein Artikel Ihrer Seite zum Thema „Wie viel kostet ein SV-Gutachten?" oder auch „Was tun bei Bauschäden von der Baufirma?" besonders oft geklickt, kann dies Anlass für Sie sein, weitere Inhalte in dieser Richtung zu veröffentlichen, die noch genauer auf die Thematiken eingehen. Die Analyse dient Ihnen somit auch als Kompass, um die weitere Weichenstellung Ihrer Marketingaktivitäten zu bestimmen.

Bewertung von Marketingaktivitäten und Nutzerfluss auf der Website

Die beste Marketingaktivität nützt Ihnen nichts, wenn Sie sie nicht bewerten und damit von einer schlechten Marketingaktivität unterscheiden können. Natürlich gilt am Ende jeder Aktivität die Frage „Hat es mir was gebracht?". Die harten Fakten – Aufträge, Ertrag – sind Ihnen als Kaufmann bereits klar, aber es gibt weitere Parameter, die Ihnen zeigen, welcher Anteil Ihrer Marketingmaßnahmen bereits gut fruchten und welche noch nicht. Wenn Sie beispielsweise eine Bannerwerbung schalten und diese Ihnen eine hohe Anzahl an Klicks und damit Websitebesucher bringt, dann ist das augenscheinlich eine gute Maßnahme. Wenn aber alle Besucher nach kurzer Zeit Ihre Website wieder verlassen und keine Kontaktaufnahme stattfindet, dann nützt Ihnen die Maßnahme nichts. Es stellen sich jetzt also die Fragen „War die Werbebotschaft falsch, war es das falsche Medium oder haben die Interessenten auf der Website nicht die gewünschten Informationen vorgefunden?". Um diese Fragen beantworten zu können und herauszufinden, an welchem Punkt Sie für weitere Maßnahmen nachsteuern müssen, müssen Sie einige Analysewerte kennen, die ich Ihnen hier kurz vorstelle.

CTR

Mit der CTR oder der „Click-Through-Rate", manchmal auch Klickrate genannt, wird das Verhältnis von Anzeigenimpressionen zu tatsächlichen Klicks angegeben. Dies ist eine sehr wichtige Kennzahl, da Sie daran die Effizienz Ihrer Werbekampagne ablesen können. Sehen Sie hier eine sehr hohe Anzahl an Anzeigenimpressionen bei nur wenigen oder gar keinen Klicks, bedeutet dies, dass Sie wahrscheinlich das Sujet Ihrer Werbeanzeigen überdenken sollten bzw. den Inhalt der Botschaft ändern müssen, da sich die Nutzer, die die

Werbeanzeigen sehen, offensichtlich nicht genügend angesprochen fühlen, um auch auf die Anzeige zu klicken. Vielleicht werden Ihre Anzeigen aber auch einfach nur im falschen Umfeld geschaltet, wo Ihre Zielgruppe nicht zugegen ist und die Menschen, die damit in Kontakt kommen, naturgemäß kein Interesse an Ihren Leistungen haben. Vielleicht haben Sie auch nur ein unvorteilhaftes Format gewählt und Ihre Banner gehen in der Flut an anderen Werbeanzeigen auf den Werbewebsites unter. Wenn der CTR hingegen eine hohe Prozentzahl aufweist, dann bedeutet dies, dass Sie im Verhältnis zu Ihren Impressionen bereits eine hohe Anzahl an Klicks erreichen konnten. In diesem Fall gibt es nicht mehr viel oder gar nichts mehr zu optimieren. Vor allem dann, wenn Sie bereits erste Anfragen von Kunden erhalten haben, sollten Sie an den Kampagneneinstellungen erst mal nichts mehr ändern.

CPC

Der CPC oder „Cost per Click" ist ebenso eine wichtige Kennzahl zur Erfolgskontrolle. Er zeigt Ihnen an, wie viel Sie ein Klick auf Ihre Anzeige und damit auf Ihre Website im Durchschnitt kostet. Hier können Sie selbst entscheiden, wie viel Ihnen ein Klick wert ist. Bei den meisten Werbeprogrammen – wie etwa bei Google AdWords – haben Sie die Möglichkeit, einen maximalen CPC zu definieren. Sie können hier also festlegen, wie viel Sie maximal bereit sind, für einen Klick zu bezahlen. Allerdings sollten Sie auch beobachten, ob dieser Wert nicht zu niedrig eingestellt ist. Wenn der maximale CPC nämlich zu niedrig gewählt ist, kann dies dazu führen, dass Ihre Anzeigen gar nicht ausgespielt werden oder nur sehr selten, da nur wenige Websites, auf denen Anzeigen geschaltet werden können, bereit sind, einen so niedrigen CPC zu akzeptieren. Schließlich erhalten diese Websites auch einen Anteil an jedem CPC als Vergütung für den Werbeplatz.

Ad Impressions

Die „Ad Impressions" geben an, wie oft Ihre Anzeigen auf dem gewählten Werbeplatz oder in dem gewählten Werbenetzwerk angezeigt wurden. Zu beachten ist dabei, dass dies nicht automatisch bedeutet, dass diese Impressionen auch tatsächlich von den Besuchern der Websites, auf denen diese erscheinen, wahrgenommen werden. Hier ist es wiederum wichtig, den CTR zu beachten, der Ihnen Rückschlüsse genau darauf erlaubt. Die Ad Impressions sind jedoch gerade in der Startphase einer neuen Kampagne eine wichtige Kennzahl, um zu sehen, ob die Anzeigen überhaupt geschaltet werden. Falls dies nicht der Fall ist, kann es sein, dass einige Einstellungen in Ihrer Kampagne dies verhindern, also entweder das Budget zu gering ist oder auch die Einschränkungen auf die gewünschte Zielgruppe zu eng gefasst sind. Die Kennzahl Ad Impressions hat in Bezug auf die Erfolgskontrolle vor allem in Verbindung mit Kampagnen Bedeutung, die auf Basis eines CPM, also eines „Cost pro tausend Impressions" basieren und in vielen Fällen vor allem der Imagebildung dienen.

Unique Users

Die „Unique Users" oder UU zeigen an, wie viele einzelne Nutzer Sie mit Ihrer Werbekampagne erreicht haben. Dabei ist zu beachten, dass diese Kennzahl aus den IP-Adressen der Nutzer errechnet wird – also aus den Adressen der jeweiligen Computer, die genutzt werden. Wird ein Computer von mehreren Nutzern verwendet, wird dies nicht berücksichtigt. Die Anzahl von Unique Users auf Ihrer Website können Sie übrigens auch über Google Analytics auslesen. In einigen Werbeprogrammen können Sie außerdem noch analysieren, wie oft dieselbe Werbeanzeige ein und demselben Nutzer angezeigt wurde. Ist diese Kennzahl sehr hoch, wenngleich kaum Klicks erfolgen, dann ist das Sujet der Werbeanzeige vielleicht noch nicht gut genug geeignet, um die Nutzer tatsächlich zu animieren, darauf zu klicken.

Klicks oder Ad Clicks

Mit dieser Kennzahl erfahren Sie die gesamte Anzahl an Klicks, die durch Ihre Werbeanzeige erzeugt wurde. So können Sie sehr gut sehen, wie viele potenzielle Kunden die jeweilige Werbekampagne auf Ihre Website gebracht hat. Diese Kennzahl kann sehr interessant sein, um zu sehen, wie viele potenzielle Kunden hier erreicht wurden im Vergleich zu anderen Werbeprogrammen oder Einschaltungen in Offlinemedien, wo allerdings auch das Problem der großen Streuverluste mit einzuberechnen ist.

CPO

Der „Cost per Order" oder CPO ist für die Erfolgskontrolle noch wichtiger als CPC und wahrscheinlich die wichtigste Kennzahl. Damit lesen Sie nämlich aus, wie viel ein durchschnittlicher Auftrag, den Sie tatsächlich über die Werbekampagne erhalten haben, gekostet hat. Damit können Sie sehr genau bestimmen, ob es sich lohnt, diese Werbekampagne fortzuführen oder nicht. Denn lägen die Kosten pro Auftrag (CPO) über dem Gewinn, den Sie durchschnittlich mit einem Auftrag machen, wäre klar, dass es sich nicht lohnt, auf diese Werbekampagne zu setzen, oder dass es dringend notwendig ist, die Einstellungen der Kampagne zu optimieren, um die Kosten pro Auftrag zu senken.

Den CPO können Sie sich manuell ausrechnen, indem Sie die Kosten für die Werbekampagne durch die Anzahl der eingegangenen Aufträge dividieren. In einigen Werbeprogrammen wird Ihnen diese Kennzahl auch automatisch ausgeworfen. Allerdings ist dafür meist etwas Vorarbeit notwendig. In Google AdWords beispielsweise können Sie sogenannte Conversions, also Ziele der Kampagne festlegen. Oftmals müssen Sie dafür allerdings einen Code in dem HTML-Code Ihrer Website einfügen, um die Daten an der gewünschten Stelle, etwa in einem Kontakt- oder Bestellformular, auswerten zu können. Immer dann, wenn ein Nutzer, der über die Werbekampagne auf die Seite gelangt ist, beispielsweise auf den Senden-Button unter dem Kontaktformular geklickt hat, wird dies als Auftrag gewertet und in die CPO-Berechnung mit einbezogen.

Absprungrate (Bounce Rate)

Die Absprungrate ist der prozentuale Anteil an Websitebesuchen mit nur einem einzelnen Seitenaufruf. Zudem zählen zu den Bounce-Besuchen auch Kurzbesuche von 5 bis 10 Sekunden.

Ein Kurzbesuch bedeutet, dass die Besucher der Website nicht weiter motiviert sind, tiefer in das Angebot der Website einzusteigen. Die Auswertung der Bounce Rate zeigt Ihnen, wie stark sich die Besucher der Seite mit dem Informationsangebot auseinandersetzen und mit der Website interagieren. Eine hohe Absprungrate kann ein Indiz dafür sein, dass Sie Ihren Inhalt mehr auf den Informationsbedarf Ihrer Zielgruppe ausrichten sollten.

Conversion Rate (CR)

Die Konversion bezeichnet die messbare Erreichung des Ziels der Marketingmaßnahme. Eine Konversion ist grundsätzlich je nach Websitetyp und Zielsetzung der Internetseite unterschiedlich. Bei einem Onlineshop bezeichnet man typischerweise den Kaufabschluss als Conversion. Bei einer Unternehmensseite kann das Senden eines Kontaktformulars als Zielsetzung gewünscht sein. Die Messung der Konversion erfolgt durch die Konversionsrate. Mithilfe der Konversionsrate wird die Wirksamkeit einer Werbemaßnahme ermittelt. Typisch sind Werte zwischen 1 und 5 %, was bedeutet, dass von 100 neu gewonnenen Besuchern eines Onlineshops 1 bis 5 Besucher einen Kauf durchführen.

3.4 Bei Suchmaschinen gefunden werden

Im Online-Marketing gilt das Suchmaschinenmarketing vielen als Königsdisziplin. Dabei geht es vor allem darum, eine Website bzw. ein Angebot bei der Abfrage zu bestimmten Suchbegriffen an möglichst präsenter Stelle auftauchen zu lassen. Das ist natürlich kein einfaches Unterfangen, da zu den meisten Suchbegriffen auch viele Mitbewerber am Start sind, um ihrer Konkurrenz die vordersten Plätze in den Suchergebnissen bei Google und in anderen Suchmaschinen streitig zu machen.

Suchmaschinen wie Google, Yahoo oder Bing sind sehr ähnlich aufgebaut. Bei allen gilt: Wer es schafft, weit oben in den Suchergebnissen zu bestimmten Suchbegriffen aufzutauchen, erhält auch mehr Klicks auf die eigene Website und damit Besucher, die als potenzielle Kunden gelten.

Die Suchmaschinenwerbung stellt die klassische Marketingkommunikation komplett auf den Kopf. Überall sonst unternimmt der Werbende den ersten Schritt der Kommunikation, indem er sein Angebot präsentiert und darauf wartet, dass dieses die Aufmerksamkeit der Interessenten erregt, damit diese dann den zweiten Schritt unternehmen und den Kontakt mit dem Anbieter aufnehmen. Beim Marketing in Suchmaschinen verhält es sich genau umgekehrt.

Hier sind es bereits die Interessenten, die den ersten Schritt setzen und eine konkrete Suchanfrage in das Suchfeld der Suchmaschine eingeben. Zu diesem Zeitpunkt werden dem Interessenten dort noch keine Angebote dargestellt. Erst wenn er auf den Suchen-Button klickt, werden die unterschiedlichen Ergebnisse seiner Suche angezeigt. Die verschiedenen Suchmaschinen zeigen dabei immer ein ähnliches Bild. Einerseits finden sich die sogenannten organischen Suchergebnisse in einem Bereich dargestellt, andererseits aber auch die bezahlten Anzeigen, die ebenfalls in Bezug zu dem jeweiligen Suchbegriff stehen. Der Interessent kann also wählen, ob er seine Informationen aus den bezahlten Anzeigen bezieht, hinter denen in den meisten Fällen Unternehmen stecken, die ihr Angebot an den Mann bringen möchten, oder ob er sich für die natürlichen Ergebnisse entscheidet, unter denen sich z. B. auch Foreneinträge finden können.

3.4 Bei Suchmaschinen gefunden werden

Es gilt mittlerweile als erwiesen, dass der größte Traffic von Websites über die Suchergebnisse in den Suchmaschinen zustande kommt. Für Websitebetreiber sind Suchmaschinen damit das wichtigste Mittel zur Akquise von Neukunden. In Deutschland hält Google unter den Suchmaschinen einen Marktanteil von knapp 95 % und in vielen anderen Ländern der Welt verhält es sich sehr ähnlich.

Wenn von Suchmaschinenmarketing die Rede ist, dann ist daher zumeist eigentlich Google-Marketing gemeint, zumal die anderen Suchmaschinen sehr ähnlich funktionieren. Schafft es eine Website, in Google weit vorne aufzutauchen, ist die Wahrscheinlichkeit sehr hoch, dass sie dies auch in den anderen Suchmaschinen tut.

Das Video unter https://youtu.be/20Hjy_ALi5Q?list=PL3C64648F586B7149 zeigt Ihnen in 3:25 Minuten die Vorteile der Darstellung in den Suchergebnissen und gibt einen Überblick zu den Anzeigenformaten, die in den Suchergebnissen dargestellt werden.

Abb. 39: Ihre Präsenz bei Google – Möglichkeiten und Vorteile
Quelle: https://youtu.be/20Hjy_ALi5Q?list=PL3C64648F586B7149; Google und das Google-Logo sind eingetragene Marken von Google Inc., Verwendung mit Genehmigung

3.4.1 Das klickstarke Drittel in Suchmaschinen

Nur wenige Nutzer von Suchmaschinen machen sich tatsächlich die Mühe und klicken sich durch die zahlreichen Ergebnisseiten, um ihren Informationsbedarf zu stillen. Alleine beim Suchwort „SV-Gutachten" wirft Google insgesamt 414.000 Ergebnisse aus. Nur sehr selten klicken Nutzer dabei auf die zweite, dritte oder gar fünfte Seite der Ergebnisse. Viel wahrscheinlicher ist es, dass sie darauf vertrauen, auf der ersten Seite genau die Ergebnisse zu finden, die am ehesten ihrem Suchwunsch entsprechen.

Statistiken zeigen, dass vor allem das erste Drittel der ersten Seite besonders gern geklickt wird. Es ist der Bereich, auf den der Blick als Erstes fällt. Darin finden sich nicht nur orga-

3 Werbekanäle im Internet

nische Ergebnisse, sondern insbesondere im Fall von Google auch die bezahlten Werbeanzeigen aus dem AdWords-Werbeprogramm bzw. im Fall von anderen Suchmaschinen die jeweiligen Äquivalente. Wem es über organische Suchergebnisse oder auch über die bezahlten Anzeigen gelingt, sein Angebot hier zu platzieren, der kann mit großer Sicherheit davon ausgehen, in Kürze Besucherströme auf seiner Website zu verzeichnen und darüber hinaus auch bald Umsätze.

Logischerweise ist es demnach das Ziel aller Websitebetreiber, ihre Website zu für sie thematisch passenden Suchbegriffen (Keywords) möglichst auf der ersten Seite der Suchergebnisse und idealerweise ganz oben zu platzieren.

Gelingt Ihnen dies über die organischen Suchergebnisse, können Sie davon ausgehen, langfristig immer wieder Anfragen potenzieller Kunden zu erhalten, und das, ohne ständig Geld in Werbung stecken zu müssen. Doch wie gelingt es eigentlich, so weit oben in den organischen Suchergebnissen zu landen und welche Kriterien geben Google und andere Suchmaschinen dabei vor?

3.4.2 Organische Suchergebnisse

Sucht man bei Google nach dem Begriff „Verkehrswertermittlung von Grundstücken", so fragt Google alle Websiteinformationen in der firmeneigenen Datenbank ab und stellt die Einträge davon in den Suchergebnissen dar, die nach Meinung der Suchmaschine am besten zu der Eingabe des Nutzers passen. Dabei werden die bezahlten Anzeigen ganz oben dargestellt. Sie sind mit dem Hinweis „Anzeige" versehen. Danach folgen die sogenannten organischen oder natürlichen Suchergebnisse.

3.4 Bei Suchmaschinen gefunden werden

Abb. 40: Suchergebnis „Verkehrswertermittlung von Grundstücken"
Quelle: Google und das Google-Logo sind eingetragene Marken von Google Inc., Verwendung mit Genehmigung

Pro Seite werden maximal 10 organische Suchergebnisse angezeigt, danach folgt am Schluss nochmals ein Bereich für bezahlte Anzeigen. Auf den Folgeseiten kann sich dieses Bild wiederholen, doch irgendwann verschwinden die bezahlten Anzeigen und es tauchen nur mehr organische Ergebnisse auf. Dies sind allerdings bereits die klickschwächeren, hinteren Seiten, die für die Websitebetreiber wie auch für die Suchenden weniger interessant sind.

Der Aufbau der Suchergebnisse

Jeder Suchergebniseintrag ist nach dem gleichen Muster aufgebaut. Das augenscheinlichste Merkmal ist der Titel. Er bildet die Überschrift des Ergebnisses und soll einen klaren Überblick über das geben, was den Nutzer nach dem Klick auf der Seite erwartet. Der Titel ist in größerer Schriftart und in Blau gehalten. Klickt man einmal darauf, ändert sich die Farbe in einen Lila-Ton, um zu signalisieren, dass dieses Ergebnis bereits geklickt wurde. Der Title besteht aus maximal 55 Zeichen.

Darunter findet sich in Grün der genaue Domainname abgebildet. Dieser zeigt an, auf welche Seite der Nutzer weitergeleitet wird, wenn er auf das Ergebnis klickt. Ein für die Interessenten auch nicht unerheblicher Faktor, um beispielsweise rasch zu unterscheiden, ob sich der dargestellte Inhalt auf der Seite eines Sachverständigen, auf der Website einer Institution oder auch etwa in einem Forum befindet. Je nachdem, wonach gesucht wird, kann es sein, dass bestimmte Seiten bevorzugt werden.

Danach findet sich in maximal 2 Zeilen darunter in Schwarz gehalten die sogenannte Beschreibung. Diese maximal 156 Zeichen langer Text soll zusätzliche Informationen über den dahinterliegenden Inhalt geben. Auffallend ist hier auch, dass das Suchwort, sofern es in der Description vorkommt, nochmals in Fett formatiert ist und damit besonders hervorsticht.

Verkehrswertermittlung von Grundstücken - Kleiber - Bundesanzeiger ...
https://www.bundesanzeiger-verlag.de/.../kleiber-**verkehrswertermittlung-von-grundst**... ▼
Kommentar zur Ermittlung von Marktwerten (Verkehrswerten) und Beleihungswerten sowie zur steuerlichen Bewertung unter Berücksichtigung der ImmowertV.

Abb. 41: Einzelner Ergebniseintrag zur Suchanfrage „Verkehrswertermittlung von Grundstücken"
Quelle: Google und das Google-Logo sind eingetragene Marken von Google Inc., Verwendung mit Genehmigung

Wie entsteht ein Suchergebniseintrag?

Doch wie weiß Google, welche Informationen bei der Darstellung der Suchergebnisse in die Titelzeile und die Beschreibung gepackt werden sollen?

Werden vom Websitebetreiber keine Vorkehrungen dahin gehend getroffen, bedient sich Google einfach der Inhalte der jeweiligen Zielseite und nimmt z. B. die Überschrift eines Textes als Titel und den Beginn des Textes als Beschreibung. Das kann allerdings dazu führen, dass die Darstellung in den Suchergebnissen nicht optimal ist und nicht unbedingt zum Klicken animiert. Websitebetreiber haben aber auch die Möglichkeit, den Suchmaschinen im HTML-Code der jeweiligen Seiten genau zu zeigen, wie die Suchergebniseinträge aussehen sollen. Dies erfolgt über die Meta-Angaben Title und Description.

Der genaue Wortlaut kann also vorgegeben werden. Dabei ist darauf zu achten, dass die Längen mit 55 Zeichen für den Title und 156 Zeichen für die Description nicht überschritten werden, da diese ansonsten abgeschnitten werden könnten. In der Description sollte darauf geachtet werden, dass sich dort auch relevante Keywords befinden, nach denen potenzielle Interessenten suchen könnten, wenn sie nach dem jeweiligen Inhalt suchen, damit diese auch in Fett formatiert werden und damit noch stärker ins Auge fallen.

```
<title>Verkehrswertermittlung von Grundstücken - Kleiber - Bundesanzeiger Verlag</title>
<meta name="keywords" content="Sachwertrichtlinie, Ertragswertrichtlinie, Marktwerte,
Verkehrswertermittlung, NHK 2010, Sachwertverfahren, Vergleichswertrichtlinie, ImmoWertV, Grunderwerbsteuer,
BelWertV, NHK, Normalherstellungskosten, Sachwertfaktoren, WertR, Wertermittlung, Immobilienwertermittlung,
Kleiber, IV R 224/81, IVR 224/81">
<meta name="description" content="Kommentar zur Ermittlung von Marktwerten (Verkehrswerten) und
Beleihungswerten sowie zur steuerlichen Bewertung unter Berücksichtigung der ImmowertV. Jetzt komplett auf
der Grundlage der neuen Ertragswert-, Vergleichswert-, Sachwert- und Bodenrichtwertrichtlinie!">
```

Abb. 42: Quellcode-Beispiel für Meta Title und Meta Description

3.4 Bei Suchmaschinen gefunden werden

Wie ergibt sich die Positionierung der Suchergebnisse?

Nun, da wir gesehen haben, wie sich die Ergebnisse in den Suchmaschinen zusammensetzen und darstellen, bleibt noch eine wichtige Frage offen, nämlich, wie die Reihenfolge der Ergebnisse in den Auflistungen zustande kommt – das alles entscheidende Ranking.

Die Antwort darauf ist einfach und doch komplex. Suchmaschinen versuchen, dem Nutzer immer solche Inhalte ganz oben in den Suchergebnissen darzustellen, die ihm eine maximale Relevanz bieten bzw. die am besten den Informationsbedarf decken, den er mit seiner Suchanfrage ausgedrückt hat.

Die Reihenfolge der Ergebnisse drückt die Relevanz der damit verknüpften Inhalte aus. Ergebnisse, die der Suchmaschinen-Algorithmus für besonders relevant hält, landen ganz oben und absteigend mit den Ergebnissen sinkt auch die Relevanz.

Die künstliche Intelligenz des Algorithmus von Suchmaschinen ist mittlerweile enorm gut im Erkennen und Deuten von Inhalten wie Texten, Bildern oder Videos. Allerdings werden auch noch viele andere Daten mit einbezogen. Verweilen Besucher auf einer bestimmten Seite zum Thema Sachverständigen-Gutachten sehr lange, nimmt die Suchmaschine z. B. an, dass dieser Inhalt relevanter ist als andere. Auch wenn es auf der Seite ein Bewertungstool etwa mit Sterne-Bewertungen gibt, fließt dies in die Relevanzberechnung mit ein. Zudem kann es ein Indiz für wichtige Inhalte sein, wenn viele Links von anderen Websites darauf verweisen oder sich viele Kommentare unter einem Artikel befinden.

Dies sind allerdings nur einige wenige Faktoren, die in die Kalkulation des Algorithmus mit einfließen. Insgesamt wird angenommen, dass Google rund 300 verschiedene Faktoren mit einbezieht, um das Ranking zu bestimmen. Nur ein Teil davon gilt als bekannt und immer wieder verändert der Suchmaschinengigant auch etwas an seinem Algorithmus, sodass sich die Gewichtung der Faktoren mit der Zeit auch ändern kann. Während es früher z. B. dem Ranking einer Seite sehr zuträglich war, wenn möglichst viele Links von anderen Seiten darauf verwiesen oder wenn die Suchbegriffe in den Seiten möglichst oft vorkamen, wird ein Übermaß dieser Maßnahmen mittlerweile von den Suchmaschinen sogar abgestraft und kann im schlimmsten Fall sogar dazu führen, dass die Website in den Suchergebnissen überhaupt nicht mehr auftaucht.

Wie Sie Ihr Ranking verbessern

Um in den organischen Suchergebnissen der Suchmaschinen an möglichst prominenter Stelle vertreten zu sein, gilt heute vor allem Qualität vor Quantität. Um gute Positionen in den Suchergebnissen zu erzielen, zählt es vor allem, dass die technischen Rahmenbedingungen gegeben sind. Das bedeutet, dass die Website und vor allem der Code der Seite eine klare Struktur haben sollen und sich z. B. keine Fehler im Quellcode befinden. Hier ist vor allem der Webmaster bzw. der Programmierer gefragt, der die Website aufsetzt, darauf zu achten. Ein erster guter Schritt lässt sich mit fertigen CMS-Programmen wie WordPress tun, die zumeist bereits sehr gut auf SEO abgestimmt sind und die richtigen Grundvoraussetzungen schon von Haus aus mitbringen.

Sofern diese technischen Grundlagen gegeben sind, liegt der zweite, dann noch viel entscheidendere Faktor für das Ranking auf den Inhalten, die auf der Website geboten werden. Hier geht es schlussendlich um Informationsqualität und Relevanz. Neben logisch strukturierten Beschreibungen zu Ihrem Unternehmen und Ihren Leistungen sollten Sie auf der Website vor allem auf die konkreten Fragestellungen eingehen, denen sich Ihre Kundschaft gegenübergestellt sieht. Organisatorisch lässt sich dies auf der Website mit Unterseiten lösen oder aber idealerweise auch mit einem regelmäßig geführten Blog (regelmäßige Aktualisierung von Websites ist einer der 300 Ranking-Faktoren).

Wenn Sie Texte auf Ihrer Website veröffentlichen, ist es wesentlich, sich in die Lage Ihrer Zielgruppe zu versetzen und an die Fragen und Problemstellungen zu denken, mit denen sich diese beschäftigt. Je genauer Sie diese Fragen kennen, umso genauer können Sie diese beantworten und damit bei den Kunden punkten. Dabei müssen althergebrachte Denkmuster überwunden werden. Vielfach sind Unternehmen beispielsweise der Meinung, dass sie, wenn sie über kostenlos veröffentlichte Inhalte zu viele Informationen zur Verfügung stellen, sich damit selbst das Geschäft abgraben, da sie meinen, der Kunde brauche sie dann gar nicht mehr. Doch zahlreiche Erfolgsbeispiele zeigen genau das Gegenteil: Gerade diejenigen Anbieter sind erfolgreich, die sehr viel von Ihrem Fachwissen kostenfrei auf ihrer Website preisgeben und sich damit als Experten positionieren. Kunden, die durch eine Information, die Sie Ihnen gegeben haben, Geld oder Zeit sparen können, sind Ihnen dankbar dafür und werden beim nächsten Schritt, bei dem sie tatsächlich auf Fachexpertise angewiesen sind, wissen, an wen sie sich wenden, da das notwendige Vertrauen zu Ihnen bereits aufgebaut ist.

Auf diese Weise sorgt der Content auf Ihrer Website immer wieder für den notwendigen Vertrauensaufbau vor der Kontaktaufnahme, ohne dass Sie dazu ständig selbst persönliche Ressourcen und Zeit, etwa im direkten Erstgespräch mit Kunden, aufwenden müssen. Darüber hinaus steigt die Präsenz Ihrer Website im Internet mit jedem weiteren Inhalt. Denn jede neue Unterseite, jeder neue Beitrag auf Ihrer Seite wird von den Suchmaschinen sehr rasch erkannt und entsprechend in den Suchergebnissen indexiert.

Nur selten gelingt es, mit einem neuen Beitrag von einem Tag auf den anderen ganz oben in den Ergebnissen vertreten zu sein. In der Regel wird ein neuer Text auf einer Website erst einmal weit unten in den Suchergebnissen indexiert und muss sich sozusagen erst beweisen. Google prüft in den ersten Tagen nach Veröffentlichung beispielsweise, wie der Beitrag von Nutzern, die auf die Seite gelangen, angenommen wird. Also ob sie dort z. B. lang verweilen oder dann auch auf andere Beiträge der Seite klicken und diese lesen. Ist dies der Fall, sind dies wieder ein paar Ranking-Punkte, sodass das Ranking Stück für Stück nach oben klettert.

So sind auch Inhalte, die sich schon sehr lange im Netz befinden und noch immer gut besucht sind, klar im Vorteil. Sie haben sozusagen schon unter Beweis gestellt, dass sie die relevanten Informationen liefern, und können in der Regel ihre guten Platzierungen langfristig halten.

Ranking & Keywords

Die Suchbegriffe, nach denen Suchmaschinennutzer im Internet suchen, werden im SEO-Fachjargon als Keywords (Schlüsselwörter) bezeichnet. Zwar war die Gewichtung von Keywords vor einigen Jahren noch deutlich höher als heute, doch noch immer sollten sie bei der Erstellung und Veröffentlichung von neuen Inhalten auf Websites keinesfalls vernachlässigt werden. Erfahrene SEO-Texter tun dies ebenfalls, wenn sie Texte für die Websites ihrer Kunden erstellen. So steht bei einem Blogartikel zwar selbstverständlich die Fragestellung der Zielgruppe und deren Beantwortung im Vordergrund, doch bevor der Text geschrieben wird, erfolgt immer noch eine Recherche, welche Keywords für die jeweilige Thematik interessant sein könnten und daher bei Eignung im Text auftauchen sollten.

Dabei ist zu beachten, dass beispielsweise ein Textbeitrag auf Ihrer Website immer auch zu mehreren Suchbegriffen ranken kann. Veröffentlichen Sie auf Ihrer Seite beispielsweise einen Beitrag zum Thema „Lohnt sich ein Schadensgutachten nach einem Pkw-Unfall?", kann es sein, dass dieser Text, je nachdem wie der Beitrag gestaltet ist, sowohl zu dem Keyword „Schadensgutachten" als auch zum Suchbegriff „Pkw-Unfall" in den Ergebnissen auftaucht, aber auch noch zu vielen weiteren Suchbegriffen, die im Text auftauchen oder aber auch nur semantisch mit darin behandelten Begriffen in Verbindung stehen.

Auch die Gestaltung von Textbeiträgen hat Einfluss auf das Ranking. So können sich die richtige Strukturierung und eine klare Darstellung mit Zwischenüberschriften, Aufzählungspunkten und Bildern positiv auswirken.

3.4.3 Werbeanzeigen – Google AdWords

Wir haben nun gesehen, welch großes Potenzial in den organischen Suchergebnissen steckt, die über Inhalte auf der Website generiert werden können. Mit Keyword-Recherche, der Texterstellung und der technischen Optimierung der Seite ist zugegeben allerdings erst einmal etwas Geduld gefragt, um von den Früchten dieser Arbeit auch tatsächlich profitieren zu können. Wenngleich dann auch langfristig daraus Gewinne erzielt werden können, möchte nicht jeder so lange warten, bis die ersten Aufträge über die Website hereinkommen, indem potenzielle Kunden über die Suche in Suchmaschinen auf die Seite gelangen.

Abb. 43: Das Werbeprogramm von Google finden Sie unter http://www.google.de/adwords
Quelle: Google und das Google-Logo sind eingetragene Marken von Google Inc., Verwendung mit Genehmigung

3 Werbekanäle im Internet

Für all jene, die sofort in den Suchergebnissen bei Google ganz im Blickfeld der Kundschaft platziert sein möchten, gibt es das Werbeprogramm Google AdWords. Dabei handelt es sich um das Programm, mit dem die Werbeanzeigen, die über den natürlichen Suchergebnissen in den Rechercheergebnissen stehen und den Hinweis „Anzeige" aufweisen, gesteuert und ausgespielt werden können.

Mit diesem Werbeprogramm hat Google eine Marketingmöglichkeit für Unternehmen jeder Größe ins Leben gerufen, die Werbereichweite nicht mehr vom Budget abhängig macht und ein enorm hohes Maß an Flexibilität bietet. Denn Werbetreibende bestimmen bei Google AdWords komplett selbst, wie viel Geld sie für die Werbung ausgeben möchten. Ganz egal, ob sie mit 1 Euro starten möchten oder aber gleich einen höheren Betrag ausgeben wollen.

Die Preisgestaltung von Google AdWords

Beim AdWords-Werbeprogramm haben Werbetreibende die Möglichkeit, ein maximales Tagesbudget zu definieren. Wird hier beispielsweise der Betrag von 5 Euro pro Tag eingestellt, so sorgt AdWords dafür, dass die Anzeigen nur so oft geschaltet werden, bis dieser Betrag verbraucht ist.

Wie viel kostet eine Google-Werbeanzeige?

Die Frage, die hier sofort auftaucht, ist natürlich die nach den Kosten für die Schaltung einer Werbeanzeige in den Suchergebnissen bei Google. Und die positive Nachricht ist: Für die reine Werbeauslieferung entstehen keine Kosten. Kosten entstehen Ihnen erst, wenn ein Nutzer Ihre Anzeige anklickt. Auch hier haben Sie freie Hand darüber, wie viel Sie bereit sind, für den Klick auf Ihre Werbeanzeigen zu bezahlen. Google unterscheidet hier nach 2 Modellen:

CPC = Cost per Click

Diese ist die wohl am häufigsten gewählte Variante bei der Schaltung von AdWords-Anzeigen. Im Bereich der Werbeschaltung bei den Suchmaschinen ist es das einzige Vergütungssystem. Der große Vorteil hierbei besteht darin, dass Sie nur dann für die Schaltung Ihrer Werbeanzeige bezahlen, wenn diese auch tatsächlich von einem möglichen Kunden angeklickt wurde und dieser damit auf Ihre Zielseite gelangt ist. Stellen Sie das CPC-Gebot so ein, dass Sie z. B. maximal 0,50 Euro pro getätigtem Klick bezahlen, kann es durchaus sein, dass die Anzeige mitunter von Hunderten oder gar Tausenden Suchmaschinennutzern und auch potenziellen Kunden gesehen wird, aber diese vielleicht nur von einem Nutzer angeklickt wird und Sie daher nur 0,50 Euro dafür bezahlen oder sogar einen geringeren Betrag. Der genau verrechnete Betrag hängt immer davon ab, wie stark die Konkurrenz in dem jeweiligen Werbesegment bzw. auf ein Keyword ist. Ein Trick, um Kosten zu sparen, kann darin liegen, die Region, in der Sie werben möchten, einzugrenzen, um z. B. nicht mit den großen Konkurrenten in Wettbewerb zu treten, die AdWords für deutschlandweite Werbung nutzen. Schon dadurch sinken die effektiven Costs per Click häufig deutlich.

CPM = Cost per 1000 Impressions

Eine weitere Methode, um für die Schaltung für AdWords-Anzeigen zu bezahlen, besteht darin, nicht pro Klick zu bezahlen, sondern pro 1.000 Impressionen. Diese Variante wird in Verbindung mit Display-Kampagnen gewählt, bei denen die Anzeigen auf bestimmten themenrelevanten Seiten dargestellt werden, wo die potenzielle Zielgruppe vertreten ist. Das CPM-Modell kann nicht für die Werbeausspielung im Suchnetzwerk verwendet werden. Es ist ausschließlich für die Schaltung im Google-Display-Netzwerk verfügbar. Definieren Sie hier, dass Sie pro 1.000 Impressionen maximal 1 Euro ausgeben möchten und liegt ihr Tageswerbebudget bei 10 Euro, so wird Google versuchen, Ihnen mindestens 10.000 Impressionen pro Tag zu bescheren, vielleicht aber sogar mehr, falls der Wettbewerb im Segment nicht stark ist und der durchschnittliche CPM sogar unter 1 Euro liegen sollte. Es kann allerdings auch sein, dass nur weniger Impressionen zustande kommen. Zum Beispiel, wenn die eingestellte Kampagnenzielgruppe einfach zu klein gewählt wurde.

Wie erreichen meine Anzeigen meine Zielgruppe?

Genau hier kommt das wahrscheinlich entscheidendste Argument für Google AdWords zum Tragen. Denn via Google AdWords werden Anzeigen nicht einfach völlig wahllos geschalten, was wiederum hohe Streuverluste mit sich bringen würde, sondern Sie können als Werbetreibender exakt vorgeben, in welchen Fällen Anzeigen dargestellt werden sollen und wann nicht.

1. Region: Wie wir bereits erfahren haben, können Sie in AdWords genau die Region definieren, in welcher Google Ihre Werbeanzeigen darstellen soll. Sei es der Umkreis Ihres Firmenstandortes, das gesamte Bundesland, bestimmte ausgewählte Ortschaften oder auch alle Länder der Welt, in denen Google nutzbar ist.

2. Keywords: Das allerwichtigste Einschränkungskriterium bei Google AdWords sind Keywords. Wenn Sie Ihre Werbekampagne beispielsweise mit dem Suchbegriff „Kfz-Sachverständiger Bremen" verknüpfen, werden Ihre Anzeigen immer nur bei denjenigen Nutzern ausgeworfen, die genau diesen Begriff bei Google gesucht haben. Genau dadurch kommt auch die exakte Zielgruppenansprache zustande, die die Streuverluste minimiert. Je genauer Sie wissen, nach welchen Begriffen Ihre Zielgruppe sucht, umso genauer können Sie diese auch tatsächlich ansprechen. Das bedeutet auch hier, dass potenzielle Nutzer den ersten Schritt setzen und ein bestimmtes Suchwort in das Suchfeld bei Google eingeben, bevor Google erkennt, dass dieses mit dem Suchwort Ihrer Kampagne übereinstimmt und daher Ihr Angebot präsentiert.

3. Demografische Daten: Google bietet Ihnen auch die Möglichkeit, nur bei solchen Nutzern zu werben, die in eine bestimmte Personengruppe fallen, also z. B. einer bestimmten Altersgruppe zugehörig sind, oder Sie können auch nur Frauen oder nur Männern Ihre Werbeanzeigen darstellen.

4. Placements, Themen, Interessen: Bei Werbung über das Display-Netzwerk von Google, also wenn Sie Ihre Werbung auch auf anderen Websites, die mit dem Google-Werbeprogramm Google Adsense arbeiten, platzieren möchten, können Sie entweder ganz bestimmte Domains von Websites (Placements) angeben – dann wird Google Ihre Anzeigen nur auf diesen Websites darstellen – oder Sie lassen Google etwas freiere Hand

und geben nur die Themen vor, die auf diesen Websites behandelt werden sollen, oder auch die Interessen der Nutzer dieser Websites. Wählen Sie beispielsweise das Themengebiet „Autos und Fahrzeuge" aus, wird Google Ihre Anzeigen auf allen Websites im Display-Netzwerk schalten, die diese Themen behandeln, was für Kfz-Sachverständige interessant sein kann.

3.4.4 Die Kombination von AdWords und organischer SEO

Wie wir gesehen haben, stellt Google AdWords eine hervorragende Möglichkeit dar, um kostengünstig, schnell und zielgenau exakt die Zielgruppe anzusprechen. Diese Werbemaßnahme funktioniert für viele Branchen sehr gut. Allerdings bedeutet das natürlich nicht, dass nur auf diese eine Karte gesetzt werden muss/sollte. Es ist durchaus sinnvoll, neben der Google-AdWords-Strategie auch die Optimierung der organischen Suchergebnisse voranzutreiben. Vor allem auch, weil sich beide Strategien sehr gut ergänzen können.

Wie Ihnen vielleicht schon aufgefallen ist, werden AdWords-Anzeigen nicht nur auf der ersten Seite der Ergebnisse angezeigt, sondern auch auf den nachfolgenden Seiten, sofern genügend Unternehmen einer Branche für ein bestimmtes Such-Keyword Werbung betreiben. Daraus ergibt sich, dass es auch hier eine Rangfolge geben muss. Um das Ranking für AdWords-Anzeigen zu gestalten, bedient sich Google wieder ähnlicher Faktoren wie bei der organischen Suche. Google prüft, wie relevant die mit den Anzeigen verknüpften Inhalte und Websites für den Kunden sind. Kann eine Website dahin gehend sehr hohe Relevanz vorweisen, dann erscheinen die Anzeigen dieses Werbetreibenden nicht nur weiter vorne, sondern die CPC bzw. CPM werden dazu auch noch ein Stück günstiger.

Ein weiterer Grund, auch auf die organischen Inhalte Ihrer Website zu achten, besteht darin, dass Sie auch gut aufbereitete Zielseiten benötigen, zu denen Ihre AdWords-Anzeigen verlinken. Die Anzeigen sollten thematisch zu der Zielseite passen. Es ist besser, mehrere kleinere Kampagnen zu gestalten, die thematisch in Gruppen unterteilt sind, als eine große Kampagne zu lancieren, die versucht, all Ihre Leistungsbereiche unter einen Hut zu bringen. Einerseits wirkt sich das positiv auf die Position Ihrer AdWords-Anzeigen aus, andererseits sprechen Sie damit auch Ihre Zielgruppen genauer an.

3.4.5 Google My Business – in Google Maps gefunden werden

Auch die Gestaltung des eigenen Google-My-Business-Firmenprofils bietet Potenzial, um hervorzustechen. In der klassischen Google-Suche recherchieren Nutzer informationsorientiert, aber wenn sich Interessenten regional an den nächsten Sachverständigen wenden möchten, dann prüfen viele potenzielle Kunden auch mit Google Maps, welcher Sachverständige seinen Firmensitz im direkten Umfeld hat.

3.4 Bei Suchmaschinen gefunden werden

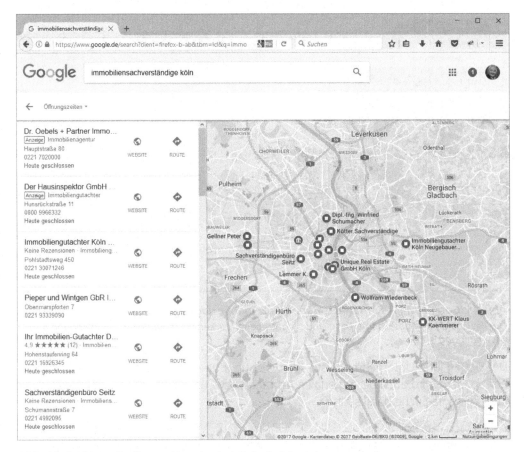

Abb. 44: Sachverständigenrecherche bei Google Maps
Quelle: Google und das Google-Logo sind eingetragene Marken von Google Inc., Verwendung mit Genehmigung

Mit Google My Business können Sie Ihr Unternehmen und Ihre Dienstleistung bei Google Maps und mit dem Firmeneintrag auch in der Google-Suche präsentieren. Es ist ein kostenloser Dienst von Google. Sie können Ihren Firmeneintrag unter www.google.com/business eintragen und verwalten.

3 Werbekanäle im Internet

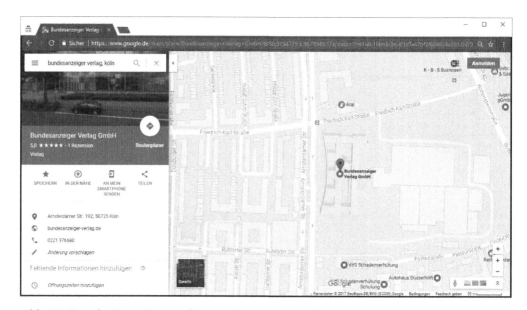

Abb. 45: Google-Maps-Eintrag des Bundesanzeiger-Verlags
Quelle: Google und das Google-Logo sind eingetragene Marken von Google Inc., Verwendung mit Genehmigung

Der Eintrag Ihres Unternehmens ist zudem nicht nur über den Google-Kartendienst abrufbar, sondern wird auch bei regionalen Anfragen bzw. bei Suchanfragen zu Ihrem Namen in der Google-Suche dargestellt.

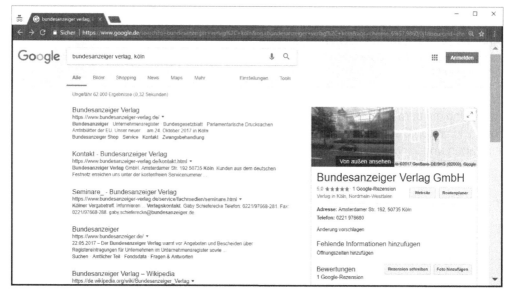

Abb. 46: Darstellung des Unternehmenseintrags in den Google-Suchergebnissen
Quelle: Google und das Google-Logo sind eingetragene Marken von Google Inc., Verwendung mit Genehmigung

3.5 Social Media

Social-Media-Plattformen haben sich von netten Tools, um sich besser mit Freunden vernetzen zu können, hin zu mittlerweile wichtigen Wirtschaftsfaktoren entwickelt. Nicht umsonst machte die führende Social-Media-Plattform Facebook im Jahr 2015 nahezu 18 Mrd. Dollar Umsatz mit Unternehmen, die hier sehr zielgenau ihre Zielgruppe finden können. Viele Nutzer sehen Facebook als persönliches Umfeld an, da hier Informationen mit Freunden geteilt werden und die Nutzer einen privaten bzw. persönlichen Bezug zu den geteilten und konsumierten Informationen sehen. Unternehmen können sich daher in einem für den Nutzer gewohnten und persönlichen Umfeld präsentieren. Das ist auf anderen Werbekanälen in dieser Form nicht möglich.

3.5.1 Ihre eigene Unternehmenspräsenz in Social-Media-Plattformen

Zu den wichtigsten Social-Media-Plattformen weltweit zählen Facebook, Google+, Twitter, Instagram, aber auch flickr und YouTube. Über jede Plattform lassen sich Menschen aus Ihrer Region, aber auch weltweit erreichen. Wichtig ist allerdings auch hier, zu prüfen, welcher dieser Social-Media-Kanäle für Sie langfristig am interessantesten sein kann und wo sich Ihre Zielgruppe tatsächlich bewegt. Ein Social-Media-Konto ist schnell eingerichtet, dieses aber regelmäßig zu pflegen, bedeutet langfristiges zeitliches Engagement.

Abb. 47: Die Facebook-Seite „Der Bausachverständige" gefällt 1.036 Personen
Quelle: https://www.facebook.com/derbausv/?fref=ts

3 Werbekanäle im Internet

Für welche Plattform(en) Sie sich auch entscheiden, Dreh- und Angelpunkt ist stets Ihre eigene Unternehmenspräsenz in dem jeweiligen Portal. Dabei handelt es sich um kleine Unternehmensseiten, bei denen Sie mehrere Möglichkeiten zur Individualisierung haben, um das Design an Ihre CI anzupassen, und die Sie fortan zum Microblogging nutzen können. Interessierte Nutzer können Ihnen folgen oder Fans werden und sehen dann immer, wenn Sie eine Neuigkeit veröffentlicht haben.

3.5.2 Unternehmenskommunikation

Doch welche Meldungen können Sie auf Ihren Social-Media-Kanälen veröffentlichen? Besonders gut geeignet sind diese Plattformen, um immer wieder mit kurzen Tipps, aber auch interessanten Einblicken in Ihr Tagesgeschäft zu punkten. Wenn Sie auf Ihrer Website auch einen Blog führen, können Sie zudem Links zu diesen Blogartikeln auf Ihren Social-Media-Kanälen veröffentlichen. Dies verstärkt die Sichtbarkeit und Verbreitung der Artikel.

Praxistipp:

 Bei der Unternehmenskommunikation über Social Media gilt die goldene Vierer-Regel. So sollten Sie die thematische Gliederung Ihrer Beiträge auf Facebook & Co in 4 Bereiche, am besten abwechselnd, gestalten. Veröffentlichen Sie in möglichst gleichem Ausmaß Inhalte aus den folgenden Bereichen, um Ihre Social-Media-Seite langfristig interessant zu gestalten:

1. ***Hilfreiche Tipps für Ihre potenziellen Kunden:*** *Hier können Sie auf konkrete Sachverhalte, gesetzliche Änderungen oder Fallbeispiele eingehen, mit denen sich Ihre Zielgruppe womöglich beschäftigt.*

2. ***Persönliches aus dem Tagesgeschäft:*** *Hier darf es auch einmal ein Foto von einer Firmenveranstaltung sein oder Bilder von klassischen Bau- oder Kfz-Schäden – sofern der Betroffene natürlich der Veröffentlichung zugestimmt hat.*

3. ***Fremdinhalte:*** *Auch auf andere Websites und Social-Media-Seiten dürfen Sie verweisen, wenn diese thematisch passende Inhalte bereithalten.*

4. ***Werbung:*** *Nur etwa ein Viertel Ihrer Postings sollte tatsächlich Werbung im engeren Sinne sein und konkret auf Ihre Angebote hinweisen.*

3.5 Social Media

Abb. 48: Marketingmaßnahmen in sozialen Netzwerken
Quelle: © Kim Weinand

3.5.3 Werbemaßnahmen in sozialen Netzwerken

Um die ersten Follower zu erhalten, die Ihrer Seite folgen, können Sie im ersten Schritt Ihre Freunde und Bekannten oder Kollegen einladen, aber entsprechende Verknüpfungen zu Ihren Social-Media-Seiten auch auf Ihrer Website einbinden. Schneller lassen sich neue Fans Ihrer Seiten erreichen, indem Sie auf bezahlte Werbung setzen. So gut wie alle Social-Media-Kanäle haben mittlerweile auch Werbeprogramme, die zu ihren Haupteinnahmequellen zählen.

Entsprechende Werbeanzeigen werden den Nutzern von Social-Media-Plattformen in ihrer regulären Timeline angezeigt, wo sie auch Beiträge ihrer Freunde und anderer Unternehmen lesen, denen sie folgen, aber auch in separaten Bereichen daneben. Ähnlich wie bei Google AdWords haben Sie hier die Möglichkeit, via CPM (Kosten pro 1.000 Impressionen) oder auch CPC (Kosten pro Klick) zu bezahlen. Die Werbemöglichkeiten in YouTube sind sogar direkt mit AdWords verknüpft.

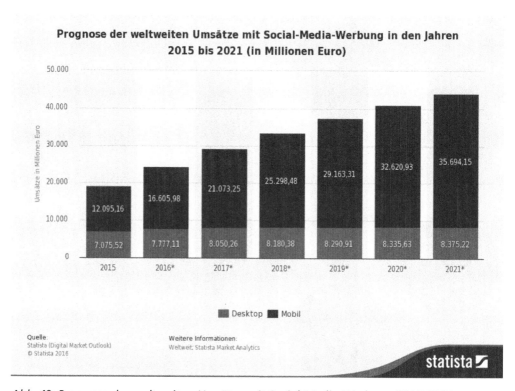

Abb. 49: Prognose der weltweiten Umsätze mit Social-Media-Werbung 2015–2021
Quelle: https://de.statista.com/statistik/daten/studie/457505/umfrage/weltweite-umsaetze-mit-social-media-werbung/

3.5.4 Targeting bei der Social-Media-Werbung

Ein wesentlicher Vorteil bei der Werbung in Social Media ergibt sich durch die weitreichenden Targeting-Möglichkeiten. Nutzer geben bei Facebook, Google+ und Co freiwillig sehr viel über ihre Lebenssituation, ihre Vorlieben und Interessen preis. Schon alleine aus dem Mix an Seiten, denen sie folgen, lässt sich bereits ein sehr genaues Interessenprofil der Nutzer erstellen. Facebook z. B. weiß, wer sich für mehrere Seiten von Autoherstellern und Sportwagen interessiert, könnte sich auch für Autotuning interessieren, aber auch möglicherweise Bedarf an einem Kfz-Gutachten haben. Wer hingegen mehreren Hausbaufirmen folgt oder sogar Seiten, in denen sich Bauherren austauschen, könnte auch für Tipps zum Thema Bauschadenabwicklung dankbar sein.

Durch diese bereits in großer Zahl vorhandenen Daten haben Sie die Möglichkeit, Ihre Zielgruppe nicht nur regional und nach demografischen Daten, sondern auch nach Interessen sehr genau einzugrenzen und anzusprechen. Ihre Werbekampagne wird nur jenen Nutzern des Social-Media-Kanals ausgespielt, die tatsächlich in die vorher definierte Zielgruppe passen und sich daher mit hoher Wahrscheinlichkeit auch wirklich für Ihre Leistungen interessieren.

3.5 Social Media

Häufige Fehler bei der Arbeit mit Social Media

Ein Konto bei Facebook oder Twitter für ein Unternehmen zu erstellen und dieses in den Unternehmensfarben zu gestalten, ist ein Kinderspiel. Doch dies ist nicht einmal die halbe Miete. Zahlreiche namhafte Unternehmen haben bereits viel Energie in Social Media gesteckt, ohne dabei die erhofften Erfolge auch nur annähernd zu erreichen. Da viele Verantwortliche diese Plattformen auch privat nutzen und dabei erfolgreich mit ihren Freunden und Kollegen kommunizieren, denken sie, dass auch das Führen einer Unternehmensseite in diesen Portalen ebenso einfach ist und rasch zum Ziel führt. Doch dem ist nicht so. Es gibt eine Reihe von Anfängerfehlern, die bei der Arbeit mit Social Media passieren können und viel Zeit- und Arbeitsaufwand ohne den erhofften Return on Investment mit sich bringen.

Ein großes Missverständnis liegt darin, dass Plattformen wie Facebook nicht unbedingt zur Erzielung rascher Umsätze geeignet sind. Vielmehr dienen soziale Netzwerke der langfristigen Imagepflege und dem „Heranziehen" wahrer Fans und loyaler Kunden, die sich dem Unternehmen eng verbunden fühlen, da sie diesem bereits lange Zeit folgen.

Um erfolgreich Social Media zu nutzen, ist es wesentlich, eine regelrechte Strategie für jeden Kanal festzulegen. Überlegen Sie sich vorher genau, mit welchen Themen Sie auf den einzelnen Kanälen aufwarten wollen, und planen Sie auch genügend zeitliche und/oder personelle Ressourcen ein, um die Kanäle zu betreuen. Überlegen Sie sich vorab, wie oft Sie posten möchten und welchen Stil Sie verfolgen möchten. Es bringt nichts, ausschließlich irgendwelche Links oder andere Inhalte zu teilen, wenn dabei Ihre eigene Marke verschwimmt und auf der Strecke bleibt. Gerade für Sachverständige bieten sich Social Media an, um sehr kurzfristig und kompakt zu aktuellen Entwicklungen aus Ihrem Themengebiet Stellung zu nehmen. Gibt es eine Gesetzesnovelle, die Ihre Zielgruppe betrifft, dann können Sie kurz Tipps geben, wie damit umzugehen ist.

Wichtig für die Werbung mit einer Präsenz in den sozialen Netzwerken sind die rechtlichen Rahmenbedingungen, die Sie zu beachten haben. Auch bei Facebook und weiteren Social Media Onlinepräsenzen gilt z.B. eine Impressumspflicht. Weitere Informationen dazu finden Sie im Kapitel 6.1.3.

Praxistipp:

 Die folgende Übersicht hilft Ihnen, den Überblick zu wahren und Maßnahmen in Ihren sozialen Netzwerken zu betreiben, die ankommen und ihren Zweck erfüllen:

1. **Aussagekräftiges Profilbild:** *Wer auf Ihrer Unternehmensseite bei Facebook, Twitter oder Google+ landet, sollte sofort wissen, wo er sich befindet. Integrieren Sie Ihr Firmenlogo unbedingt auch im Titelbild Ihrer Social-Media-Seite, sodass die CI durchgängig gewahrt bleibt.*

2. **Texte:** *Wenn Sie Texte posten, sollten diese nicht zu lang und knackig formuliert sein. Stellen Sie am Ende von Postings ruhig auch offene Fragen zum Thema, um Ihre Community zum Antworten zu animieren.*

3. **Hashtags**: Hashtags lassen sich nicht nur bei Twitter verwenden, sondern ebenso auch auf anderen Social-Media-Plattformen. Verwenden Sie pro Post 2 bis 4 davon und erhöhen Sie damit die Chance von Interessenten, für das jeweilige Thema gefunden zu werden.
4. **Links:** Binden Sie Links erst am Ende des Posts ein und nicht mittendrin – das erhöht den Lesefluss und die Leser sollen ja Ihren Text lesen und nicht mitten im Satz einen anderen Artikel aufrufen.
5. **URL-***Shortener***:** Verwenden Sie keinen URL-Shortener. URL-Shortener verschleiern die Identität der ursprünglichen Zielseite.
6. **Bilder und Videos:** Bilder ziehen die Aufmerksamkeit rascher auf sich als Texte. Ähnliches gilt für Videos. Diese müssen allerdings relevant genug sein, damit die Zielgruppe sie auch abspielt.
7. **Mobile Ready**: Denken Sie daran, die Bilder und Videos in komprimierter Auflösung zu teilen, damit diese schneller geladen werden können und auch mobil abgerufen werden können.
8. **Call to Action:** Was für Ihre Website gilt, gilt für Social Media erst recht. Animieren Sie Ihre Fans zum Teilen, Kommentieren und mit Ihnen in Kontakt zu treten.
9. **Kommentare:** Wenn Ihre Nutzer schon auf Ihre Posts reagieren und kommentieren, dann zeigen Sie Dankbarkeit dafür, indem Sie zeitnah antworten bzw. reagieren, idealerweise innerhalb von 24 Stunden.
10. **Timing:** Optimale Verbreitung für Postings erreichen Sie in der Zeit zwischen 20.00 und 7.00 Uhr, da dann die meisten User Zeit dafür haben. Je nach Thema kann auch der Wochentag entscheidend sein.

Mit diesen Tipps sollte es Ihnen gelingen, Ihre Social-Media-Profile professionell zu führen. Das Ziel sollte es sein, Ihr Unternehmensbild aus dem klassischen Marketing in das Web 2.0 zu übertragen, um ein stimmiges Gesamtbild über alle Kanäle zu schaffen.

3.6 Display-Werbung

Bilder bleiben im Gedächtnis viel besser verhaftet als Worte, vor allem wenn sie einprägsam sind und die Aufmerksamkeit der Nutzer im Internet auf sich ziehen. Was bebilderte Werbeinserate in Magazinen und Zeitungen sind, das ist Display-Werbung im Online-Marketing. Bei den sogenannten Displays handelt es sich um Bannerwerbung, die auf verschiedenen Websites platziert werden kann, um dort Ihre Zielgruppe zu erreichen.

3.6 Display-Werbung

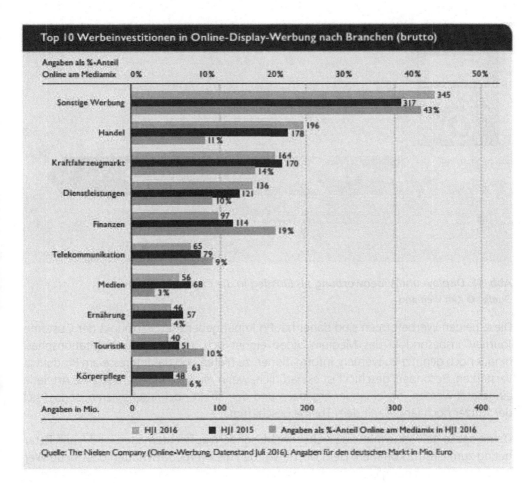

Abb. 50: Online-Display-Werbung nimmt über alle Branchen hinweg einen hohen Stellenwert ein
Quelle: The Nielsen Company/OVK-Report 2/2016 hrsg. vom Bundesverband Digitale Wirtschaft (BVDW) e.V.

Display- und Videokampagnen eignen sich besonders gut zum Einsatz in der ersten Phase der Customer Journey. Hier will sich der Kunde erst informieren oder wird über eine Anzeige überhaupt erst inspiriert und auf die Idee gebracht, sich für ein bestimmtes Produkt zu interessieren.

3 Werbekanäle im Internet

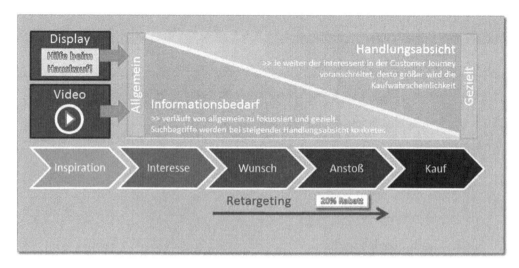

Abb. 51: Display- und Videowerbung als Einstieg in die Customer Journey
Quelle: © Kim Weinand

Diese beiden Werbeformen sind daher häufig Impulsgeber und Startpunkt der Customer Journey. Insbesondere das Medium Video eignet sich, um über die Inspirationsphase hinaus noch genutzt zu werden, Informationen zu bieten und das Interesse am Produkt zu verstärken. Besonders geschickt ist es natürlich, wenn mehrere Videos, also eine Art Serie, eingesetzt werden, die einander ergänzen und den Effekt noch intensivieren, sodass sich der Nutzer noch länger mit dem Thema beschäftigt.

Damit das so geweckte Interesse nicht erlischt, sondern aufrechterhalten wird, kann Retargeting zum Einsatz kommen. Dem Nutzer werden die Werbebotschaften oder neue Werbebotschaften für das gleiche Produkt weiterhin auf seinen Wegen im Internet angezeigt, um ihn immer wieder daran zu erinnern und womöglich auch erneut mit dem Produkt zu beschäftigen. In den Phasen Wunsch oder Anstoß bieten Shopping-Kampagnen einen hervorragenden Impuls mit einem guten Kosten-Nutzen-Verhältnis, um die Kaufabsicht zu konkretisieren. Der Anstoß lässt sich beispielsweise durch Aktionsangebote oder Verknappung verstärken. Auch in dieser Phase kann Retargeting noch eine große Rolle spielen, um Interessenten erneut auf die Produktseite zu bringen, wo sie im Idealfall einen Kaufabschluss tätigen.

3.6.1 Targeting-Kriterien (Context-Targeting, Interessentargeting, Retargeting)

Bei der Display-Werbung müssen Sie nicht mit den Betreibern von Websites in Kontakt treten, um Ihre Werbung dort platzieren zu können. Auch hier bieten Google und weitere Vermarkter Zugang zu ihren weitreichenden Werbenetzwerken. Im Google-Display-Netzwerk ist bereits eine Vielzahl an Websites enthalten, auf denen sich Banner platzieren lassen. Gesteuert wird Ihre Display-Werbekampagne aus dem Konto von Google AdWords heraus. Hier können Sie eigene Sujets hochladen oder aber mithilfe einfacher Display-Gestaltungsprogramme sehr schnell ansprechende Banner für die Display-Kampagnen erstellen. Besonders interessant sind allerdings die Targeting-Kriterien. Denn Google kennt seine Werbenetzwerkpartner und deren Besucher genau und hilft Ihnen damit, Ihre Zielgruppe genau zu erreichen. Besonders gern genutzt werden folgende Targeting-Einschränkungen:

Interessentargeting

Bei dieser Einschränkung hat Google bereits für Sie herausgefunden, wofür sich die Besucher der Seiten aus dem Netzwerk interessieren. Sie können nun die für Sie relevanten Interessenthemen auswählen.

Retargeting

Durch Retargeting erreichen Sie potenzielle Kunden, die bereits einmal auf Ihrer Website waren, nochmals. Bis zu 30 Tage lang, nachdem ein Interessent auf Ihrer Website war, wird er durch Ihre Display-Anzeigen immer und immer wieder an Ihr Angebot erinnert.

Auswahl demografischer Merkmale

Dank der demografischen Ausrichtung Ihrer Kampagne gelingt es Ihnen, bestimmte demografische Gruppen zu erreichen. Wenn Sie genau wissen, dass vor allem Männer zwischen 21 und 45 Jahren Bedarf an einem Kfz-Schadensgutachten haben, können Sie diese Gruppe in den Kampagneneinstellungen wählen und Google wird die Anzeigen nur Personen zeigen, die in diese Gruppe fallen. Zeigen Ihre Erfahrungen hingegen, dass Sie hauptsächlich Anfragen für Bau-Schadensgutachten von Menschen haben, die bereits Kinder haben, können Sie auch den Elternstatus entsprechend einstellen und Ihre Display-Anzeigen erreichen nur Menschen, die bereits Eltern sind.

Ansprache in thematisch passenden Umfeldern

Bei Ansprache von Kunden in thematisch passenden Umfeldern können sich sehr gute Chancen ergeben, nicht nur die richtige Zielgruppe zu erreichen, sondern diese auch noch im richtigen Moment anzusprechen. Nämlich dann, wenn die Thematik auch für sie interessant ist und sie sich damit beschäftigen wollen. Dabei können Sie definieren, in welchem thematischen Kontext Ihre Werbeanzeigen erscheinen sollen. Also ob die Websites, auf denen Google Ihre Display-Anzeigen schaltet, z. B. die Themen Hausbau oder Mobilität behandeln sollen. Für Kfz-Sachverständige ist es in jedem Fall sinnvoll, sich im thematischen Umfeld „Autos und Fahrzeuge" zu präsentieren. Darüber hinaus lassen sich noch weitere Unterscheidungen in dieser Hauptkategorie treffen wie etwa „Fahrzeugbeurteilungen und -vergleiche", spezielle „Fahrzeugmarken" oder auch „Fahrzeug- und Verkehrssicherheit". Die Anzeigen werden dann nur auf solchen Seiten geschaltet wie etwa Motormagazinen oder Autoklubs, die genau diese Themen enthalten.

Bausachverständigen hingegen springt bei der Auswahl der thematischen Kontexte in den AdWords-Einstellungen wahrscheinlich schnell die Überkategorie „Haus und Garten" ins Auge, wobei Unterkategorien wie „Heimwerken Dächer", Heimwerken Klempnerarbeiten" oder auch „Bau und elektrische Werkzeuge" gewählt werden können. Werden diese thematischen Umfelder gewählt, schaltet Google AdWords die Anzeigen lediglich auf Hausbau- und Handwerksseiten, die sich mit diesen Themen auseinandersetzen. Die

Chance, dort auf Menschen zu treffen, die sich nach Reparaturmaßnahmen infolge eines Bauschadens erkundigen möchten, ist groß.

3.6.2 Werbemittel (Bild/Bewegtbild)

Um Display-Anzeigen für Google AdWords zu erstellen, benötigen Sie nicht einmal einen Grafiker. Google AdWords bietet im Rahmen der Kampagneneinstellungen bereits vorgefertigte Tools, mit denen Sie einfach auch ohne Vorkenntnisse eigene Anzeigenbilder erstellen können. Alles, was Sie dazu tun müssen, ist, den gewünschten Text einzugeben, ein Bild hochzuladen und sich für ein Farbschema zu entscheiden. Google AdWords wandelt diese Daten dann in passende Banner um, passend für alle verfügbaren Formate, die Sie sofort ausspielen können.

Je nachdem, welche Variante Sie bevorzugen, können Sie sich außerdem zwischen Standbildern, die angezeigt werden, oder bewegten Bildern entscheiden. Beim Bewegtbild werden die einzelnen Elemente wie Wörter oder Bilder im Banner dynamisch eingeschoben, sobald der Nutzer die Seite öffnet, wo sich das Banner befindet. Damit soll der Blick noch mehr auf die Bilder gelenkt werden. Auch hier bietet Google eine Reihe verschiedener Dynamiken, aus denen sich wählen lässt.

Video Advertising

Einen eigenen Kanal bei YouTube oder einer anderen Video-Plattform zu betreiben, ist nicht die einzige Möglichkeit, um über dieses Medium die eigenen Leistungen zu bewerben. Ebenso gibt es auch Video Advertising, bei dem es verschiedene Varianten gibt, um die Zielgruppe zu erreichen. Interessant dabei ist, dass der Konsum von Videos aus dem Internet nicht nur auf Notebooks und Desktop-Computer beschränkt ist, sondern auch die Nutzung auf Smartphones und mobilen Geräten rapide zunimmt. Dadurch lassen sich dank Video Advertising Nutzer auch unterwegs erreichen.

3.6 Display-Werbung

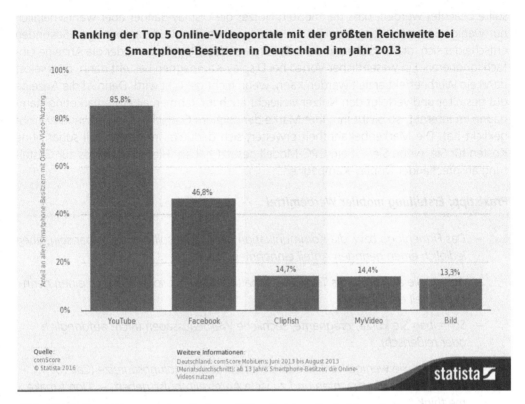

Abb. 52: Online-Videoportale mit der größten Reichweite bei Smartphonebesitzern
Quelle: http://de.statista.com/statistik/daten/studie/290942/umfrage/online-videoportale-mit-der-groessten-reichweite-bei-smartphone-besitzern/

Wenn auf bezahltes Video Advertising gesetzt wird, wie es beispielsweise im Werbeprogramm von Google AdWords möglich ist, wobei Anzeigen bei YouTube geschaltet werden können, dann ist es sehr wichtig, dass die jeweiligen Anzeigen im richtigen Kontext erscheinen. Grundsätzlich gibt es 2 verschiedene Möglichkeiten, Werbung in Videos anderer Kanäle einzubauen:

- als Banner, die während des Videos auftauchen und auch weggeklickt werden können,
- als In-Stream-Videos, die vor dem eigentlichen Video abgespielt werden. Hier hat der Nutzer erst nach 4 Sekunden die Möglichkeit, das Video wegzuklicken.

In jedem Fall entscheidend ist dabei, die Werbung in den richtigen Kontext zu setzen, also in themenrelevanten Videos einzublenden bzw. in deren Umfeld. Ziel ist es hier nicht, nur eine möglichst große Reichweite zu erzielen, sondern vor allem die Nutzer zu erreichen, die sich gerade ein Video ansehen möchten und in dem eingeblendeten Werbevideo oder dem Banner keine störende Werbeunterbrechung sehen, sondern sogar noch einen Mehrwert für ihren Informationsbedarf erkennen.

Mindestens ebenso wichtig wie der Ort, wo die Display-Anzeigen platziert werden, ist selbstverständlich auch der Inhalt, der über die Display-Anzeigen transportiert wird. Dieser muss neugierig machen, attraktiv gestaltet sein und zum Klicken anregen. Vor allem aber sollte beachtet werden, dass die meisten Nutzer die Display-Banner aber wahrscheinlich nur wenige Sekunden lang bewusst wahrnehmen werden. In diesen wenigen Sekunden entscheidet sich, ob sie klicken und damit auf Ihre Website gelangen oder die Anzeige einfach ignorieren. Ein wesentlicher Vorteil bei Display-Kampagnen besteht darin, dass selbst dann ein Werbeeffekt erzielt werden kann, wenn nicht geklickt wird. Denn ist die Anzeige gut gestaltet und verfolgt den Nutzer vielleicht auch im Rahmen einer Remarketing-Kampagne im Internet, so bleibt ihm Ihre Marke dennoch im Gedächtnis, auch wenn er nicht geklickt hat. Die Markenbekanntheit erweitert sich dadurch. Im besten Fall sogar ohne Kosten für Sie, wenn Sie auf ein CPC-Modell gesetzt haben. Hier einige Tipps zur Gestaltung ansprechender Display-Kampagnen:

Praxistipp: Erstellung mobiler Werbemittel

- *Das Firmenlogo bzw. die Kommunikation der Marke sollte gut sichtbar sein, aber lediglich einen geringen Anteil einnehmen.*

- *Achten Sie auf ein gutes Text-Bild-Verhältnis. Der Text sollte lediglich einen geringen Anteil einnehmen.*

- *Schreiben Sie kurze, prägnante, sachliche Werbeaussagen (nicht aufdringlich oder reißerisch).*

- *Schreiben Sie wenige konkrete Botschaften und Handlungsanreize (Call to Action). Nicht überfrachten und zu viele Anreize/Impulse geben. – „Don't make me think."*

- *Wählen Sie Bildmaterial, das die Marke mit positiven Emotionen verbindet.*

3.7 E-Mail-Marketing

In Zeiten von YouTube und Social Media mag E-Mail-Marketing sich für viele etwas altmodisch anhören. Doch nach wie vor bietet speziell dieser Werbekanal eine sichere Möglichkeit, die Kunden zu erreichen und immer wieder von sich hören zu lassen. Denn während die Gewohnheiten der Nutzer, auf bestimmten Websites oder Social-Media-Plattformen zu surfen, schwanken können, bleibt deren E-Mail-Adresse in der Regel immer dieselbe. Darüber hinaus kann ein Post bei Facebook in der überfüllten Timeline der Nutzer schon mal untergehen. Einer E-Mail wird viel mehr Aufmerksamkeit entgegengebracht. Die E-Mail lässt sich zu unterschiedlichen Zielsetzungen im Marketing nutzen:

- Bestandskundenpflege
- wichtig für die Ansprache von Multiplikatoren, die ständig mit dem Thema verbunden sind
- Hinweise auf rechtliche Änderungen
- nicht verkaufen, sondern Mehrwert für Interessenten generieren

3.7 E-Mail-Marketing

Bestandskundenpflege: Eine alte Marketingweisheit besagt, es ist einfacher, einen neuen Auftrag von einem bestehenden Kunden zu erhalten, als einen neuen Auftrag von einem Neukunden zu bekommen. Indem Sie sich durch Ihren Newsletter per E-Mail von Zeit zu Zeit ins Gedächtnis rufen, können Sie Ihre bestehenden Kundenkontakte pflegen. Sollte bei diesen oder auch bei Bekannten Ihrer Stammkunden wieder einmal Bedarf für Ihre Leistungen entstehen, werden sie sicher an Sie denken bzw. Sie weiterempfehlen.

Multiplikatoren: Unter Ihren Newsletter-Kontakten sind mitunter nicht nur Endkonsumenten, sondern eventuell auch Makler, Mitarbeiter bei Bauträgern und Immobiliengesellschaften, Baufirmen oder aber auch Autohändler, Automechaniker und andere Personen, die zu wichtigen Multiplikatoren für Sie werden können. Wenn diese Ihren Newsletter gerne lesen und ihn gut finden, werden sie Sie bei Gelegenheit mit hoher Wahrscheinlichkeit weiterempfehlen.

Hinweise auf rechtliche Änderungen: Gesetzliche Änderungen können mitunter Anlass für Ihre zukünftigen Kunden sein, Ihre Leistung vorzeitig oder überhaupt in Anspruch zu nehmen. Indem Sie in Ihrem Newsletter darauf hinweisen und auch Tipps zum Umgang mit den Gesetzesänderungen geben, erweisen Sie Ihren Kontakten nicht nur einen hilfreichen Service, sondern betreiben gleichzeitig Imagebildung für Ihre Marke.

Mehrwert schaffen: Beim E-Mail-Marketing sollte es nicht primär um das Verkaufen gehen. Wenn Ihre Newsletter-Abonnenten Ihre E-Mails in deren Posteingängen finden, ist dies bereits Werbung genug. Mit den Inhalten Ihrer E-Mails sollten Sie hingegen versuchen, Mehrwert für Ihre Interessenten zu schaffen. Berichten Sie nicht nur über Ihre Leistungen, sondern nach Möglichkeit von Erfahrungsbeispielen aus der Praxis, wo Sie Kunden bereits helfen konnten. Oder geben Sie Tipps, wie mit verschiedenen Situationen am besten umzugehen ist, um kein Geld oder Ansprüche gegenüber der Versicherung zu verlieren. Der Leser soll nach dem Lesen der E-Mail das Gefühl haben, etwas für sich mitgenommen zu haben. Mit jeder weiteren E-Mail werden Sie sich somit als Experte auf Ihrem Gebiet in seiner Wahrnehmung positionieren.

Die Gestaltung beim E-Mail-Marketing

Wenn Sie einen Newsletter schreiben, tun Sie gut daran, diesen mit einem der mittlerweile zahlreichen Newsletter-Tools wie beispielsweise Mailchimp (https://mailchimp.com/) oder Cleverreach (https://www.cleverreach.com/) zu gestalten, die dabei helfen, professionell aussehende E-Mails zu erzeugen. Diese sorgen fast automatisch dafür, dass Texte und Bilder am richtigen Platz landen und ein stimmiges Bild geboten wird. Doch auch wenn Sie die E-Mail mit Ihrem herkömmlichen E-Mail-Programm erstellen, sollten Sie auf gewisse Standards achten, um ein ansprechendes Bild zu bieten.

Eine möglichst persönliche Anrede zu Anfang der E-Mail sollte gegeben sein. Ebenso wie die direkte Ansprache im Text. Denken Sie daran, dass der Leser nicht lange Zeit haben wird, um sich Ihre E-Mail durchzulesen, und verwenden Sie daher kurze, prägnante Sätze. Nach der neugierig machenden Überschrift sollte ein Teaser oder eine kurze Zusammenfassung folgen. Der Haupttext darunter kann Zwischenüberschriften oder Unterpunkte enthalten.

ABLAUF beim E-MAIL-MARKETING

Abb. 53: Der Newsletter-Prozess endet nicht mit dem Versand
Quelle: © Kim Weinand

Das A und O beim E-Mail-Marketing besteht darin, nicht einfach nur um des Schreibens willen jeden Monat eine E-Mail rauszujagen, sondern hochwertigen Content zu bieten, der einen Mehrwert für die Leser bringt. Ansonsten werden Ihre E-Mails schon bald im Spamordner Ihrer Empfänger landen. Wenn Sie verschiedene Zielgruppen ansprechen möchten, sollten auch Ihre E-Mail-Listen getrennt nach Zielgruppen erfolgen. Senden Sie eine E-Mail, die nur für Interessenten an Kfz-Gutachten gedacht ist, nicht auch an alle anderen Empfänger, sondern lediglich an Ihre Liste von Interessenten von Kfz-Gutachten. Wenn Sie E-Mail-Marketing zu einer ernsthaften Strategie Ihres Business nutzen möchten, sehen Sie sich auch an, welche Softwares zur Analyse von E-Mail-Kampagnen es gibt und ob diese womöglich hilfreich für Sie sein können.

Bevor Sie mit E-Mail-Marketing jedoch starten, machen Sie sich unbedingt mit den zahlreichen gesetzlichen Vorschriften vertraut, die beim Versand von Werbe-E-Mails zu beachten sind. So ist beispielsweise die Einwilligung des Adressaten sowohl datenschutz- als auch wettbewerbsrechtlich grundsätzlich erforderlich. Weitere Informationen hierzu finden Sie in Kapitel 6.2.2. Notfalls ziehen Sie einen Anwalt zur Rate, der Ihnen hilft, in der auf den ersten Blick nicht einfach zu überschauenden Rechtslage keine Fehler zu begehen.

3.8 Online-PR

Wie auch in der Offlinewelt leben viele Unternehmen davon, im Onlinebereich PR zu betreiben. In diesem Abschnitt wird Ihnen Online-PR als Werbekanal kurz vorgestellt. Wir werden in Kapitel 5 nochmal tief greifend darauf eingehen.

Durch unterschiedliche Maßnahmen lässt sich das Image des Unternehmens positiv gestalten und der Wiedererkennungswert erhöhen. Onlineöffentlichkeitsarbeit können Sie sowohl auf der eigenen Website als auch im Internet durchführen.

Online-PR auf der eigenen Website

Auf Ihrer eigenen Website haben Sie volle Gestaltungsfreiheit. Hier entscheiden Sie, wie Sie Ihr Unternehmen im besten Licht präsentieren möchten, und können dies auch tun, sei es durch einen Blog, wo Sie aktuelle News bieten, durch einen Pressebereich, in dem Berichte über Ihre Arbeit zu finden sind, oder aber auch durch die Einbindung von Inhalten aus Ihren Social-Media-Seiten. Ebenso können Sie auf Ihrer Website mit Ihren Referenzen oder Zertifikaten glänzen, die Vertrauen schaffen.

Online-PR im Internet

In Sachen Online-PR müssen Sie sich nicht auf Ihre eigene Website beschränken. Sehr zielführend kann es sogar sein, dabei auf andere einschlägige Seiten zu setzen, die thematisch zu Ihrer Tätigkeit passen. Unter anderem stehen Ihnen folgende Möglichkeiten im Bereich Online Public Relations zur Verfügung:

- Gästeartikel in anderen Blogs
- Interviews in Onlinefachmagazinen
- Berichte über Ihre Tätigkeit in Onlinezeitungen
- Artikel in Artikelverzeichnissen
- Artikel in Presseportalen und -verteilern
- Advertorials (bezahlte PR-Anzeigen und werbliche Informationsartikel)
- Empfehlungen mit Links von befreundeten Websitebetreibern

3.9 Praxishinweise

Online-Marketing, wie es sich heute darstellt, hat sich im Raum von wenigen Jahren entwickelt und ist auch heute noch lange nicht in einem finalen Stadium angekommen. Ganz im Gegenteil finden jeden Tag Veränderungen statt, sodass sich Werbetreibende und auch Kunden in einem ständigen Prozess veränderter Kommunikationsmethoden befinden. Wie schon Google komplett an der Offlinewerbewelt vorbeigezogen ist und weltweite Werbung auch für kleine Unternehmen erschwinglich gemacht hat, so haben auch Social-Media-Plattformen für neue Möglichkeiten gesorgt und wer weiß, wie Online-Marketing schon in wenigen Jahren aussehen wird.

Für Werbetreibende heißt es somit, auf dem Laufenden zu bleiben und weiterhin die Werbekanäle zu bespielen, die am besten zu ihrem Unternehmen passen. So lassen sich die Herausforderungen gut meistern und die Potenziale neuer Trends perfekt nutzen, um online Umsätze zu erzielen.

3.9.1 Aktuelle Herausforderungen

In einer sich stark verändernden Online-Marketingwelt lauern natürlich auch einige Herausforderungen, die es zu meistern gilt. Wichtigste Regel kann dabei sein, den Fokus nicht aus dem Blick zu lassen. Auch hier gilt, die Ressourcen gut einzuteilen und sie dort zu investieren, wo das größte Potenzial zur Erreichung der eigenen Zielgruppe liegt.

Eine der größten Herausforderungen wird in nächster Zeit für Websitebetreiber wohl darin bestehen, ihre Websites an die sich verändernde Nutzungsweise von Google durch ihre Kunden anzupassen. Denn schon jetzt bemerkt man bei der Suche ab und an, dass Google nicht mehr nur herkömmliche Suchergebnisse ausspielt, sondern mehr und mehr in Antworten und Lösungen denkt und agiert. Wer beispielsweise „Johny Depp Alter" bei Google eingibt, findet nicht nur Seiten, wo die Antwort zu finden ist, sondern erhält auch das Alter des Schauspielers direkt als erstes Suchergebnis angezeigt.

Die größte Herausforderung wird für Websitebetreiber darin bestehen, auch hier die relevanteste Antwort im eigenen Inhalt zu bieten, um auch mit dieser sehr prominenten Platzierung verknüpft zu werden.

3.9.2 Was bringt die Zukunft?

Trend Augmented Reality

Spätestens seit dem Spieletrend Pokemon Go, der Millionen von Menschen mit ihren Handys in der Hand durch Äcker, Straßen und Wälder irren ließ, haben auch Menschen, die sich nicht so sehr für digitale Trends interessieren, eine leise Ahnung davon, was erweiterte Realität bzw. „Augmented Reality" bedeutet. Es ist stark anzunehmen, dass diese Technologie neben der Virtual Reality auch früher oder später bei der Suche nach Produkten und Leistungen eine Rolle spielen wird. Wie sich Unternehmen am besten darauf vorbereiten sollten, ist allerdings noch ein vages Feld.

Trend Mobile

Mit der Einführung des iPhones und der zahlreichen Nachahmer, die Smartphones auf den Markt brachten, aber auch mit Tablets wurde eine grundlegende Veränderung in der Nutzungsweise des Internets losgetreten. Denn heute nutzt ein Großteil nicht mehr den Desktop-PC oder ein Notebook, um nach Informationen im Internet zu suchen, sondern ein mobiles Endgerät. Google hat darauf bereits reagiert, etwa mit der Möglichkeit, nicht nur mit Text, sondern auch via Spracheingabe Suchen auszulösen. Dabei ist zu beachten, dass die Wortwahl beim gesprochenen Wort oft von der Wortwahl auf Tastatur geschriebener Sätze differiert und damit wiederum neue Keywords und Keyword-Kombinationen entstehen, die es zu berücksichtigen gilt.

Darüber hinaus sind auch immer mehr Autos mit dem Internet vernetzt. Dieser Trend findet aktuell zwar erst in einem kleinen Segment der Premium-Klasse statt, doch spätestens wenn Autos auch noch teilautonom oder vollautonom fahren und ans Internet angeschlossen sind, darf davon ausgegangen werden, dass ein großer Teil der Suchen vom Auto aus getätigt wird. Es ist also durchaus sinnvoll, gleich einmal den Anfahrtsplan auf der Website mit Google Maps zu verknüpfen, damit Ihre Kunden rasch zu Ihnen finden.

3.9 Praxishinweise

Trend Bewegtbild

Stellten sich Werbeanzeigen im Internet bisher häufig starr als reine Bannerbilder dar, geht der Trend mehr und mehr in Richtung Bewegtbild, womit sich teils faszinierende Effekte erzielen lassen. Einerseits ist es immer häufiger der Fall, dass verschiedene Elemente im Bannerbild sich dynamisch bewegen oder sich nach dem Laden in wenigen Sekunden zum fertigen Bild zusammenfügen, ähnlich wie das in Power-Point-Präsentationen der Fall ist, andererseits spielen auch Videos bei der Werbung eine immer wichtigere Rolle.

3-D in der Werbeansprache

Spätestens seit der Verbreitung erschwinglicher 3-D-Drucker ist das 3-D-Erlebnis für die große Masse nicht mehr nur auf den Kinobesuch beschränkt. Der 3-D-Onlinesektor steckt zwar noch in den Kinderschuhen, doch schon jetzt lässt sich erahnen, welche Potenziale sich damit in Zukunft noch wecken lassen. Beispielsweise nutzen Architekten bereits erfolgreich 3-D-Darstellungstechnologie, um ihren Kunden einen besseren Eindruck davon zu vermitteln, wie ihre zukünftige Immobilie aussehen und sich anfühlen wird.

Auch Produktvideos, die in 3-D-Qualität bereitgestellt werden, vermitteln ein weitaus realitätsnäheres Erlebnis von dem Produkt als Bilder oder 2-D-Videos. Entsprechend für 3-D ausgelegte Devices werden es den Interessenten immer einfacher machen, diese auch in 3-D-Manier zu betrachten. Auch bewegte Bannerwerbung in 3-D rückt damit in Reichweite.

4 Praxisleitfaden: Websiteerstellung für Sachverständige

Wie bereits mehrfach angesprochen, ist es sinnvoll, die eigene Website zum Dreh- und Angelpunkt Ihrer Online-Marketingaktivitäten zu machen. Einerseits haben Sie dabei volle Kontrolle über Inhalte, Gestaltung und Auftritt, andererseits können Sie eine umfangreiche Anzahl an Daten der Besucher Ihrer Website mittels Google Analytics auslesen.

Wenn Sie es einmal geschafft haben, Ihre potenzielle Zielgruppe auf Ihre Website zu bekommen, ist das bereits die halbe Miete. Menschen, die ein dringendes Bedürfnis nach genau den Leistungen haben, die Sie anbieten, sind auf Sie aufmerksam geworden und kennen Sie nun. Jetzt gilt es, diese Interessenten zu Kunden zu machen.

Generell verbringen Internetnutzer, die auf der Suche nach einem Anbieter zur Deckung eines konkreten Bedarfs bzw. zur Lösung eines juristischen Problems sind, nur ungern lange Zeit auf den verschiedenen Websites, die ihnen Google auswirft. Sie wollen sich rasch einen Überblick verschaffen und schnell einen geeigneten Anbieter ausfindig machen. Nur wenige Besucher werden sich durch alle Bereiche Ihrer Website klicken und sich alles genau ansehen und durchlesen. Oft ist es nur die erste Seite, die entscheidend dafür ist, ob die Besucher mit Ihnen in Kontakt treten oder nicht. Gelingt es hier, deren drängende Fragen zu beantworten und einen guten Eindruck zu vermitteln, ist die Wahrscheinlichkeit hoch, dass die Besucher mit Ihnen Kontakt aufnehmen werden.

Finden die Interessenten auf Ihrer Website hingegen nicht schnell genug das, was sie suchen, und sind sie nicht in der Lage, sich rasch einen Überblick zu verschaffen, oder hindern gar technische Fehler sie daran, sich zu informieren oder mit Ihnen in Kontakt zu treten, wird die Website auch schnell wieder verlassen, um zur Konkurrenz zu surfen und sich anderswo Hilfe zu suchen.

Es ist wichtig, zu verinnerlichen, in welcher Situation sich Ihre Interessenten befinden. Menschen, die ein dringendes und vielleicht sogar juristisches Anliegen haben, agieren meist nicht ruhig, aufmerksam und aufnahmefähig. Sie suchen unter Druck nach den richtigen Informationen oder nach der fachlich kompetenten Person, die ihnen weiterhelfen kann. Im Folgenden sehen wir uns an, worauf es bei der Gestaltung Ihrer Website ankommt, um es Ihren Websitebesuchern so einfach wie möglich zu machen, die gewünschten Informationen zu finden und schlussendlich Kontakt mit Ihnen aufzunehmen.

4.1 Technik

Die technische Infrastruktur, auf der eine Website beruht, stellt die absolute Grundvoraussetzung für Ihren Onlineerfolg dar. Hinsichtlich der Technologie, mit der Ihre Website arbeitet und realisiert wurde, gibt es vieles zu beachten. Setzen Sie beispielsweise auf ein veraltetes CMS-Programm, für das nur selten oder keine Updates erscheinen, wird es womöglich sehr schwer werden, später Erweiterungen hinzuzufügen oder die Seite nach Ihren Wünschen umzubauen. Hier wollen wir uns nun allerdings besonders zwei wesentliche

4 Praxisleitfaden: Websiteerstellung für Sachverständige

Faktoren ansehen, die schon im ersten Schritt, wenn jemand Ihre Website zum ersten Mal betritt, entscheidend sein können. Zum einen ist dies die Ladezeit und zum anderen die Mobilfähigkeit.

4.1.1 Die Ladezeit

Die Ladezeit einer Website bestimmt sehr stark darüber, wie Besucher Ihre Website wahrnehmen und damit auch Ihr Unternehmen und außerdem, wie sehr sie sich mit den Inhalten auf Ihrer Webpräsenz auseinandersetzen möchten oder nicht. Denken Sie dabei einfach an Ihre eigenen Erfahrungen, wenn Sie nach einem Produkt oder einer Dienstleistung im Web suchen. Warten Sie gerne darauf, bis sich eine Seite vollständig aufgebaut hat, bis Sie die Inhalte darauf lesen können, oder klicken Sie lieber schon nach einigen Sekunden auf das kleine x zum Schließen der Seite, um nach einer anderen Website zu suchen, die sich schneller lädt? Die meisten Menschen warten nicht gerne und bevorzugen daher Seiten, die eine kurze Ladezeit aufweisen. Sie wollen sofort sehen, ob die Seite, auf der sie gelandet sind, tatsächlich ihrem Suchwunsch entspricht.

Die Ladezeit wird von verschiedenen Faktoren bestimmt. Einerseits ist sie durch die Rahmenbedingungen beeinflusst, die Ihr Hosting-Anbieter mit seinen Serverkapazitäten vorgibt. Die meisten Hosting-Anbieter sind heute jedoch auf einem annehmbaren Level, sodass andere Faktoren entscheidender sind. Dazu zählt vor allem, welche Inhalte sich auf Ihren Seiten befinden. Arbeiten Sie zur Gestaltung Ihrer Website mit vielen Bildern, so sollten Sie diese auf die niedrigstmögliche, aber optisch noch gute Auflösung komprimieren, um die Ladezeit zu verkürzen. Große Bilddateien benötigen selbstverständlich entsprechend lange, um geladen zu werden. Keinesfalls aber dürfen Bilder so heruntercomprimiert sein, dass sie verschwommen und damit unprofessionell wirken. Doch schon wenn Sie Ihre Bilder nur eine Stufe kleiner in der Speichergröße komprimieren, laden diese wesentlich schneller und die Bildqualität bleibt dennoch auf einem akzeptablen Level. Dasselbe gilt auch für Videos und eventuelle Animationen Ihrer Website: Weniger ist mehr. Überlegen Sie, wie viele Videos und Animationen Sie tatsächlich auf einer Seite einbinden möchten. Die Website soll ohnehin nicht überladen wirken, sondern dem Nutzer sehr schnell genau das zeigen, wonach er sucht.

Um zu überprüfen, wie schnell Ihre Seite derzeit ist und ob Optimierungsbedarf besteht, können Sie ein praktisches Tool von Google Developers benutzen, das kostenlos ist und Ihnen zügig und genau Auskunft darüber gibt, wie schnell Ihre Seite geladen wird und an welcher Stelle Optimierungsbedarf besteht. Sie finden das Pagespeed Tool unter folgender Domain: https://developers.google.com/speed/pagespeed/.

4.1 Technik

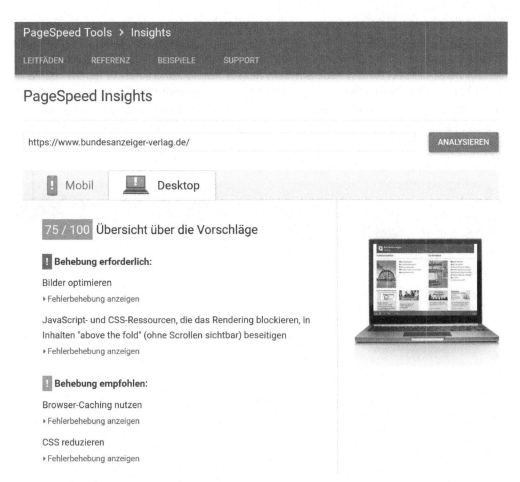

*Abb. 54: Pagespeed-Analyse mit https://developers.google.com/speed/pagespeed/insights/
Quelle: Google und das Google-Logo sind eingetragene Marken von Google Inc., Verwendung mit Genehmigung*

Mit diesem Werkzeug können Sie sogar erkennen, wie es um die Ladezeit auf Mobilgeräten und auf Desktop-PCs steht. Besonders die mobile Ladezeit gewinnt selbstverständlich mehr und mehr an Bedeutung.

4.1.2 Mobilfähigkeit

Wie wir bereits erfahren haben, wird ein Großteil der Suchen im Internet heute von einem mobilen Endgerät aus gestartet, ob dies nun ein Tablet, ein Smartphone oder ein anderes Gerät ist. Zudem ist zu beachten, dass Nutzer, die unterwegs nach einem Anbieter suchen, zumeist einen dringenderen Bedarf haben und in vielen Fällen das Smartphone auch gleich nutzen, um den jeweiligen Anbieter anzurufen oder per E-Mail zu kontaktieren. Die Zielgruppe der Menschen, die mobil sucht, sollten Sie daher keinesfalls ignorieren. Denken Sie nur an den Hausherrn, der gerade bei der Baufirma war, um einen Schaden an seinem Haus zu reklamieren, und der nun gerade in diesem Moment erfahren hat, dass die Bau-

4 Praxisleitfaden: Websiteerstellung für Sachverständige

firma den Schaden nicht anerkennen will. Emotional geladen verlässt dieser das Büro der Firma und sucht sofort nach einer Möglichkeit, um den Schaden von einem unabhängigen Sachverständigen prüfen zu lassen – natürlich auf seinem Handy. Oder denken Sie an den Autobesitzer, der sein Auto gerade aus der Werkstatt geholt und einen Schaden daran entdeckt hat. Nach Rücksprache mit der Werkstatt, die vehement der Meinung ist, der Schaden hätte schon vorher bestanden, wird er vermutlich nicht erst verärgert nach Haus fahren, sondern sofort auf seinem Handy einen Kfz-Sachverständigen suchen, um ihn anzurufen und zu erfahren, wie er nun am besten vorgehen soll. Wichtig dafür ist, dass dessen Website mobilfähig ist und damit am Smartphone gut dargestellt werden kann.

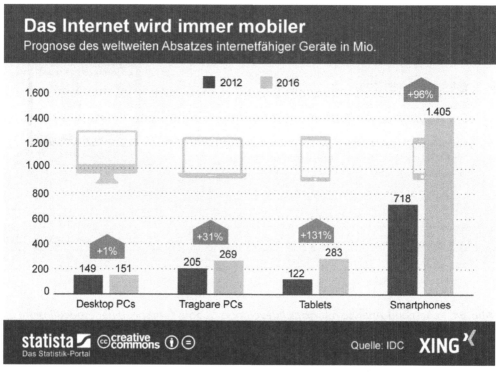

Abb. 55: Das Internet wird immer mobiler
Quelle: https://de.statista.com/infografik/820/absatzes-internetfaehige-geraete-2012-und-2016/

Ob Ihre Website bereits mobilfähig ist oder nicht, können Sie am einfachsten selbst testen, indem Sie Ihr Smartphone in die Hand nehmen und Ihre eigene Webadresse ansteuern. Wie stellt sich Ihre Website auf dem mobilen Gerät dar? Sind die Inhalte klar strukturiert aufbereitet? Können die Menüpunkte über den Touchscreen einfach angeklickt werden? Wie sieht es mit der Kontaktfunktion aus? Lässt sich Ihre Telefonnummer anklicken, um diese direkt anzuwählen, oder Ihre E-Mail-Adresse nutzen, um mit einem Klick direkt eine Mail an Sie zu schicken? Ist Ihr Kontaktformular geeignet, um auch über ein Smartphone mit Ihnen in Kontakt zu treten, oder verrutscht der Bildschirm immer wieder, sodass der Senden-Button nicht erreicht werden kann? Fragen wie diese sollten Sie sich stellen und prüfen.

Idealerweise bieten Sie den Personen, die Ihre Website mobil ansteuern, sogar eine eigene mobile Version davon. Erkennen können Sie dies an einem „m." vor der eigentlichen Webadresse. Ist dies der Fall, hat Ihr Webdesigner bereits dafür gesorgt. Ihre Website kann nämlich erkennen, ob ein Besucher gerade vor dem PC sitzt oder aber von einem Smartphone aus auf Ihre Website gelangt ist. In letzterem Fall wird er direkt auf die mobile Version weitergeleitet. Diese ist nicht nur schlanker aufgebaut und auf das Notwendigste reduziert, sondern es wird z. B. auch mit großvolumigen Bildern und anderen großen Inhalten gespart, um die geringere Rechenleistung eines Smartphones zu berücksichtigen, aber auch den kleineren Bildschirm.

Um herauszufinden, wie mobilfreundlich Ihre Website bereits ist oder ob hier noch Nachholbedarf besteht, können Sie ein Tool von Google nutzen. Mit dem Test auf Optimierung für Mobilgeräte erhalten Sie mit einem Klick viele Informationen über Ihre Seite hinsichtlich der Mobilfähigkeit. Dazu genügt es, Ihren Domainnamen einzugeben. Das Tool finden Sie unter dem folgenden Link:

https://search.google.com/search-console/mobile-friendly

Abb. 56: Test für Mobilgeräte
Quelle: Google und das Google-Logo sind eingetragene Marken von Google Inc., Verwendung mit Genehmigung

4 Praxisleitfaden: Websiteerstellung für Sachverständige

Wie einfach sich eine solche mobile Version Ihrer Website technisch umsetzen lässt, hängt davon ab, auf welchem System Ihre Seite basiert. Ein CMS-System, das von Grund auf schon sehr gut auf mobile Darstellung hin optimiert ist und auch einige andere Vorzüge hinsichtlich Suchmaschinenoptimierung und einfacher Nutzbarkeit bietet, ist die Open-Source-Software WordPress.

4.1.3 Ein kurzer Überblick über WordPress

Nach einer aktuellen Marktanalyse basiert rund ein Viertel aller Websites heute auf dem Content-Management-System WordPress.[1] Damit ist die CMS-Software Marktführer in diesem Segment. Dieser Erfolg ist nicht unbegründet. Denn WordPress bietet einen besonders leichten Einstieg zur Realisierung einer eigenen Website.

Ich möchte Ihnen in diesem Buch das System kurz vorstellen, denn WordPress ist für Sie als Sachverständiger ein ideales Website-Managementsystem, mit dem Sie Ihre Website erstellen und kontinuierlich pflegen können.

Bei WordPress handelt es sich um ein kostenfreies CMS-Programm, das gemeinsam mit einem Grunddesign auf der Website installiert werden kann. Darüber hinaus besteht die Möglichkeit, unterschiedlichste Design-Templates zu kaufen oder auch kostenlos zu nutzen oder einen Webdesigner mit der Anpassung an Ihre Vorstellungen zu beauftragen. Viele Maßnahmen in der Gestaltung und Strukturierung lassen sich sogar selbst durchführen, ohne gleich auf einen Webdesigner zurückgreifen zu müssen. Vorgefertigte Module, unzählige bereits voreingestellte Design-Templates und mindestens ebenso viele Plug-ins zur Funktionserweiterung bieten ein großes Maß an Flexibilität bei gleichzeitig einfacher Bedienung. Sowohl HTML-Kenntnisse zur Erstellung von Websites wie auch Webserver-Kenntnisse sind nicht erforderlich. Bei vielen Webhosting-Anbietern können Sie WordPress für eine Domain mit wenigen Schritten automatisch installieren.

Besonders praktisch ist, dass selbst Websitebetreiber ohne Webdesignerfahrung in der Lage sind, einfach neue Inhalte wie etwa Seitentexte oder News auf ihrer Website jederzeit online zu stellen. Neue Artikel lassen sich in WordPress sehr einfach und intuitiv erstellen, mit Bildern versehen und veröffentlichen. Die voreingestellte Strukturierung schafft professionelle Optik, sodass die Website vom ersten Tag an modern und professionell wirkt.

Mehr dazu unter http://.de.wordpress.org.

4.1.4 Warum es sich lohnt, mit WordPress zu arbeiten

WordPress ist mittlerweile das am meisten genutzte CMS-System im Internet, und dies nicht von ungefähr. Über 25 % der Websites, die heute im Internet verfügbar sind, basieren auf dem Open-Source-Programm WordPress. Die Grundinstallation kann kostenlos aus dem Internet heruntergeladen und auf dem eigenen Webserver installiert werden. Damit steht bereits eine grundlegende Websiteform zur Verfügung, die sofort adaptiert werden

---

1 Marktanalyse: http://t3n.de/news/cms-marktfuehrer-wordpress-654735/.

4.1 Technik

kann. Doch selbstverständlich möchten Sie eine individuelle Website ihr Eigen wissen, die Ihre CI widerspiegelt und Ihren Anforderungen gerecht wird. Auch hier bietet WordPress volle Unterstützung.

Zum einen ist es möglich, eines von unzähligen Design-Templates zu kaufen oder auch ein kostenloses zu nutzen und dieses in die bereits installierte WordPress-Installation zu laden. Damit lässt sich sehr rasch ein funktionierendes und gutes Grundgerüst schaffen, ohne zu viel Zeit und Arbeit zu investieren, das dann noch adaptiert werden kann. Darüber hinaus besteht natürlich auch die Möglichkeit, einen auf WordPress spezialisierten Webdesigner zu beauftragen, der diese Aufgaben übernimmt oder aber auch ein von Grund auf neues Design für Sie erstellt.

Einfache Installation und erste Schritte

WordPress selbst wirbt damit, dass die Installation lediglich 5 Minuten in Anspruch nimmt. Wenn Sie sehr wenig Erfahrung im Umgang mit Webservern haben, wird es zwar ein paar Minuten länger dauern, aber der zeitliche Aufwand hält sich tatsächlich sehr in Grenzen. Unter folgender Adresse können Sie die Installationsdatei herunterladen: https://de.WordPress.org/txt-download/.

Eine sehr übersichtliche und einfache Anleitung zur Installation von WordPress auf Ihrem Webserver finden Sie hier: http://wpde.org/installation/.

Die größte Herausforderung für Laien besteht oft darin, die Daten auf den Server zu übertragen. Dies kann mit FTP-Programmen wie dem kostenlosen FileZilla (https://filezilla-project.org) geschehen, die den Datenaustausch mit einem Server ermöglichen. Wenn Sie diesen Service allerdings nur einmalig benötigen, sollten Sie wissen, dass auch der Internet Explorer in der Lage ist, auf einen FTP-Server zuzugreifen. Dazu geben Sie einfach in der Zeile, in der normalerweise die Website eingegeben wird, Ihre FTP-Adresse ein und anschließend die Zugangsdaten.

Abb. 57: FTP via Internet Explorer

Wenn Sie die Installationsanleitung genau befolgen, werden Sie in der Lage sein, Ihre eigene Website mit WordPress selbst zu installieren, und schon direkt losstarten können, diese einzurichten und mit Inhalten zu befüllen. Während der Installation müssen Sie auch ein Kennwort definieren, mit dem Sie sich künftig in Ihrer Website einloggen, wenn Sie Veränderungen vornehmen möchten. Der Standardpfad zu Ihrem Backend, also dem Editor-Bereich, in dem Sie Beiträge schreiben, das Design anpassen und auch Einstellungen Ihrer WordPress-Seite vornehmen können, lautet www.seitenname.de/wp-login oder www.seitenname.de/wp-admin.

Dieser Pfad lässt sich allerdings auch ändern, was ratsam sein kann, um Missbrauch vorzubeugen bzw. Hacker, die sich in Ihre Website unbefugt einloggen möchten, fernzuhalten. Haben Sie sich in Ihrer Website eingeloggt, so landen Sie zuerst im Dashboard, das in etwa so aussehen sollte:

4.1 Technik

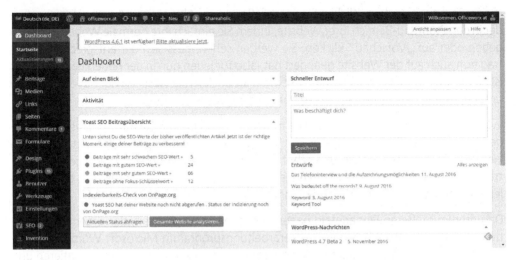

Abb. 58: Dashboard-Ansicht im Administrationsbereich von WordPress
Quelle: WordPress

Das Dashboard ist eine Art Übersicht über Ihre Website, die sich auch immer wieder verändern kann, je nachdem, wie Sie Ihre Seite anpassen und z. B. Plug-ins installieren. Interessanter für den Beginn ist allerdings das Menü auf der linken Seite. Hier finden Sie alle wichtigen Bereiche, um Einstellungen für Ihre Seite zu definieren, Anpassungen vorzunehmen und auch neue Inhalte zu erstellen. Ich möchte zunächst gerne auf die wichtigsten Bereiche im Menü eingehen.

Aktualisierungen

Unter „Aktualisierungen" werden Sie immer informiert, wenn es Updates für die WordPress-Installation selbst oder für installierte Plug-ins gibt. Es empfiehlt sich, diese Updates zu machen und die Seite damit immer auf dem aktuellsten Stand zu halten. Damit beugen Sie einerseits vor, dass sich Bugs und Codefehler auf Ihrer Seite einschleichen, und sorgen dafür, dass Ihre Seite mit allen Browsern kompatibel bleibt, andererseits unternehmen Sie damit auch einen wichtigen Schritt, um sich vor Viren, Spam und Malware zu schützen. Im Bereich „Aktualisierungen" können Sie die Updates mit wenigen Klicks sehr einfach vornehmen und selbst durchführen.

Beiträge

Dieser Menüpunkt ist mit Sicherheit einer der wichtigsten hinsichtlich der Content-Erstellung. Denn wie der Name bereits verrät, können Sie hier Beiträge erstellen und bearbeiten. Wenn Sie den Cursor der Maus nur über den Menüpunkt bewegen, erscheint ein Zusatzfenster mit weiteren Punkten. Dies können Sie übrigens bei den meisten Menüpunkten tun.

Wenn Sie auf „Alle Beiträge" klicken, gelangen Sie in eine Übersicht mit den verschiedenen Beiträgen, die Sie bereits erstellt haben. Haben Sie noch keine Beiträge erstellt, so finden Sie hier wahrscheinlich nur standardmäßig einen Platzhaltertext von WordPress, der meist „Hallo Welt" getauft ist. Klicken Sie hier auf „Bearbeiten" und versuchen Sie, etwas in dem Text zu verändern. Klicken Sie anschließend auf „Aktualisieren" und gehen Sie wieder in den Frontend-Bereich Ihrer Website, indem Sie einfach Ihre normale Webadresse eingeben oder auf „Vorschau" klicken. Sie werden sehen, dass sich der entsprechende Beitrag nun auch auf der Website geändert hat, also für jeden nun in der neuen Form sichtbar ist. In der Übersicht zu „Alle Beiträge" können Sie auch Artikel löschen oder direkt ansehen und sehen auch, mit welchen Schlagworten diese versehen sind.

Wenn Sie einen neuen Beitrag erstellen möchten, dann klicken Sie auf „Erstellen" und Sie gelangen zu einer Eingabemaske, in der Sie sofort einen Text eingeben können. Im oberen kleineren Feld können Sie die Überschrift für Ihren Beitrag eingeben. Wenn Sie einen Beitrag zu einem bestimmten Keyword erstellen möchten, achten Sie darauf, dass dieses idealerweise bereits in der Überschrift vorkommt.

Darunter im größeren Eingabefeld haben Sie dann die Möglichkeit, den eigentlichen Beitrag zu erstellen. Ähnlich wie im Textverarbeitungsprogramm Microsoft Word finden Sie darüber auch eine Werkzeugleiste, über die Sie den Artikel entsprechend formatieren und gestalten können.

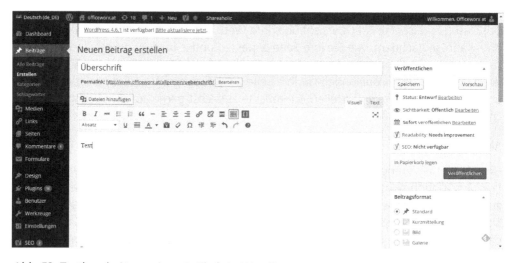

Abb. 59: Textbearbeitung eines Artikels in WordPress
Quelle: WordPress

Wenn Sie eine Textstelle formatieren möchten, markieren Sie diese einfach mit dem Mauscursor und wählen Sie im oberen Bereich die gewünschten Formatierungswerkzeuge aus. Sie können Worte fett, kursiv oder unterstrichen markieren, Aufzählungen einfügen oder Texte rechts oder linksbündig gestalten. Auch haben Sie die Möglichkeit, Textlinks zu setzen oder vorhandene Links aufzuheben. Auch Farben lassen sich verwenden. Eine besonders wichtige Funktion der Formatierung ist allerdings das Einfügen von Bildern. Über „Dateien hinzufügen" können Sie Bilder von Ihrem Computer hochladen und in den Artikel einfügen. Das lockert den Text auf und bringt auch wieder Pluspunkte für das Google-Ranking, vor allem dann, wenn Sie für das Bild vorher einen klingenden Dateinamen gewählt haben.

Haben Sie Ihren ersten Artikel fertiggestellt und formatiert, können Sie im rechten Menübereich noch einige Einstellungen treffen. Beispielsweise haben Sie hier die Möglichkeit, die Kategorie zu definieren, in der der Artikel erscheinen soll, sofern Sie Ihren Blog bzw. Ihre Website in verschiedene Themenkategorien unterteilen möchten. Sie können auch Schlagwörter vergeben. Dies sollten Keywords sein, die mit dem Artikel in Zusammenhang stehen. Zwei bis fünf Schlagwörter pro Beitrag sind ausreichend. Wichtig ist auch, das Beitragsbild zu definieren. Dabei handelt es sich um das Titelbild des Beitrags, das auch als Vorschaubild fungiert, etwa wenn Sie den Beitrag in sozialen Netzwerken wie Facebook oder Google+ teilen. Um dieses festzulegen, klicken Sie einfach auf „Beitragsbild festlegen" in der rechten Menüspalte. Hier können Sie entweder ein bestehendes Bild aus der Mediathek wählen oder ein neues Bild von Ihrem Computer hochladen. Generell gilt bei der Verwendung von Bildern selbstverständlich, dass Sie die Rechte für das Bild besitzen müssen. Wenn Sie keine eigenen Bilder zur Verfügung haben, gibt es verschiedene Plattformen wie istockphoto.com oder fotolia.de, wo Sie Bilder kaufen können.

Medien

Im Bereich Medien finden Sie die Mediathek mit allen Mediendateien, die Sie bereits hochgeladen haben und die sich zum Teil auch in Artikeln eingepflegt online befinden. Sie können hier Dateien löschen, aber auch bearbeiten und sogar ersetzen. Beim Ersetzen wird das jeweilige Foto auch entsprechend in den Artikeln, in denen es eingepflegt ist, ersetzt. Das ist besonders dann praktisch, wenn Sie z. B. ein Bild austauschen müssen. Auch die Funktion „Bearbeiten" ist hinsichtlich der Suchmaschinenoptimierung wichtig, da Sie hier sehr einfach eine Bildunterschrift oder einen Alttext eingeben können, mit denen Bilder bei Google indexiert werden.

Seiten

Unter dem Menüpunkt „Seiten" haben Sie die Möglichkeit, Unterseiten Ihrer Website zu erstellen. Dieser Bereich sieht sehr ähnlich aus wie der Bereich „Beiträge" und er funktioniert auch sehr ähnlich. Sie können einen Titel und einen Text eingeben und diesen nach Ihren Vorstellungen formatieren. Ein kleiner Unterschied im Vergleich zu den Beiträgen: Die Seiten Ihrer Internetpräsenz werden nicht wie Newsbeiträge einer Kategorie zugewiesen. Diese Funktion ist für den Newsbereich vorgesehen, also nur für Beiträge. Generell macht es für Google und andere Suchmaschinen keinen Unterschied, ob Sie Content in Form einer Seite oder eines Beitrags anlegen und veröffentlichen. Die Unterteilung in Seiten und Beiträge dient vielmehr der übersichtlichen Organisation von Inhalten in WordPress. Seiten sind nicht als Newsbereiche gedacht, sondern als statischer Inhalt, den Sie einmalig, meist am Beginn, einrichten und der dann langfristig auf der Website erhalten bleibt.

Kommentare

Im Bereich „Kommentare" können Sie in Interaktion mit Ihren Lesern und Websitebesuchern treten. In WordPress haben die Leser Ihrer Beiträge und Seiten nämlich die Möglichkeit, diese auch zu kommentieren und damit ihre eigene Meinung zu den verschiedenen Themen kundzutun oder aber auch Fragen in Form von Kommentaren zu stellen. Dies bietet eine sehr niedrigschwellige, einfache und auch informelle Form, um miteinander erstmals in Kontakt zu treten. Je nachdem, welche Einstellungen Sie für die Kommentarfunktion getroffen haben, werden Kommentare sofort veröffentlicht oder erst nach Prüfung durch Sie. Auch gibt es die Möglichkeit, dass Sie pro Nutzer nur den jeweils ersten Kommentar selbst freigeben müssen und alle weiteren Kommentare dieses Nutzers dann automatisch sofort veröffentlicht werden. Dadurch wird verhindert, dass Ihre Website von Spam-Kommentaren überflutet wird.

Denn Sie sollten sich darüber im Klaren sein, dass nicht nur echte, interessierte Nutzer Kommentare auf Ihrer Website posten möchten. Ebenso sind auch Bots im Einsatz, also Programme, die wahllos das Internet durchforsten nach Seiten, die Kommentarfunktionen aufweisen, und dort wahllos Spam-Werbung in Form von Kommentaren posten. Solche Art von Kommentaren möchten Sie selbstverständlich nicht auf Ihrer Website haben. Daher sollten Sie alle Kommentare einer vorherigen Prüfung unterziehen, bevor diese veröffentlicht werden. So haben Sie außerdem einen besseren Überblick über die echten Kommentare von echten Nutzern und können mitunter auch direkt auf deren Fragen und Kommentare eingehen. Denn natürlich haben auch Sie als Websitebetreiber die Möglichkeit, unter Ihren Beiträgen zu kommentieren. Machen Sie Gebrauch davon, wenn es sich anbietet. Eine Frage eines Interessenten, die Sie auf diese Art und Weise beantworten, wird nicht nur diesem weiterhelfen, sondern auch anderen Nutzern, die sich vielleicht mit einer ähnlichen Thematik beschäftigen, die aber vielleicht selbst keinen Kommentar schreiben möchten. Indem Sie die Fragen sozusagen öffentlich beantworten, müssen Sie diese auch nicht mehr jedem Interessenten einzeln per E-Mail oder Telefon beantworten, sondern können direkt eine Stufe tiefer einsteigen. Das spart Ihnen auf lange Sicht viel Zeit.

Beachten Sie außerdem, dass Kommentare eine wichtige Content-Quelle für Ihre Website sein können. Denn jeder Kommentar, und sei er auch noch so kurz, ist wieder neuer Text-Content, der von Google & Co natürlich ebenso indexiert wird wie auch Ihre Beiträge. Stellt ein Nutzer in einem Kommentar beispielsweise die Frage „Ich habe einen ähnlichen Fall wie im beschriebenen Beitrag, wie hoch sind die Kosten für ein Immobiliengutachten?", wird vielleicht Monate oder auch Jahre später ein anderer Interessent nach genau dieser Frage googeln und dann auf genau diesen Kommentar auf Ihrer Website stoßen. Außerdem merken Suchmaschinen auch, dass die Kommunikation auf der Website nicht nur einseitig geschieht, sondern in beide Richtungen, was wiederum dafür spricht, dass die Seite für viele Interessenten tatsächlich relevant ist, was wiederum zu einem verbesserten Ranking führt.

Design

Wie der Name bereits verrät, können Sie unter dem Menüpunkt „Design" die Darstellungsform Ihrer Website verändern. Dazu gibt es unterschiedliche Möglichkeit. Die grundlegendste davon besteht sicherlich darin, das Theme auszutauschen. Wenn Sie ein neues Template kaufen oder auch kostenlos herunterladen, dann können Sie dieses hier in Ihrer eigenen WordPress-Installation hochladen und aktivieren. Alle bereits hochgeladenen Themes sind weiterhin verfügbar und Sie können theoretisch zwischen diesen Designs hin und her wechseln. Die jeweiligen Inhalte, die Sie bereits erstellt haben, werden automatisch mit übernommen.

4.1 Technik

Im Bereich „Design" finden Sie außerdem dem Unterpunkt „Widgets". Bei Widgets handelt es sich um kleine Programme und Funktionen wie eine Suche oder auch einen Kalender, die in einer Sidebar dargestellt werden können, sofern Sie eine solche nutzen.

Ebenfalls von großer Bedeutung ist der Unterpunkt „Menüs". Denn hier definieren Sie die Bezeichnungen und die Positionen der Hauptmenüpunkte Ihrer Website, die die Besucher Ihrer Website zur Navigation auf der Seite verwenden können.

Plug-ins

Wenn das Grundgerüst Ihrer Website einmal steht und vielleicht auch schon mit erstem Content befüllt ist, dann können Sie sich dem Punkt „Plug-ins" widmen. Hier finden Sie schier unendliche Möglichkeiten, Ihre Website um verschiedene Funktionalitäten zu erweitern. Plug-ins sind kleine Programme, die Sie zu Ihrer WordPress-Website dazu installieren können und mit denen Sie neue Funktionen schaffen können. Die Auswahl reicht von Kontaktformularen über Analytics-Systeme bis zu Anti-Virus-Softwares oder Affiliate-Banner. Unter „Installierte Plug-ins" können Sie die bereits installierten Funktionen sehen und diese auch aktivieren oder deaktivieren. Unter „Installieren" können Sie nach neuen Plug-ins suchen, deren Beschreibungen und Bewertungen durch andere Nutzer einsehen und bei Bedarf installieren. Viele Plug-ins sind kostenlos verfügbar, anderer wiederum nur gegen eine Gebühr.

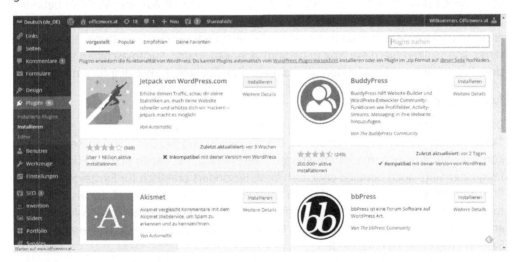

Abb. 60: Die Plug-in-Verwaltung in WordPress
Quelle: WordPress

Gerade zu Anfang mag es sehr verlockend erscheinen, sich einfach eine Vielzahl interessant klingender Plug-ins zu installieren und dadurch die Website noch vielfältiger und interessanter zu gestalten. Allerdings sollten Sie dabei sehr vorsichtig vorgehen. Denn zum einen finanzieren sich viele kostenlose Plug-ins durch irgendeine Form von Werbung, was in einigen Fällen kein besonders professionelles Licht auf Ihre Website wirft, zum anderen benötigt jedes dieser Plug-ins auch Rechenkapazität und kann das Laden Ihrer Website dadurch erheblich verlangsamen. Übertreiben Sie es also besser nicht mit dem Installieren von Plug-ins, sondern wählen Sie nur jene aus, die Sie unbedingt benötigen. Speziell dann, wenn viele verschiedene Plug-ins installiert sind und diese von Zeit zu Zeit aktualisiert werden, kann es zudem vorkommen, dass die Aktualisierungen miteinander nicht kompatibel sind und das ordnungsgemäße Funktionieren der Website maßgeblich beeinträchtigen.

Benutzer

Unter dem Menüpunkt „Benutzer" können Sie die Rollen und Berechtigungen für registrierte Nutzer Ihrer Website festlegen. Wenn Sie nur eine Seite als Sachverständiger betreiben, können Sie beispielsweise Ihrem Webdesigner eine Admin-Rolle zuteilen, oder wenn ein Texter Beiträge für Sie erstellt, diesem eine Redakteursrolle zuweisen.

Einstellungen

Unter „Einstellungen" finden Sie eine Vielzahl von Optionen, die für Ihre Website generell gelten und die Sie festlegen können. Gehen Sie sie nach der Reihe durch und sehen Sie selbst, welche Einstellungen Sie gerne treffen möchten. Ein besonders wichtiger Punkt, den Sie unbedingt hinsichtlich Suchmaschinenmarketing beachten sollten, ist eine kleine, unscheinbare Checkbox unter „Einstellungen/Lesen", die sehr große Auswirkungen haben kann. Dort finden Sie nämlich den Punkt „Suchmaschinen davon abhalten, diese Website zu indexieren". Dieser Punkt ist nach der Installation von WordPress in der Regel angehakt. Dies verhindert, dass Suchmaschinen Ihre Website durchsuchen. In diesem frühen Stadium ist dies auch sinnvoll, wenn sich noch kein korrekter Content auf Ihrer Website befindet. Die Funktion soll verhindern, dass Suchmaschinen den falschen Eindruck von Ihrer Website erhalten und diese falsch indexieren. Wenn Sie allerdings mit der Gestaltung Ihrer Website fertig sind, sollten Sie diese Box unbedingt abhaken, damit Suchmaschinen in der Lage sind, Ihre Inhalte zu durchforsten, und diese in ihre Suchergebnisse einpflegen können.

Tutorials und Videos zum Lernen

Der große Vorteil von WordPress liegt in der weiten Verbreitung. Dadurch stehen nicht nur Tausende von Templates zur Verfügung, die zur Anpassung des Designs eingesetzt werden können, sondern auch mindestens ebenso viele Plug-ins, mit denen sich der Funktionsumfang einer Seite noch deutlich erweitern lässt. Besonders praktisch für Einsteiger in WordPress ist aber auch die Tatsache, dass im Internet eine große Anzahl an Tutorials und Anleitungen in Text- und Videoform zur Verfügung steht, um den Umgang mit WordPress zu erleichtern. Auch dies ist ein wichtiger Grund, sich für das einfach zu bedienende CMS-System WordPress zu entscheiden.

4.2 Struktur

Ein wesentliches Potenzial, um Ihre Zielgruppe bei der Stange zu halten und von Ihrem Angebot zu begeistern, besteht in der Struktur Ihrer Website. Hier liegt bereits eine wesentliche Differenzierungsmöglichkeit zu Ihrer Konkurrenz. Wenn Sie als Kfz-Sachverständiger eine Website betreiben, werden die Websites Ihrer Mitbewerber, die genau die gleichen Leistungen anbieten, thematisch sehr ähnlich sein. Gelingt es Ihnen aber, Ihren Besuchern schon beim ersten Besuch Ihrer Website zu vermitteln, dass sie sich hier rasch einen guten Überblick verschaffen können, haben Sie schon gewonnen. Denn die meisten Ihrer Mitbewerber werden dies nach wie vor nicht tun und in der Regel lässt sich sagen, dass Einfachheit gewinnt – je einfacher der Kunde sich auf einer Website zurechtfindet, umso eher wird er das Gefühl bekommen, beim richtigen Fachexperten gelandet zu sein.

Es ist einfach, eine Website zu gestalten, auf der Sie mit vielen Worten erklären, was Sie alles können und welches breite Leistungsspektrum Sie abzudecken imstande sind. Doch darum geht es nicht. Nein, wirklich nicht! Worum es geht, ist, möglichst schnell Antworten zu liefern. Und zwar die, nach denen Ihre Zielgruppe sucht. Das kann auch schon in Form der Menüpunkte geschehen, über die Nutzer durch Ihre Website navigieren.

Wenn es um die Strukturierung Ihrer Inhalte geht, ist es wichtig, alle Menüpunkte zu relevanten Punkten zusammenzufassen. Auf der Startseite sollte der Interessent nicht mehr als einige wenige Hauptpunkte finden. Diese können dann wiederum unterteilt sein, wenn der User darauf klickt. Listen Sie gleich zu Anfang zu viele Menüpunkte auf, wird sich der Interessent womöglich überfordert fühlen und sich wahrscheinlich gar nicht die Zeit nehmen, auf der Suche nach dem einen Thema, das ihn interessiert, alles durchzulesen. Halten Sie es einfach und arbeiten Sie lieber mit Überbegriffen, die dann unterteilt sind.

Wählen Sie klingende Bezeichnungen

Bevor Sie die Menüpunkte auf Ihrer Website gestalten, versetzen Sie sich in die Lage Ihrer Zielgruppe. Nach welchen Informationen sucht diese wirklich? Wählen Sie aussagekräftige Bezeichnungen für die Menüpunkte, mit denen Ihre Besucher etwas anfangen können.

Denken Sie darüber nach, in welchen Situationen die meisten Ihrer bisherigen Kunden Ihre Leistungen in Anspruch genommen haben, und versuchen Sie, diese kurz und knackig in den Menüpunkten zu vermitteln. Ihre Kunden fangen nicht viel damit an, wenn Sie lang und breit Ihre Bereiche beschreiben oder eine Übersicht Ihrer Büromitarbeiter bieten. Das sind zwar Elemente, die Vertrauen schaffen, doch es ist nicht das, worum es dem Kunden in erster Linie geht. Versetzen Sie sich in den Blickwinkel aus Kundensicht. Versuchen Sie schon in den Menüpunkten, die Problemsituationen zu vermitteln, mit denen Ihre Kunden gerade zu kämpfen haben, und geben Sie ihnen keine Rätsel auf.

Jede Überschrift sollte genau und klar beschreiben, was dargestellt wird oder welche Informationen hinter dem Menülink abgerufen werden können. Eine einfache und intuitiv verständliche Struktur Ihrer Website ist entscheidend für Ihren Erfolg.

4.3 Inhaltlicher Aufbau

Struktur ist das eine, Inhalt das andere. Wenn Ihre Besucher einmal über die aussagekräftigen Menüpunkte auf die für sie relevanten Unterseiten gelangt sind, wollen sie auch dort kein unstrukturiertes Chaos vorfinden. Niemand liest gerne lange Texte durch, wenn er gerade ein juristisches Problem hat und es um hohe Kosten geht, auf denen er möglicherweise sitzen bleibt, wenn er nicht schnell handelt. Je besser und klarer Sie die Inhalte Ihrer Seitenbereiche gliedern, umso höher ist die Chance, dass der Nutzer fühlt, dass er bei Ihnen an der richtigen Adresse ist, und Kontakt mit Ihnen aufnimmt.

Verwenden Sie Checklisten und Bullet Points, um die wichtigsten Fakten Ihrer Inhalte nochmals hervorzuheben und dem Interessenten klar vor Augen zu führen, dass er bei Ihnen genau die Hilfestellung erhält, nach der er das Internet abgesucht hat. Je schneller seine Suche ein Ende hat, umso besser für Sie und für ihn.

Wenn ein neuer Besucher zum ersten Mal auf Ihre Website gelangt, sei es direkt auf eine Unterseite oder aber auch zuerst auf einen Menüpunkt geklickt hat und dann auf der Unterseite landet, will er sich nicht erst lange Texte durchlesen müssen, um zu entscheiden, ob sich darin die Information befinden, die er sucht oder nicht. Er wird Ihre Website wahrscheinlich nur innerhalb weniger Sekunden überfliegen und versuchen, sie entsprechend seinem eigenen Informationsbedarf zu bewerten. Findet er nicht schnell ein paar herausstechende Informationen, die sich mit seinem Bedarf decken, wird er sehr wahrscheinlich auf anderen Seiten im Internet weitersuchen.

Daher ist es so wichtig, sich genau zu überlegen, welche Begrifflichkeiten für den Kunden so wichtig sind und welche Fragen er beantwortet haben möchte. Diese gilt es dann entsprechend durch Überschriften, Formatierung und Aufzählungspunkte hervorzuheben, damit sie sofort ins Auge fallen.

Wie strukturieren Sie den Inhalt Ihrer Inhalte?

Bei der Erstellung von Inhalten für Ihre Website geht es nicht darum, einen Fachartikel oder eine Dokumentation zu schreiben, und auch nicht darum, zu versuchen, in einem Text mit einer möglichst großen Bandbreite an Themen aufzuwarten. Ganz im Gegenteil geht es darum, möglichst spezifisch und auf den Punkt gebracht eine gezielte Information zu vermitteln, die Websitebesucher veranlasst, direkt mit Ihnen in Kontakt zu treten.

Idealerweise ist diese Information schon in der ersten Überschrift zu finden. Unterteilen Sie auch den nachfolgenden Text mit mehreren Zwischenüberschriften, in denen sich wiederum wichtige Informationen befinden. Dadurch wird der Inhalt aufgelockert und Sie können den Blick Ihrer Besucher etwas steuern, da dieser zuerst auf hervorgehobene Wörter wie Überschriften fallen wird. Verwenden Sie Aufzählungspunkte, in denen die wichtigsten Inhalte nochmals kurz und knackig zusammengefasst sind.

Denken Sie auch daran, dass Ihre Unterseiten nicht nur aus Texten bestehen können. Bauen Sie außerdem Bilder ein, die den Text auflockern. Wichtig dabei ist vor allem, dass die darauf gezeigten Bildinhalte passend zum Text sind und mit einem Blick vermitteln, worum es in dem Text geht. Im Idealfall muss der Nutzer nur die Überschrift lesen und das

Bild sehen, um zu verstehen, dass er mit seinem Unfallschaden oder Bauschaden oder einem anderen Problem bei Ihnen perfekt aufgehoben ist. Achten Sie beim Bildmaterial allerdings darauf, dass Sie auch die entsprechenden Rechte am Bild haben und dieses im Internet publizieren dürfen. Weitere Informationen zu den rechtlichen Fallstricken finden Sie in Kapitel 6.

4.4 Optik und Gebrauch („nicht in Schönheit sterben")

Nach wie vor gibt es Websites, die dem Nutzer knallig bunt und blinkend entgegenschreien und oft auch noch mit allerlei Funktionen wie Wetterdaten, Uhrzeit oder anderen Infos aufwarten, die niemand benötigt. Solche Websites bleiben sicherlich im Gedächtnis, allerdings nicht unbedingt positiv und schon gar nicht so, wie es der Websitebetreiber im Sinn hatte. Denn hier wird schnell wieder weggeklickt, da sich die Interessenten aufgrund des überladenen Designs schnell überfordert fühlen und sich die gewünschten Informationen nicht einfach finden lassen.

Nach meinen Erfahrungen zeigen Sachverständigen-Websites allerdings oftmals das gegenteilige Extrem. Die Inhalte sind viel zu nüchtern aufbereitet. Geboten werden ausschließlich lange und oft zu sehr mit Fachbegriffen gespickte Textdokumente, die ebenso überfordern und wiederum zum Wegklicken animieren.

Beide Varianten – bunt und schrill sowie auch sehr trocken und nüchtern – bewähren sich nicht unbedingt, um Neukunden zu gewinnen oder relevante Informationen optisch ansprechend und schnell verständlich zu vermitteln. Ein Mix aus beiden Varianten tut dies schon eher. Der Begriff Sachverständiger kommt von Sachverstand. Das bedeutet allerdings nicht, dass Sachverständige ihre Websites rein sachlich aufbereiten und mit Texten überfluten sollten. Ausschweifende Erklärungen sind auf der Website nicht unbedingt gefragt, vor allem nicht auf der Startseite und den themenbezogenen Unterseiten, wo der Besucher zum Kontaktformular oder einer anderen Handlungsaufforderung geführt werden soll. Wenn der Interessent sich ausführliche Erklärungen für sein Anliegen wünscht, kann er diese ohnehin in einem Beratungsgespräch mit Ihnen erhalten.

Auf der Website selbst sind kurze, prägnante Sätze gefragt, die die Sachverhalte gut umreißen und den Sachverhalt kompakt auf den Punkt bringen.

4 Praxisleitfaden: Websiteerstellung für Sachverständige

Praxistipp:

 1. *Untergliedern Sie Ihre Texte.* Wenn Sie ein Thema auf Ihrer Website behandeln möchten, denken Sie immer daran, dass Sie weder ein Buch noch ein Gutachten schreiben. Lange Texte ohne Unterbrechungen, die dem Leser Gelegenheit geben, um das Gelesene zu verarbeiten, sind hier nicht gefragt. Achten Sie stattdessen darauf, längere Textpassagen mit Zwischenüberschriften und Aufzählungspunkten zu untergliedern und aufzulockern. Darüber hinaus versuchen Sie nicht, alle Themen, die in Ihr Gebiet fallen, in einen Text zu packen. Machen Sie lieber mehrere kurze Texte daraus. Diese kleinen Happen sind leichter verdaulich und kommen der oft knappen Zeit entgegen, die die Interessenten zur Verfügung haben.

2. *Verwenden Sie Bilder:* Aus der Marktforschung ist bekannt, dass Bilder vom menschlichen Auge zuerst wahrgenommen werden, bevor Texte und andere Inhalte in das Blickfeld fallen. Darüber hinaus wird ein Text, der durch Bilder unterteilt ist, sofort ansprechender. Untersuchungen zeigen, dass die Verweildauer auf Websites mit Bildern deutlich länger ist als auf Websites, die ausschließlich Texte verwenden. Bilder bieten außerdem noch einen weiteren Vorteil. Sind diese thematisch passend gewählt, weiß der Interessent oft schon instinktiv, ob er sich auf der richtigen Seite befindet, die seinem Informationsbedarf entspricht. Und das schon, ohne den Text gelesen zu haben.

3. *Anlegen von Landing Pages:* Sollen bestimmte Produkte oder Dienstleistungen in den Fokus der Besucher gerückt werden, sollten Sie in jedem Fall mit sogenannten Landing Pages (Zielseiten) arbeiten. Landing Pages dienen dazu, den Fokus einer Seite komplett auf ein Thema auszurichten und den Nutzer gezielt entsprechend seinem Informationsbedarf zu informieren. Sie sollten aber auch so gestaltet sein, dass die Wahrscheinlichkeit einer konkreten Handlung oder Interaktion deutlich erhöht wird. Die Handlungen können je nach Thema unterschiedlich gelagert sein. Die Aktion kann beispielsweise der Download einer bestimmten Dokument-Vorlage sein oder das Anschauen eines Videos. Die maximale Zielerfüllung liegt wahrscheinlich in einer Kontaktaufnahme (per E-Mail oder auch per Telefon). Im Folgenden finden Sie ein Beispiel dafür, wie eine solche Landing Page idealerweise aufgebaut sein kann.

4.4 Optik und Gebrauch („nicht in Schönheit sterben")

Abb. 61: Beispiel einer strukturellen und inhaltlichen Gliederung für eine Landing Page zum Thema Kfz-Schadensgutachten
Quelle: © Kim Weinand

4 Praxisleitfaden: Websiteerstellung für Sachverständige

Das Produkt bzw. Ihre Dienstleistung steht dabei selbstverständlich im Mittelpunkt. Hier ist Text-Content zu finden, der von Google gut erkannt wird und die Seite damit auch in die Suchergebnisse bringt. Darüber hinaus ist es wichtig, Vertrauen zu schaffen. Oft bleiben nur wenige Sekunden, die darüber entscheiden, ob der potenzielle Kunde auf der Seite bleibt und sich weiter informiert oder ob er wieder zur Suche oder zu einer Konkurrenzseite zurückkehrt. Neben einem Bild des Unternehmensinhabers rechts oben sorgen unter anderem Testimonials (wie in Abbildung 63 dargestellt) für die Vertrauensbasis, die jemand sucht, bevor er sich entscheidet, wo er sein Geld ausgibt.

Bilder, die mit der Dienstleistung bzw. dem Produkt in direkter Verbindung stehen, geben Aufschluss über die Qualität und binden gleichzeitig die Aufmerksamkeit, was die Besuchszeit verlängert. Die Möglichkeit in diesem Beispiel, sich links und rechts durch die Bildergalerie zu klicken, steigert außerdem die Chance auf eine erste Interaktion mit der Seite. Darüber hinaus soll es dem Interessenten so einfach wie möglich gemacht werden, mit Ihnen in Kontakt zu treten. Die Kontaktmöglichkeiten finden sich nicht nur im unteren Bereich der Seite, sondern über „Termin vereinbaren" und den „Rückrufservice" bestehen noch 2 weitere Möglichkeiten zur Kontaktaufnahme.

Möchten Sie als Kfz-Sachverständiger in einem Text beispielsweise das Thema Unfall-Schadensgutachten behandeln, genügt oft schon ein Bild von einem offensichtlich von einer Karambolage demolierten Auto und jeder Besucher kann schon sehr konkret erahnen, worum es auf der Seite geht. Wenn die Besucher tatsächlich auf der Suche nach Unfall-Schadensgutachten sind, werden sie einerseits wissen, dass Sie als Sachverständiger dieses Gebiet abdecken, und andererseits wahrscheinlich auch den dazugehörigen Text zumindest anlesen, um sich zu informieren.

Wollen Sie hingegen veranschaulichen, dass Sie Ihren Kunden zur Seite stehen, um Versicherungsleistungen durchzusetzen, kann z. B. ein gut gewähltes Motiv ein geöffneter Aktenkoffer mit Versicherungspapieren darin sein.

Wenn es passend erscheint, kann es auch sinnvoll sein, nicht nur Fotografien zu verwenden, sondern ebenso auch professionelle Grafiken anfertigen zu lassen, die etwa Statistiken darstellen oder auch den Ablauf einer Gutachtensbearbeitung in den einzelnen Schritten veranschaulichen. Hier ist es in jedem Fall ratsam, einen erfahrenen Grafiker zu beauftragen, der eine professionelle Grafik anfertigen kann.

4.4 Optik und Gebrauch („nicht in Schönheit sterben")

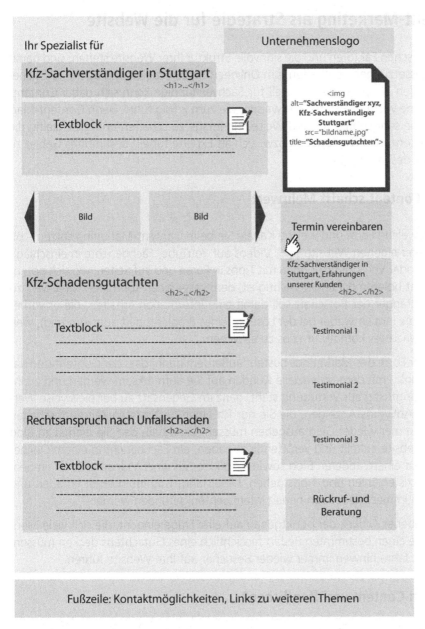

Abb. 62: Beispiel einer strukturellen und inhaltlichen Gliederung für eine Landing Page eines Kfz-Sachverständigen in Stuttgart
Quelle: © Kim Weinand

4.5 Content-Marketing als Strategie für die Website

Wenn die technischen Faktoren und die sinnvolle Struktur Ihrer Website stehen, sind damit die Grundvoraussetzungen geschaffen, um Onlineerfolg zu erzielen und über Ihre Onlineaktivitäten Kunden zu gewinnen. Speziell für Sachverständige kann sich dabei Content-Marketing als eine wichtige Strategie erweisen, die zum Erfolg führt. Denn Content-Marketing bietet eine sehr subtile Art und Weise, ein Image zu schaffen und gleichzeitig die eigenen Kompetenzen hervorzuheben bzw. sich als Experte für ein bestimmtes Gebiet zu empfehlen, und das langfristig.

4.5.1 Guter Content schafft Mehrwert

Ganz egal, auf welche Form und welche Kanäle Sie beim Content-Marketing setzen – ob es Artikel auf Ihrer eigenen Website sind, Videos auf YouTube, Fachberichte in einschlägigen Magazinen oder Veröffentlichungen mit Tipps in Foren und auf Seiten, wo sich potenzielle Kunden Rat holen möchten –, wichtig ist, dem Leser einen spürbaren Mehrwert zu bieten. Der Empfänger der Botschaft soll damit eine Information erhalten, die er vorher nicht hatte und die ihm entweder bei der Lösung seines Problems hilft oder ihm zeigt, welcher Schritt als Nächstes kommt, um das zu erreichen.

Der Vorteil dieser Form des Marketings besteht außerdem darin, dass der Content und damit der Ankerpunkt, mit dem potenzielle Kunden auf Sie aufmerksam werden und zu Ihnen gelangen, langfristig zur Verfügung steht, ganz im Gegensatz zu beispielsweise Werbebannern und AdWords-Anzeigen, die Sie nur für einen bestimmten Zeitraum schalten und für die Sie immer wieder Geld ausgeben müssen. Ein Inhalt, den Sie einmal im Blog Ihrer eigenen Website erstellt und veröffentlicht haben, ein Fachbericht in einem Onlinemagazin oder auf einem anderen Blog sowie ein Video auf einer Videoplattform, in dem Sie aus Ihrer Praxis erzählen und Tipps geben, bleibt langfristig im Internet erhalten und kann somit auch immer wieder von neuen Interessenten gefunden werden.

Ein gut geschriebener Artikel, der punktgenau auf eine Frage eingeht, die sich viele Menschen stellen, die einen bestimmten Bedarf hinsichtlich eines Gutachtens decken müssen, kann somit über Jahre hinweg immer wieder Besucher auf Ihre Website führen.

4.5.2 Welchen Content veröffentlichen?

Bevor Sie sich daranmachen, Content zu erstellen, um damit Ihr Content-Marketing zu unterstützen, sollten Sie sich eine regelrechte Strategie zurechtlegen und sich fragen, welche Inhalte Sie tatsächlich veröffentlichen möchten bzw. in welchen Themenbereichen es sinnvoll ist. Denn es ist sicherlich ein großes Ziel, Content zu jedem Themenbereich zu erstellen, der irgendwie in Ihr Tätigkeitsfeld fällt, doch ist dies auch eine Frage der Zeit, die Sie dafür tatsächlich zur Verfügung haben, und zudem ist es auch nicht unbedingt notwendig, wirklich jedes Feld abzudecken. Effizienter ist es, sich auf einige Themen zu spezialisieren, die am vielversprechendsten erscheinen. Hier tauchen wir bereits ein wenig in das Feld der Suchmaschinenoptimierung ein.

4.5 Content-Marketing als Strategie für die Website

Zunächst einmal sollten Sie sich etwas Zeit nehmen und eine Liste von den Fragen machen, mit denen Ihre Kunden konfrontiert sind. Denken Sie dabei vielleicht auch an frühere Kundenbeziehungen oder achten Sie darauf, welche Fragen Ihnen Kunden in Ihrer täglichen Arbeit immer wieder stellen. Versuchen Sie im ersten Schritt, ungefähr 15 bis 20 solcher Fragen zu notieren. Mit diesen Fragen haben Sie bereits einen sehr guten Überblick darüber, wie Ihre Content-Strategie aussehen könnte.

Im Internet finden Sie zahlreiche Tipps, mit welchen Fragestellungen Ihre Kunden sich beschäftigen. Eine Internetplattform, die Sie dabei sehr gut unterstützt, ist www.answerthepublic.com. Sie erhalten auf der Website zahlreiche Hinweise, die Sie für die Content-Erstellung nutzen können.

Tippen Sie beispielsweise „Kfz-Gutachten" ein und lassen sich die deutschen Ergebnisse anzeigen, erhalten Sie folgende Fragen:

- Wie lange dauert ein Kfz-Gutachten?
- Wie teuer ist ein Kfz-Gutachten?
- Wie sieht ein Kfz-Gutachten aus?
- Wer darf Kfz-Gutachten erstellen?
- Wer zahlt Kfz-Gutachten nach einem Unfall?
- Was kostet ein Kfz-Gutachten?
- Was verdient ein Kfz-Gutachter?
- Was bekomme ich mit einem Kfz-Gutachten ausbezahlt?
- Wann einen Kfz-Gutachter einschalten?

Indem Sie in denen von Ihnen erstellten Inhalten auf genau diese Fragen eingehen, werden Sie mit hoher Sicherheit Menschen auf sich aufmerksam machen, die Bedarf für Ihre Sachverständigenleistungen haben. Das gilt insbesondere dann, wenn Sie die Fragen aus Gesprächen in Ihrer Praxis bezogen haben.

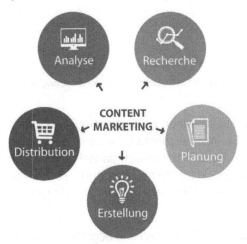

Abb. 63: Content-Marketing ist ein ständiger Prozess
Quelle: © Kim Weinand

4 Praxisleitfaden: Websiteerstellung für Sachverständige

4.5.3 Der Keyword-Planer von Google

Eine weitere Möglichkeit, zu Themen zu kommen, die Sie in Ihrem Content behandeln können, besteht darin, den kostenlosen Keyword-Planer von Google zu nutzen. Sie erreichen das Tool über die URL https://adwords.google.com/KeywordPlanner. Dieses überaus praktische Onlinewerkzeug greift auf Daten aus allen Suchabfragen zu, die bei Google täglich getätigt werden. So sehen Sie genau, wie viele Menschen jedes Jahr beispielsweise nach „Kfz-Sachverständiger Frankfurt" oder nach „Bausachverständiger Berlin" googeln. Es lohnt sich, mit diesem spannenden Tool etwas zu arbeiten, um es kennenzulernen und zu sehen, welche Begriffe und Themen dabei auftauchen, auf die Sie ansonsten vielleicht gar nicht gekommen wären.

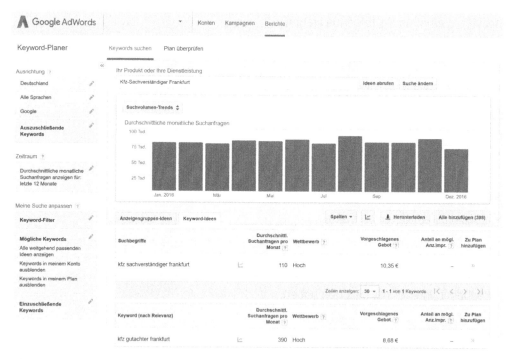

Abb. 64: Google-Keyword-Planer
Quelle: Google und das Google-Logo sind eingetragene Marken von Google Inc., Verwendung mit Genehmigung

Wenn Sie den Keyword-Planer nutzen und das Suchvolumen zur Suchanfrage „Kfz-Sachverständiger Frankfurt" prüfen, dann erhalten Sie im Tool ebenfalls Hinweise zu weiteren artverwandten Suchanfragen, die Google Ihnen im unteren Bereich darstellt. Hier sehen Sie jetzt auch, dass beispielsweise die Suchanfrage „kfz gutachter frankfurt" ein höheres monatliches Suchvolumen hat als die von Ihnen eingegebene Suchanfrage „kfz sachverständiger frankfurt".

Vielleicht stellen Sie auch fest, dass Ihre Zielgruppe nach Themen und Begriffen sucht, die Sie bisher gar nicht auf dem Schirm hatten und daher auch keine entsprechenden Angebote oder Werbekampagnen dafür erstellt haben. Mitunter stoßen Sie auf ein neues Geschäftsfeld, das Sie bisher nicht bearbeitet haben.

Praktischerweise wirft Ihnen der Keyword-Planer nicht nur Daten zu genau den Begriffen aus, die Sie eingegeben haben, sondern wertet gleichzeitig auch immer ähnliche Begriffe aus, die ebenfalls dem Suchverhalten Ihrer Zielgruppe entsprechen können. Neben der Anzahl des monatlichen Suchvolumens zu jedem Begriff erfahren Sie auch, wie stark oder schwach der Wettbewerb auf das jeweilige Keyword ist bzw. wie hart umkämpft die vorderen Plätze in den Suchergebnissen bei Google dazu sind. Ist der Wettbewerb hoch, lohnt es sich vielleicht eher, auf ein Thema zu setzen, bei dem der Wettbewerb mittel oder niedrig ist.

Praxistipp

Erstellen Sie hier am besten eine Excel-Tabelle mit den Begriffen, die Sie für Ihre Kundschaft für relevant halten, und versuchen Sie, einige Keywords zu finden, die ein gutes Verhältnis zwischen hohem monatlichen Suchvolumen und möglichst geringem Wettbewerb aufweisen. Mit diesen Keywords werden Sie die besten Chancen haben, eine große Zielgruppe zu erreichen und vergleichsweise schnell auf den vorderen Plätzen bei Google zu landen.

Im nächsten Schritt gilt es, zu den Keywords, die Sie recherchiert haben, entsprechenden Content zu erstellen, der bei Google gefunden werden kann. Wenn Sie es schaffen, in Ihrem Content die Fragen, die hinter den jeweiligen Begrifflichkeiten stehen, in einfachen Worten klar verständlich zu beantworten, sodass die Suche für den Nutzer nach einer bestimmten Information im Idealfall beendet ist, wird dieser Inhalt häufig geklickt werden und auch die Verweildauer wird entsprechend hoch sein. Das bleibt auch dem Algorithmus von Google nicht verborgen, womit der jeweilige Inhalt noch weiter oben in den Suchmaschinenergebnissen landet, wo sich die Klickrate weiter verstärkt.

Genaue Keyword-Analyse mit dem Keyword-Planer – wonach suchen meine Kunden?

Die Keywords, also die Suchbegriffe, nach denen Internetnutzer und damit auch Ihre potenziellen Kunden bei Google & Co suchen und die sie in das Suchfeld der Suchmaschinen eingeben, spielen eine wichtige Rolle und können mitunter über geschäftlichen Erfolg oder Misserfolg entscheiden. Dies gilt vor allem für Branchen und Unternehmen, die sehr stark vom Internet abhängig sind bzw. einen großen Teil ihres Umsatzes dort erzielen. Für einen Onlineshop ist es beispielsweise sehr wichtig, mit den richtigen Bezeichnungen der Produkte aus seinem Sortiment auch bei Google gefunden zu werden, damit interessierte Käufer überhaupt auf die Seite des Shops einsteigen und das Produkt kaufen. Aber auch für Sie als Sachverständiger kann es sehr wesentlich sein, mit den für Ihr Geschäftsmodell relevanten Keywords auch in Suchmaschinen gut gefunden zu werden, zumal davon auszugehen ist, dass die Suche für Dienstleistungen aller Art auch in den nächsten Jahren noch stärker über das Medium Internet vonstattengehen wird.

4 Praxisleitfaden: Websiteerstellung für Sachverständige

Doch was sind die Suchbegriffe, die Ihre Nutzer verwenden, um nach Ihren Leistungen zu suchen? Der Keyword-Planer von Google bietet eine sehr einfache Möglichkeit, um Suchbegriffe zu finden, die nicht aus der Luft gegriffen sind, sondern die tatsächlich von potenziellen Kunden gesucht werden. Sie können ziemlich sichergehen, dass jemand, der nach „Sachverständiger Kosten Berlin" in einer Suchmaschine sucht, sich nicht etwa nach Schuhen umschauen möchte, sondern einen dringenden Bedarf an einer Sachverständigenleistung hat. Nie war es leichter, die eigene Zielgruppe so einfach und klar zu erkennen und gleichzeitig auch anzusprechen.

In Bezug auf Suchmaschinenmarketing und Suchmaschinenoptimierung spielen Keywords damit eine entscheidende Rolle und mit ihnen auch die Keyword-Analyse. Die Arbeit mit Keywords besteht grob gesagt aus 3 Phasen, wobei diese Zyklen immer wieder wiederholt werden können, um die Ergebnisse Stück für Stück immer mehr zu verbessern und zu optimieren. Die erste Phase besteht tatsächlich aus der Keyword-Recherche.

1. <u>Keyword-Recherche</u>

    Nehmen Sie sich ausgiebig Zeit für das Recherchieren von Keywords. Diese Tätigkeit wird sich langfristig lohnen. Denken Sie daran, dass Sie diese Keywords, die Sie nun zum ersten Mal recherchieren, wahrscheinlich die nächsten Jahre lang im Rahmen Ihrer Online-Marketingaktivitäten langfristig begleiten werden. Je besser diese Suchbegriffe schon von Beginn an zu Ihrem Dienstleistungsangebot passen, umso weniger Optimierungsaufwand wird dies für Sie wahrscheinlich in der Zukunft bedeuten. Nehmen Sie sich also ruhig Zeit. Idealerweise prüfen Sie auch in einem halbjährlichen Turnus die Entwicklung des Suchverhaltens.

    Im Keyword-Planer von Google unter https://adwords.google.com/KeywordPlanner genügt es, einen Begriff einzugeben, von dem Sie denken, dass er Ihre Dienstleistung sehr gut beschreibt, um zu sehen, wie viele Menschen Monat für Monat nach diesem Begriff suchen und wie hoch der Wettbewerb dafür ist. Der Keyword-Planer schlägt Ihnen aber auch ähnliche Begriffe vor, die für Sie ebenfalls relevant sein können. Um den Keyword-Planer zu nutzen, benötigen Sie ein aktives Konto des Google-Werbeprogramms Google AdWords. Keine Sorge, Sie müssen dafür noch keine Werbeanzeigen bei Google schalten. Die reine Anmeldung zum AdWords-Programm ist kostenfrei.

    Wenn Sie schon sehr genau wissen, welche Keywords Sie gerne verwenden möchten, und nur noch überprüfen wollen, wie viele Personen danach tatsächlich bei Google suchen oder wie sich das Keyword im Zeitablauf entwickelt, ist es wahrscheinlich sinnvoller, die Recherchevariante „Daten zum Suchvolumen und Trends abrufen" zu wählen. Stehen Sie hingegen noch ganz am Anfang Ihrer Recherche und wollen sich erst einmal Ideen für Keywords anzeigen lassen, dann sind Sie am besten mit der folgenden Variante beraten: „Mithilfe einer Wortgruppe, einer Website oder einer Kategorie nach neuen Keywords suchen".

    Bevor Sie auf „Ideen abrufen" klicken, sollten Sie noch 2 Parameter Ihrer Recherche überprüfen. Zum einen finden Sie unter dem Feld, in dem Sie Ihr Keyword eingegeben haben, unter „Ausrichtung" ein Feld, in dem Sie die Region einschränken können. Bitte denken Sie daran, hier nur die Region auszuwählen, in der Sie tatsächlich tätig sind und

4.5 Content-Marketing als Strategie für die Website

die für Sie relevant ist. Google bietet Ihnen im Keyword-Planer die Möglichkeit, auf Länderebene, Bundesländerebene, aber sogar auf Gemeindeebene Daten abzurufen, was besonders dann hilfreich ist, wenn Sie in einer geografisch sehr eng begrenzten Region tätig sind. Schließlich bringt es Ihnen nicht viel, zu wissen, dass zwar deutschlandweit jedes Monat 3.600 Suchabfragen für „Kfz Gutachter" bei Google getätigt werden, aber von Nutzern aus Ihrer Region keine einzige Abfrage getätigt wurde. In diesem Fall sollten Sie überlegen, ob es nicht vielleicht sinnvoller ist, auf andere Keywords zu setzen. Welche Keywords das sind, die in Ihrer Region gefragt sind, finden Sie sehr einfach heraus, wenn Sie in der Regioneneinstellung die Region eingeben, in der Sie tätig sein möchten. Unter „Erweiterte Suche" haben Sie sogar die Möglichkeit, z. B. den Ortsnamen Ihres Firmensitzes anzugeben und dann noch einen Umkreis in Kilometern rund um diesen Ort einzugeben. Dabei richten Sie sich am besten danach, wie weit Sie bereit sind, zu Ihren Kunden zu fahren, oder auch inwiefern Sie denken, dass Kunden bereit sein werden, zu Ihnen zu kommen. Wenn Sie mit Ihrem Büro im Herzen von Köln sitzen, tun Sie gut daran, auch die Regioneneinstellung nur auf Köln oder Köln und Umland zu beschränken.

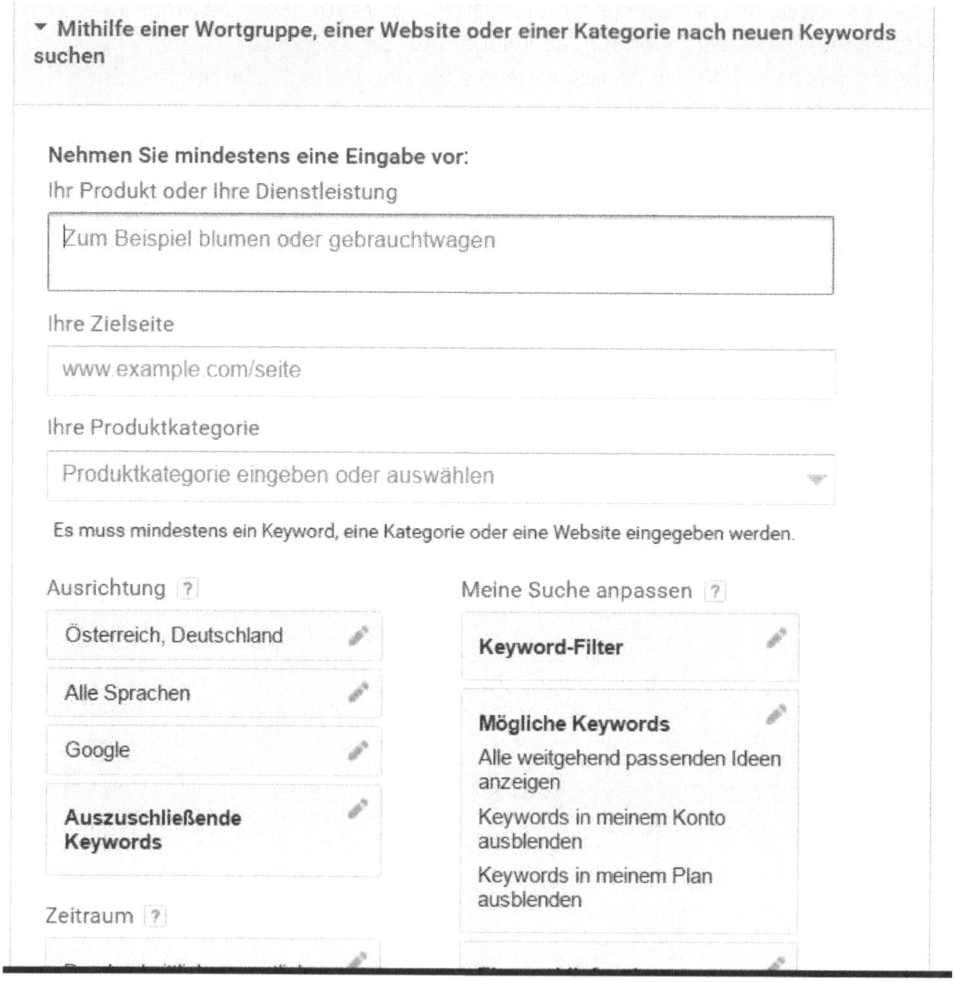

4 Praxisleitfaden: Websiteerstellung für Sachverständige

Abb. 65: Eingabe der Parameter im Google Adwords Keyword-Planer
Quelle: Google und das Google-Logo sind eingetragene Marken von Google Inc., Verwendung mit Genehmigung

Eine weitere Einstellungsmöglichkeit bezieht sich auf den Zeitraum. Diese ist standardmäßig auf 12 Monate eingestellt. Das bedeutet, dass der Keyword-Planer Ihnen darstellen wird, wie viele Suchabfragen zu Ihrem eingegebenen Keyword in einem durchschnittlichen Monat in den letzten 12 Monaten getätigt wurden. Die 12 Monate sind grundsätzlich ein guter Wert. Eine Veränderung des Zeitraumes würde eher dann sinnvoll sein, wenn Sie ein Geschäftsmodell haben, das eher saisonal ausgerichtet ist, und Sie lediglich an den Daten zu einem bestimmten zeitlichen Abschnitt im Jahr interessiert sind.

4.5 Content-Marketing als Strategie für die Website

Klicken Sie nun auf den Button „Ideen abrufen", so zeigt Ihnen der Keyword-Planer einerseits die Daten zu dem von Ihnen eingegebenen Keyword an, schlägt aber auch andere Keywords vor, die zu Ihrem Angebot passen könnten. Gehen Sie diese Keywords genau durch und probieren Sie auch aus, andere Suchbegriffe, die Ihr Angebot beschreiben, einzugeben, um zu sehen, welche Vorschläge als Keyword-Ideen dabei wiederum angezeigt werden.

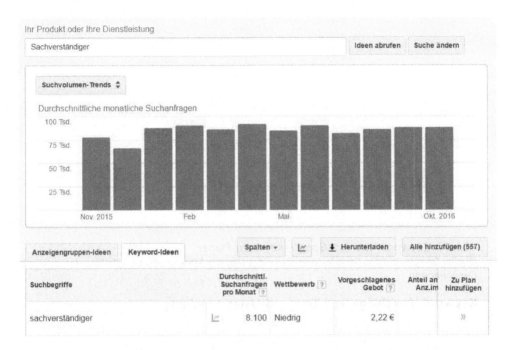

Abb. 66: Darstellung des Suchvolumentrends zur Suchanfrage Sachverständiger
Quelle: Google und das Google-Logo sind eingetragene Marken von Google Inc., Verwendung mit Genehmigung

Neben Ihrem eingegebenen Keyword schlägt Ihnen Google auch verwandte Suchbegriffe vor und zeigt Ihnen die entsprechenden Daten dazu an.

4 Praxisleitfaden: Websiteerstellung für Sachverständige

Keyword (nach Relevanz)		Durchschnittl. Suchanfragen pro Monat	Wettbewerb	Vorgeschlagenes Gebot	Anteil an Anz.im	Zu Plan hinzufügen
kfz sachverständiger		4.400	Hoch	6,13 €		»
gutachter		4.400	Mittel	2,54 €		»
kfz gutachter		3.600	Hoch	6,30 €		»
sachverständiger werden		590	Hoch	2,75 €		»
gutachten		4.400	Niedrig	1,81 €		»
vereidigter sachverständiger		390	Mittel	2,26 €		»
gutachter werden		390	Hoch	1,80 €		»
ihk sachverständige		720	Niedrig	4,18 €		»

Abb. 67: Keyword-Ideen im Google-Keyword-Planer
Quelle: Google und das Google-Logo sind eingetragene Marken von Google Inc., Verwendung mit Genehmigung

Keyword-Vorschläge und Keyword-Listenerstellung

Nicht alle vom Keyword-Planer vorgeschlagenen Suchbegriffe werden tatsächlich relevant für Ihr Unternehmen sein. Notieren Sie nur diese, von denen Sie überzeugt sind, dass potenzielle Kunden diese verwenden, um nach exakt Ihren Leistungen zu suchen. Stellen Sie sich dabei oft die Frage, ob ein Begriff womöglich zu allgemein ist, um Ihre Leistungen zu beschreiben, oder ob tatsächlich eine Angebotssuche dahinterstecken könnte. Beim Suchbegriff „Verkehrswertermittlung" beispielsweise befindet sich der Suchende womöglich noch in einer eher frühen Phase der Customer Journey. Beim Begriff „Verkehrswertgutachten" hingegen weiß er wahrscheinlich schon konkreter, wonach er sucht. Vielleicht sollten Sie daher eher auf letzteres Keyword setzen.

Am besten vermerken Sie alle Keywords, die Ihnen relevant erscheinen, in einer Excel-Liste. In die Spalten neben den jeweiligen Keywords können Sie dann auch die monatlichen Suchabfragen und die Intensität des Wettbewerbs eintragen. Das sieht dann in etwa so aus:

Keyword	Volumen	Wettbewerb
Bausachverständiger Kosten	1000	Hoch
Bausachverständiger	5400	Hoch
Kosten Sachverständiger	70	Niedrig
Kosten Bausachverständiger	140	Mittel
Gutachter Immobilien	880	Hoch

Abb. 68: Aufbau einer Keyword-Liste mit Suchvolumen und Wettbewerbsdichte in Google AdWords
Quelle: © Kim Weinand

Mit einer solchen Liste verschaffen Sie sich eine gute Übersicht über die für Sie relevanten Keywords. Ihre Liste wird selbstverständlich um einiges länger sein als das hier gezeigte Beispiel. Diese von Ihnen so recherchierte Auswahl muss noch nicht die endgültige Fassung Ihrer Stamm-Keywords sein. Wenn Sie die für Sie relevant erscheinenden Keywords aus AdWords in die Excel-Liste übertragen haben, können Sie diese nochmals durchgehen und sehen, ob wirklich alle zu Ihrem Geschäft passen. Suchbegriffe, die dann vielleicht doch nicht passend erscheinen, können Sie wieder löschen oder entsprechend markieren. Hinsichtlich der Suchmaschinenoptimierung ziehen Experten und Websitebetreiber natürlich auch die Suchvolumina und den Wettbewerb in ihre Bewertung mit ein. Nicht selten wird die Excel-Spalte danach auch genutzt, um den jeweiligen Werten eine Gewichtung zu geben und so noch besser herauszufiltern, welche Begriffe am vielversprechendsten erscheinen.

In keinem Fall sollten Sie allerdings den Fehler begehen, ausschließlich nach dem Suchvolumen zu gehen. Das Keyword „Bausachverständiger" mit 5.400 Suchabfragen pro Monat mag auf den ersten Blick vielversprechend wirken, weist allerdings auch hohen Wettbewerb auf und ist sehr allgemein gehalten. Hier wird es schwieriger sein, in die obersten Suchergebnisse zu gelangen und auch tatsächlich Kunden zu erreichen, die der eigenen Zielgruppe entsprechen. Menschen, die nach „Bausachverständiger" suchen, könnten sich schließlich genauso gut auch für die Ausbildung zum Bausachverständigen interessieren. Das Keyword „Kosten Bausachverständiger" hingegen ist dabei schon viel genauer und weist nur mittelstarken Wettbewerb auf. Obwohl hier lediglich 140 Suchabfragen pro Monat erfolgen, liegt die Chance hier vielleicht höher, diese 140 potenziellen Kunden auch tatsächlich zu erreichen. Welche Keywords Sie tatsächlich für Ihre weitere Onlinestrategie aufnehmen, bleibt natürlich Ihnen selbst überlassen. Selbstverständlich haben Sie auch jederzeit die Möglichkeit, die Liste zu erweitern oder auch Keywords rauszunehmen, die sich als nicht erfolgversprechend herausstellen. Dies ist Teil des bereits beschriebenen Zyklus.

2. Umsetzung

In der zweiten Phase geht es um die Umsetzung, also die Nutzung der Keywords. Hier beginnt das eigentliche Online-Marketing, wie es bereits in anderen Kapiteln ausführlich beschrieben wurde. Speziell im Content-Marketing spielen die Keywords natürlich eine übergeordnete Rolle. Denn Content, den Sie auf Ihrer Website, etwa in Form von Blogtexten, veröffentlichen und der in Verbindung zu den Keywords steht, die auch Ihre Zielgruppe nutzt, verhilft Ihnen dazu, von genau dieser gefunden zu werden. Viele Keywords bieten sich sogar sehr dazu an, in Blogbeiträgen verarbeitet zu werden, da beispielsweise Fragen darin versteckt sind. Wenn Sie sich im ersten Schritt etwa das Keyword „Kosten Bausachverständiger" vornehmen, können Sie in einem Artikel darauf eingehen, wie sich diese zusammensetzen und wonach sich die Höhe richtet, oder auch Kostenbeispiele geben. Je genauer und besser Sie diese Frage nach den Kosten beantworten können, umso höher ist die Wahrscheinlichkeit, dass Google Ihren Beitrag als relevant für dieses Keyword einstuft und dieser daher ganz oben in den Suchergebnissen auftauchen wird, immer dann, wenn jemand nach „Kosten Bausachverständiger" googelt.

Sie tun also gut daran, die Keywords aus Ihrer Excel-Liste nach und nach auch in Blogbeiträgen und anderen Texten Ihrer Website zu verwenden. Doch auch immer, wenn Sie die Möglichkeit haben, einen Link von einer anderen Website auf Ihre eigene zu setzen, bringt es Pluspunkte, wenn Sie für den Link eines der Keywords in Form eines Textlinks verwenden. Greifen Sie also immer wieder auf die Liste zurück, wenn es sich anbietet. Auch in Fachbeiträgen, die Sie für andere Websites schreiben, können Sie die Keywords auftauchen lassen.

In der täglichen Arbeit rund um Online-Marketing ist es oft gar nicht immer so wichtig, sich konkret auf die Keywords in Ihrer Liste zu versteifen und diese 1 : 1 zu verwenden. Wichtiger ist es, diese genau zu kennen und die Themen, die damit beschrieben werden, um mit diesem Wissen im Hinterkopf immer automatisch schon Content zu den passenden und für Ihre Zielgruppe relevanten Themenbereichen zu kreieren.

3. Post-Kampagnen-Analyse

Die dritte Phase tritt ein, wenn Sie Content zu Ihren Keywords erstellt und veröffentlicht haben. Dann gilt es, einige Zeit zu warten und danach zu analysieren. Hierfür bietet sich das ebenfalls von Google zur Verfügung gestellte Tool Google Analytics an, auf das im Kapitel zu Google Analytics ausführlich eingegangen wird. Diese Software hilft Ihnen, genau zu verstehen, welche Aktivitäten auf Ihrer eigenen Website stattfinden und wie sich Ihre Besucher zusammensetzen.

Vor allem aber erfahren Sie durch Google Analytics, wie die Besucher überhaupt auf Ihre Website gelangt sind und wie sie sich dort verhalten haben. Hier gilt es, nach Parallelen zu Ihrer Content-Strategie zu suchen. Haben Nutzer, die sich auf Ihrer Website Inhalte ansehen, die Keywords genutzt, die sich auch bei Ihnen in der Excel-Liste finden? Ist dabei ein Anstieg zu bemerken? Wenn ja, dann haben Sie Ihre Sache gut gemacht. Google hat Ihre Website in Bezug auf die jeweiligen Keywords als relevant eingestuft

4.5 Content-Marketing als Strategie für die Website

und rankt diese nun besser. In der Folge gelangen mehr Besucher zu Ihnen und sind, wenn Sie die richtigen Keywords gewählt haben, auch an Ihren Leistungen interessiert.

In dieser Phase geht es darum, die Ergebnisse zu überprüfen und bei Bedarf die Excel-Liste anzupassen oder auch die Content-Strategie. Vielleicht bemerken Sie, dass das eine oder andere Keyword doch nicht so passend war oder Sie in einem Fachbeitrag noch einen anderen Aspekt beleuchten können, der wiederum Bezug auf ein bestimmtes Keyword nimmt. Hier geht es also darum, immer wieder zu prüfen und zu optimieren, bis die Ergebnisse stimmen. Oft kommt es natürlich auch vor, dass die Liste noch um Keywords ergänzt wird. Ein hilfreiches Tool dabei sind die Webmaster Tools von Google.

Webmaster Tools – Search Console

Die Search Console ist ein wichtiges Tool für Ihre SEO-Tätigkeit. Es ist ein kostenloser Dienst von Google, mit dem Sie die Präsenz Ihrer Website in den Google-Suchergebnissen überwachen und verwalten können.

Abb. 69: Ein wichtiges Tool für Ihr SEO: Google Webmasters – Google Search Console
Quelle: Google und das Google-Logo sind eingetragene Marken von Google Inc., Verwendung mit Genehmigung

Die Webmaster Tools von Google mit einer Website zu verknüpfen, ist für Laien nicht ganz einfach, doch es lohnt sich. Mit den Webmaster Tools gelingt es Ihnen, noch ein paar mehr Daten aus Ihrem Traffic in den Suchergebnissen zu lesen. Besonders praktisch dabei ist es, zu erfahren, nach welchen Keywords Ihre Besucher gesucht haben, um auf Ihre Website zu gelangen. Dabei werden mitunter Suchbegriffe zu finden sein, die sich nicht in Ihrer Liste befinden und auch vom Keyword-Planer nicht vorgeschlagen wurden, vielleicht auch, weil die Anzahl monatlicher Suchanfragen nur sehr gering ist.

Die Keywords aus den Webmaster Tools können besonders interessant sein. Denn sie stellen Suchbegriffe dar, nach denen tatsächlich bereits jemand gesucht hat und so auf Ihre Website gekommen ist.

Sie sehen generell alle Suchanfragen, zu denen Ihre Website in den Suchergebnissen dargestellt wurde. So sehen Sie auch potenziell interessante Suchanfragen, zu denen Ihre Website zwar bereits ausgespielt wurde, aber zu denen Sie eventuell bisher noch keine Klicks erhalten haben. Sie erhalten also viele neue Suchbegriffe und sehen gleichzeitig das Volumen an Suchanfragen.

Es werden bestimmt Suchphrasen in dieser Liste erscheinen, an die Sie bisher noch nicht gedacht hatten. Hier können Sie wieder bei Phase 1 anschließen, die Daten zu den Keywords nochmals abrufen und sie bei Eignung in die Liste aufnehmen. Die Suchmaschinenoptimierung ist ein stetiger Prozess, der nie wirklich endet. Sie werden aber sehen, dass es sich lohnt, immer wieder ein bisschen Zeit für dieses Thema aufzuwenden, da guter Content zu den richtigen Keywords Ihnen laufend Kundschaft bescheren kann.

4.5.4 Der Nutzer soll wissen, wer der Urheber ist

Achten Sie bei der Veröffentlichung von Inhalten stets darauf, dass klar ist, dass Sie den jeweiligen Content erstellt und zur Verfügung gestellt haben. Wenn Sie Texte oder Videos auf Ihrer eigenen Website veröffentlichen, auf der Facebook-Seite oder Google-Plus-Seite Ihres Unternehmens teilen, ist die Verbindung vergleichsweise einfach herzustellen. Doch auch bei der Veröffentlichung in Blogs und Onlinefachmagazinen ist es wesentlich, es dem Nutzer einfach zu machen, den Autor festzustellen und sich Ihren Namen zu merken. Ansonsten ist Content-Marketing weniger sinnvoll. Vor allem sollte ein leicht zu findender Link vorhanden sein, der zu Ihrer Website führt, wo es im Idealfall weiterführende Informationen gibt. Neben dem eigenen Nutzen stehen hier auch die rechtlichen Rahmenbedingungen im Fokus. Wer Inhalte im Internet verbreitet, sollte sich über die rechtliche Situation im Klaren sein. Weitere Informationen dazu erhalten Sie im Kapitel 6 Rechtliche Rahmenbedingungen.

4.5.5 Wie guter Content aussieht

Speziell beim Thema Content-Marketing kann es rasch passieren, dass Quantität der Qualität vorgezogen wird, in der Annahme, dass eine größere Anzahl an Inhalten auch größere Verbreitung findet. Doch das trifft nicht unbedingt zu. Versetzen Sie sich immer in die Lage Ihres Kunden und in die jeweilige Situation, in der er sich befindet. Er will sich schnell und konkret informieren und steht unter Umständen sogar unter Druck, in kurzer Zeit eine Entscheidung treffen zu müssen. Machen Sie es ihm daher leicht und verwenden Sie kurze Texte mit einer einfachen Sprache, anstatt schwer verständliches Juristen-Deutsch zu verwenden, mit dem Sie maximal Ihre Mitbewerber beeindrucken werden können.

Der Konsument Ihres Contents will das Gefühl haben, etwas durch die darin enthaltenen Informationen gelernt zu haben, aber er will sich nicht überfordert fühlen und schlussendlich hat er nicht vor, sich selbst den Wissensstand eines Sachverständigen anzueignen. Er möchte lediglich eine Informationsgrundlage erhalten, anhand derer er entscheiden kann, welche Leistungen er in Anspruch nehmen möchte, welches die nächsten Schritte sind und an wen er sich vertrauensvoll wenden kann. Hierin liegt auch eine weitere, entscheidende Funktion von Content-Marketing begründet: Es schafft Vertrauen.

4.5.6 Content-Marketing schafft Vertrauen

Speziell dann, wenn Sie es schaffen, regelmäßig Content zu veröffentlichen und auch zu aktuellen Themen immer wieder Bezug zu nehmen, stellt sich bei den Menschen, die Ihre Inhalte regelmäßig konsumieren, mehr und mehr ein Gefühl ein, dass Sie Ihr Handwerk verstehen und Ihre Expertise begründet ist. Content-Marketing verschafft Ihnen daher einen wichtigen Vertrauensvorschuss, mit dem neue Kunden bereits zu Ihnen kommen. Sie müssen im ersten Beratungsgespräch daher nicht mehr komplett bei null beginnen und diese Vertrauensbasis zu Ihren Kunden schaffen, sondern diese ist bereits vorhanden, wenn sie Ihr Büro betreten. Auf diese Weise sparen Sie Zeit und können effizienter arbeiten. Denn die Menschen, die persönlich mit Ihnen in Kontakt treten, kommen nicht nur zu Ihnen, um sich etwa eine Erstinformation zu holen oder gar zu prüfen, ob Sie überhaupt der Richtige für ihr Anliegen sind. Sondern sie kommen bereits mit einer sehr konkreten Absicht zu Ihnen und möchten Ihnen einen Auftrag erteilen, da die Überzeugungsarbeit im Vorfeld bereits durch das Content-Marketing geleistet wurde. Ihr Content arbeitet somit für Sie. Und zwar ohne Pause und rund um die Uhr immer genau dann, wenn ein potenzieller Kunde darauf aufmerksam wird und sich einliest.

4.5.7 Aufbereitung der Inhalte

Wenn Sie Content-Marketing nutzen möchten (… und das sollten Sie), denken Sie daran, dass Content nicht nur aus Text besteht. Unter Content sind alle Inhalte zu verstehen, mit denen sich Informationen vermitteln lassen. Dazu zählen ebenso auch Bilder, Bewegtbilder, Grafiken und Videos, die Sie in Ihre Content-Strategie einbinden können. Diese können natürlich in Kombination mit Texten zum Einsatz kommen, also etwa in Form von Bildern oder Videos, die Fachartikel und Blogeinträge auflockern und aufwerten, aber auch in Form von eigenständigen Präsentationen, die online zur Verfügung gestellt werden und mit denen komplexe Sachverhalte einfach aufgeschlüsselt werden.

Darüber hinaus bieten gut gemachte Grafiken, Videos und auch Bilder den Vorteil, dass sie etwa in sozialen Netzwerken gerne geteilt werden und somit Verbreitung finden. Vor allem aber wenn es Ihnen gelingt, eine Statistik, eine interessante Datenlage zu etwa Versicherungsleistungen und Schadensfällen oder auch eine andere relevante Information aus Ihrer Praxis attraktiv aufzubereiten, werden diese unter Betroffenen oftmals weiter verschickt werden, um Kollegen oder Bekannten damit Hilfestellung zu geben. Mit jeder Weiterleitung wird Ihr Name einer weiteren Person und damit einem potenziellen Kunden bekannt.

4.6 Suchmaschinenoptimierung

Gehen wir davon aus, Sie haben bereits den ersten Content auf Ihrer eigenen Website veröffentlicht oder Sie stehen auch kurz davor, genau das zu tun. Vielleicht ist es ein Artikel, in dem Sie aus einem aktuellen Praxisfall berichten und darin darauf eingehen, worauf andere Betroffene in der gleichen Situation besonders achten sollten. Vielleicht möchten Sie in dem Text aber auch kurz und knapp die Folgen einer Gesetzesnovelle für Hausherren erklären, die bei ihrem Haus einen Bauschaden erlitten haben und nun einen Ausweg suchen.

Welchen Artikel Sie auch schreiben, Sie sollten dabei immer im Hinterkopf behalten, dass nicht nur potenzielle Kunden früher oder später auf diesen Text stoßen werden, sondern auch der Google Crawler den neuen Inhalt Ihrer Seite prüfen wird. Hinsichtlich der Suchmaschinenoptimierung sind dabei einige Kriterien zu beachten, die auch als OnSite-Faktoren bezeichnet werden. Denn Google prüft nicht nur, welcher Content sich auf einer Website befindet, sondern ebenso auch, wie dieser aufbereitet ist. Diese OnSite-Kriterien sind mit entscheidend dafür, wo die jeweilige Subseite in den Suchergebnissen bei Google landet. Ist die Seite schlecht aufbereitet und daher wenig attraktiv, können die im Text enthaltenen Informationen noch so gut und stichhaltig sein; kaum jemand wird sich die Mühe machen, ihn zu lesen. Das merkt auch Google anhand der Besucherzahlen auf dem Inhalt und der Verweildauer und wird die Seite unter anderem auch diesen Kriterien entsprechend ranken.

Abb. 70: Relevante Faktoren für die Suchmaschinenoptimierung (SEO)
Quelle: © Kim Weinand

4.6.1 Überschriften

Ein wichtiger Faktor ist bei der Aufbereitung von Content die Verwendung von Überschriften. Dabei ist es mit Sicherheit schon einmal von Vorteil, wenn Sie Texte überhaupt mit Überschriften untergliedern. Doch noch besser für die Sichtbarkeit in Suchmaschinen ist es, wenn Sie dies nach einem bestimmten Schema tun. Dabei lassen sich Überschriften und Zwischenüberschriften nämlich nach Wertigkeit zuordnen. Die Zuordnung ist für den Leser nur durch eine stärkere bzw. schwächere Hervorhebung wie etwa größere Schriftzeichen oder Fettmarkierung erkennbar, für die Suchmaschine allerdings ist im HTML-Code der Seite auch zu sehen, dass es sich um sogenannte H1- bis H6-Überschriften handelt.

Die Hauptüberschrift sollte dabei immer als H1 definiert sein. Es ist auch die Überschrift, die herangezogen wird, um das Suchergebnis zu Ihrer Website darzustellen, sofern Sie dieses nicht selbst durch Meta-Daten definieren. Als H1-Überschrift sollte wirklich nur diese definiert werden. Pro Text also nur eine H1-Überschrift. Als Nächstes folgt die H2-Überschrift, H3, H4 usw. in der Rangordnung. Sie müssen die Überschriften ab H2 jedoch nicht der Reihe nach verwenden, sondern auf eine H4-Überschrift kann z. B. wieder eine H3-Überschrift folgen. Je nachdem, welche von beiden mehr oder weniger wichtig ist.

Viele CMS-Systeme, allen voran WordPress, verfügen heute übrigens bereits über einfach zu bedienende Elemente, um die Überschriften sehr schnell, einfach und ohne Programmierkenntnisse zu definieren. Dabei markieren Sie einfach die Überschrift im Backend Ihrer Website im Textbereich und wählen im Menü den gewünschten Überschrifttyp aus, als der die Überschrift definiert werden soll, also z. B. H1, H2 oder H3.

4.6.2 Die Meta-Daten

Auch ob Meta-Daten auf jeder Seite Ihrer Website eingepflegt sind, ist für Google ein relevanter Faktor, der Ihr Ranking in den Ergebnissen um ein paar Plätze verbessern kann. Denken Sie daran, einen Meta Title zu definieren und eine Meta Description. Diese Informationen machen sich vor allem auch auf lange Sicht sehr bezahlt. Denn wenn Sie den Meta Title und die Meta Description ansprechend und mit einem Call to Action versehen beschreiben, kann dies die Klickrate auf das Suchergebnis erheblich steigern. Das führt in der Folge dazu, dass Google annimmt, dass es sich um einen relevanten Content handelt, und das Ranking sukzessive in die Höhe schraubt.

Für WordPress existieren dazu passende Plug-ins, mit denen Sie es sehr leicht schaffen, einen Meta Title und eine Meta Description zu erstellen. Einige dieser Plug-ins zeigen Ihnen sogar an, ob Ihre Meta-Daten noch zu kurz oder zu lang sind, oder geben Ihnen die Möglichkeit, ein Fokus-Keyword festzulegen, das hervorgehoben wird.

4.6.3 Interne Verlinkungen

Um Ihre Website sichtbarer zu machen, ist es nicht nur wesentlich, dass Links von anderen Websites dahin zeigen, sondern auch, dass die interne Verlinkung Ihrer Website in Ordnung ist. Achten Sie darauf, dass Ihre Inhalte auch untereinander gut verlinkt sind. Das sollte nicht nur über die Menüstruktur Ihrer Website geschehen, sondern auch über Wortlinks, die Sie in Texten einpflegen, in denen die jeweiligen Worte erwähnt werden.

Verwenden Sie beispielsweise in einem eher allgemein gehaltenen Artikel das Wort „Kfz-Schadensgutachten", dann könnten Sie dieses Wort mit einem anderen Artikel auf Ihrer Website verlinken, in dem Sie konkret auf das Thema Kfz-Schadensgutachten eingehen. Diese Wortverlinkung ist sehr wichtig, da sie Google anzeigt, dass der Inhalt zum Keyword „Kfz-Schadensgutachten" Relevanz besitzt. Übertreiben Sie allerdings auch nicht mit Wortverlinkungen in den Texten. Die Lesbarkeit und Übersichtlichkeit soll nach wie vor im Vordergrund stehen.

Suchmaschinenoptimierung: ein kontinuierlicher Prozess

Im Gegensatz zum Suchmaschinenmarketing, wo etwa mit Google AdWords manchmal darauf abgezielt wird, kurzfristige Ziele zu erreichen, steht bei der Suchmaschinenoptimierung der langfristige Effekt im Vordergrund. Suchmaschinenoptimierung ist daher als langfristiges und kontinuierliches Engagement zu sehen. Wird eine Website nur einmalig optimiert, so hat dies meist nur einen kurzfristigen Effekt. Die Suchmaschinenoptimierung allerdings soll langfristig Erfolge bringen. Ein Grund, weshalb Suchmaschinenoptimierung kontinuierlicher Verbesserungen bedarf, besteht bereits darin, dass der Suchalgorithmus und die Suchergebnislisten sich stetig weiterentwickeln und ebenfalls verändert und verbessert werden. Hier gilt es, immer ein Auge auf die neuesten Entwicklungen zu haben und entsprechend zu reagieren, wenn die Möglichkeit dazu besteht.

4.6 Suchmaschinenoptimierung

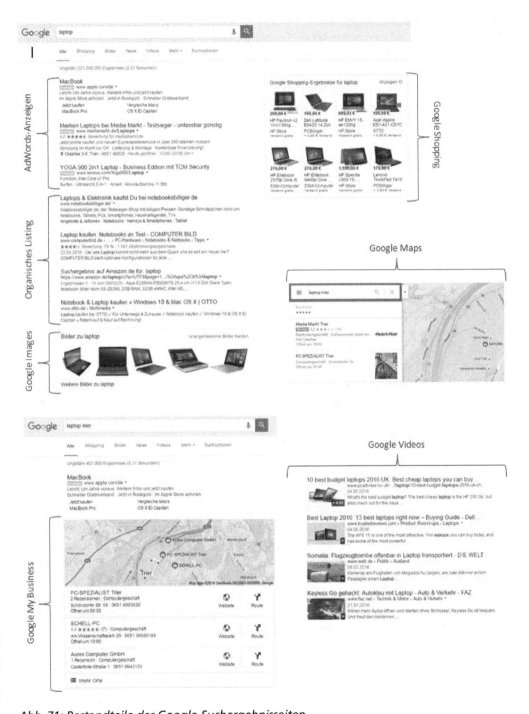

Abb. 71: Bestandteile der Google-Suchergebnisseiten
Quelle: Google und das Google-Logo sind eingetragene Marken von Google Inc., Verwendung mit Genehmigung

So setzten sich die Suchergebnislisten früher beispielsweise vor allem aus bezahlten AdWords-Anzeigen und den organischen Suchergebnissen zusammen. Heute hingegen existieren auch Suchmethoden wie Google News, Google Images, Google Maps, YouTube oder das Google Merchant Center. Jeder dieser Bereiche bietet für Websitebetreiber eigene Möglichkeiten, das eigene Angebot zu platzieren und besser sichtbar zu machen und damit die gewünschte Zielgruppe zu erreichen.

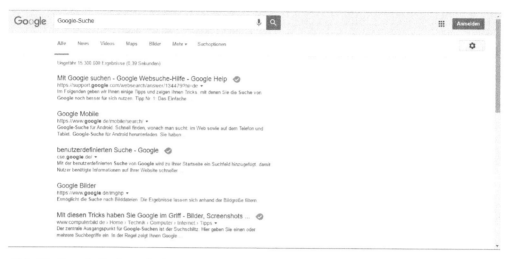

Abb. 72: Google-Suchergebnis
Quelle: Google und das Google-Logo sind eingetragene Marken von Google Inc., Verwendung mit Genehmigung

Dazu kommt noch die sogenannte Mobile Search, also die Suche über mobile Endgeräte, die wiederum andere Herausforderungen hinsichtlich der Suchmaschinenoptimierung mit sich bringt. Bei der Suchmaschinenoptimierung geht es also nicht darum, schnell kurzfristige Erfolge zu erreichen, sondern sich nach und nach vorzuarbeiten und Stück für Stück kleine Erfolge zu erzielen, die dann langfristig den großen Erfolg mit sich bringen. Erwarten Sie nicht, dass Maßnahmen über Nacht wirken. Viele Ergebnisse sind erst nach Monaten sichtbar. Das mag lang erscheinen, allerdings genießen Sie hierbei auch den Vorteil, dass Sie ebenso langfristig von diesen Maßnahmen profitieren können. Haben Sie eine gewisse Präsenz Ihrer Website in den Suchergebnissen bei der Abfrage zu einem bestimmten Keyword erreicht, kann Ihnen diese Situation unter Umständen viele Jahre lang immer wieder Aufträge bescheren, wobei Sie zwar weiter optimieren, aber nicht immer wieder erneut große Investitionen in Kampagnen oder SEO-Maßnahmen stecken müssen.

4.7 Websiteanalyse

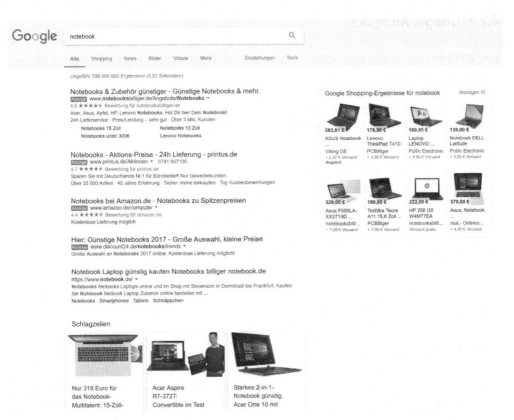

Abb. 73: Google-Suchergebnis zur Suchanfrage „Notebook". Im direkt sichtbaren Bereich werden Werbeanzeigen, Shopping-Anzeigen, News und ein organisches Suchergebnis dargestellt
Quelle: Google und das Google-Logo sind eingetragene Marken von Google Inc., Verwendung mit Genehmigung

4.7 Websiteanalyse

Wenn Sie Ihre Website wirklich als effektiven Dreh- und Angelpunkt für Ihr Online-Marketing nutzen möchten, dann kommen Sie an ausführlicher Analyse kaum vorbei. Schließlich müssen Sie immer wissen, ob Ihre jeweiligen Webekampagnen und Aktivitäten gefruchtet haben und tatsächlich Besucher auf Ihre Website gebracht haben. Und natürlich wollen Sie auch wissen, welche Inhalte Ihrer Website besonders häufig geklickt werden und welche gar nicht oder weniger. Darüber hinaus hilft Ihnen die Seitenanalyse sehr gut dabei, Schwächen auszumachen wie beispielsweise Hinderungsgründe, die Ihre potenziellen Kunden bisher davon abgehalten haben, mit Ihnen in Kontakt zu treten. Finden Sie beispielsweise heraus, dass sich Ihre Besucher besonders lange beim Kontaktformular aufhalten, aber Sie über dieses kaum oder keine Anfragen bekommen, sollten Sie dieses einmal genauer prüfen und nachsehen, ob es einwandfrei funktioniert oder ob hier vielleicht noch ein Call to Action fehlt, um die Nutzer zu animieren, das Formular auch tatsächlich zu nutzen.

4.7.1 Google Analytics

Wie kommen Sie zu all diesen interessanten und für den Onlineerfolg so relevanten Daten? Es gibt viele kostenfreie und auch kostenpflichtige Softwares, die imstande sind, Ihnen diese und noch andere Informationen aus Ihrer Website auszulesen. An dieser Stelle sei Ihnen allerdings vor allem das kostenlose Tool Google Analytics ans Herz gelegt. Diese Software können Sie vergleichsweise einfach mit Ihrer Website verbinden, damit sie daraus Daten herauslesen kann und den täglichen Traffic stets überwacht.

Google Analytics ist außerdem sehr einfach zu bedienen und macht es Ihnen leicht, die wichtigsten Daten auf einen Blick zur Verfügung zu haben. Wenn Sie das Programm zum ersten Mal nutzen, werden noch keine Daten vorhanden sein, da Analytics nur ab dem Zeitpunkt Informationen sammelt, ab dem Sie es mit Ihrer Website verknüpft haben. Haben Sie also ein paar Tage Geduld, um zu sehen, wer sich auf Ihrer Website herumtreibt. Wenn Sie zum ersten Mal mit Google Analytics arbeiten, seien Sie ruhig neugierig und klicken Sie sich ein wenig durch das Menü, um die verschiedenen Datenbereiche einzusehen. Um allerdings langfristig erfolgreich damit zu arbeiten, ist es wichtig, klare Ziele für die eigene Website zu definieren.

4.7.2 Websiteziele

Solche Ziele können beispielsweise darin bestehen, die Besuchszeit auf der Website zu erhöhen oder die Anfragen über das Kontaktformular zu steigern. Vielleicht bieten Sie auch ein bestimmtes Dokument als PDF-Download an, das Sie gerne in Umlauf bringen möchten. Dank Google Analytics wissen Sie genau, wie viele Personen den jeweiligen Download-Link klicken, wie sie diesen gefunden haben und was sie danach machen. Sie erfahren, wie lange sich die Besucher auf Ihrer Website aufhalten und auch wie oft auf Ihr Kontaktformular geklickt, dieses aber womöglich dann doch nicht genutzt wird.

Wenn Sie sich klare Websiteziele festlegen, ist es einfach, diese Punkte immer wieder in regelmäßigen Abständen zu überprüfen und zu eruieren, ob sich Veränderungen auf der Website oder Kampagnen positiv oder negativ darauf ausgewirkt haben. Je nachdem können Sie entscheiden, ob weitere Veränderungen notwendig sind, das Ergebnis so passt, wie es ist, oder Sie lieber wieder einen Schritt zurück machen, falls eine Verschlechterung eingetreten ist.

Analytics zeigt Ihnen in ansprechend dargestellten Grafiken an, wie viele Besucher sich wann auf Ihrer Website befunden haben. Diese Übersicht ist vor allem in der Langzeitperspektive oftmals sinnvoll. Denn so können Sie beispielsweise erkennen, in welchen Monaten Ihre Website besonders oft angeklickt wird, was beispielsweise vor allem mit der Bausaison im Hausbau in Verbindung stehen kann bzw. dem Zeitpunkt, wann Bauschäden augenscheinlich werden. So können Sie sich besser darauf einstellen, in dieser Phase mehr Anfragen zu erhalten, oder aber z. B. sogar noch eine AdWords-Kampagne zu schalten, um noch eine größere Anzahl an potenziellen Kunden zu erreichen.

Die Übersicht der täglichen Besuchszahlen auf Ihrer Website ist allerdings auch interessant, wenn Sie gerade eine neue Kampagne gestartet haben. Anhand der Besuchszahlen nach Kampagnenstart sehen Sie sehr genau, ob diese erfolgreich war, und auch, wie lange sie wirkt und weiterhin Besucher auf Ihre Seite bringt.

4.7.3 Besucherquellen stärken

Eine wichtige Information für Sie als Websitebetreiber besteht auch darin, die Quellen, von denen Ihre Besucher zu Ihnen kommen, genau zu kennen. Google Analytics macht es möglich. Da Sie wissen, von welchen Websites Ihre Besucher hauptsächlich zu Ihnen kommen, können Sie entsprechend analysieren und reagieren. Besonders wichtig ist es, die Quellen auszumachen, über die wirklich Besucher zu Ihnen gelangen, die dann zu Kunden werden und Ihnen tatsächlich Aufträge und Umsätze bescheren. Wenn Sie beispielsweise wissen, dass Besucher, die über eine Werbeanzeige auf einer Automagazin-Website zu Ihnen gekommen sind, besonders oft auch Anfragen schicken und Aufträge für Kfz-Gutachten an Sie erteilen, dann ist es vielleicht sinnvoll, auf genau dieser Seite auch einmal einen Fachbeitrag zu veröffentlichen oder mehr Werbung zu buchen. Vielleicht finden sich auch noch ähnliche Websites wie diese, auf denen Sie werben können.

Umgekehrt sollten Sie genauso auch Werbekampagnen und Kanäle abstellen bzw. zumindest nicht mehr darin investieren, über die entweder gar keine Besucher auf Ihre Website gelangen oder die dann keine Aufträge vergeben, sondern nach sehr kurzer Zeit schon wieder die Seite verlassen. In diesem Fall ist davon auszugehen, dass diese Besucher etwas anderes erwartet haben, als sie auf Ihrer Seite vorgefunden haben. Hier gilt es, zu prüfen, ob es sich um Besucher handelt, die wirklich keinen Bedarf an Ihren Leistungen haben, oder ob vielleicht auch die jeweilige Landing Page, auf der diese gelandet sind, schlecht aufbereitet ist und daher optimiert werden sollte. Vielleicht ist der Text zu kompliziert geschrieben oder stimmt thematisch auch gar nicht mit der Verlinkung von der Fremdseite bzw. mit der Werbeanzeige überein.

4.7.4 Prüfung und Optimierung

Bei der Websiteanalyse gilt es, ganz nach dem Prinzip von Prüfung und Optimierung vorzugehen. Nachdem Sie die Grundstruktur Ihrer Website einmal aufgestellt haben, Ihren ersten Content veröffentlicht und die ersten Kampagnen gestartet haben, können Sie sich erst einmal ein paar Tage anderen Dingen widmen. Doch nach spätestens einer Woche sollten Sie bereits die Ergebnisse Ihrer Kampagne bzw. Aktion in Google Analytics sehen können, wenn Sie diese nicht schon vorher in Form von Kundenanfragen oder Aufträgen wahrgenommen haben. Nun haben Sie die Möglichkeit, genau zu prüfen, wie sich die Besucherkurve in Analytics verändert hat und wie viele Besucher durch die Aktion auf Ihre Website gelangt sind. Haben Sie einen neuen Artikel online gestellt, können Sie genau sehen, wie viele Besucher diesen als erste Zielseite betreten haben. Ist dies der Fall, bedeutet das, dass der Artikel relevant für Leser ist und diese höchstwahrscheinlich über Google oder auch über Social-Media-Kanäle, wo Sie den Content geteilt haben, auf diesen aufmerksam geworden sind.

Sie können sogar feststellen, aus welcher Region Ihre Besucher stammen. Kommen Ihre Besucher aus ganz Deutschland, sind Sie aber eigentlich nur in der Region Bochum tätig, sollten Sie vielleicht die Regionseinstellungen Ihrer AdWords-Kampagne überprüfen oder in Ihrem Content auf der Website regionale Abstimmungen vornehmen.

4.7.5 Demografische Daten nutzen

Als besonders wertvoll kann sich auch die Auswertung der demografischen Informationen in Google Analytics herausstellen. Hier erfahren Sie nämlich, welche Altersgruppen besonders stark auf Ihrer Website vertreten sind und ob vor allem Frauen oder Männer Ihre Seite besuchen oder die Geschlechter sich die Waage halten. Mit dieser Information können Sie z. B. den Sprachstil Ihres Contents entsprechend Ihren Zielsetzungen ausrichten, um die gewünschten Gruppen noch besser anzusprechen, oder auch mit bestimmten Angeboten für die jeweiligen demografischen Gruppen aufwarten.

4.7.6 Steuerung und Optimierung

Mit den aufschlussreichen Daten aus Google Analytics gelingt es Ihnen, die Folgen Ihrer Aktionen genau zu überprüfen. In der Marktforschung gilt, dass jede Kampagne auch auf Ihre Ergebnisse und Folgen hin genau überprüft werden sollte, um sie danach zu optimieren, zu verwerfen oder nochmals auszurollen. Genauso können auch Sie es tun. Erstellen Sie Content und starten Sie Ihre Werbekampagnen, warten Sie einige Zeit, prüfen Sie dann die Reaktionen und optimieren Sie danach die Punkte, die Ihnen als verbesserungswürdig erscheinen, oder setzen Sie verstärkt auf die Kanäle, die bereits sehr gut funktioniert haben und Ihnen Umsätze gebracht haben.

4.8 Aktuelle Herausforderungen

Das Web unterliegt starken Veränderungen. Seit Kurzem ist der Anteil des mobilen Traffics höher als der Anteil des stationären Traffics. Das bedeutet, dass wir heute nicht mehr vom „Internet" und dem „neuen mobilen Internet" sprechen, sondern wir müssten genau genommen vom „Internet" und dem „alten, stationären Internet" sprechen. Die Tage, als das mobile Internet hinsichtlich der Optimierung im Online-Marketing noch „nebenher" behandelt oder gar ignoriert werden konnte, sind damit längst gezählt. Mittlerweile geht es sogar schon so weit, dass Google Seiten ohne mobile Optimierung „bestraft" und diese damit in den Suchergebnissen ein schlechteres Ranking erreichen.

4.8 Aktuelle Herausforderungen

Die große aktuelle Herausforderung besteht damit heute klar darin, die eigenen Online-Marketingaktivitäten auf das zunehmende mobile Nutzerverhalten abzustimmen und die Kundschaft dort abzuholen, wo sie ist. Folgende Punkte sollten dabei beachtet werden:

a) Optimierung der Website für mobile Nutzung

b) Ausspielung von AdWords-Kampagnen für mobile Geräte

c) Standortoptimierung

d) einfache Darstellung von Kontaktdaten und Anfahrtsplänen

e) für die Sprachsuche optimieren

a) Optimierung der Website für mobile Nutzung

Die Optimierung der Website für die mobile Nutzung ist mit Sicherheit einer der wichtigsten Faktoren, um in Zukunft im Online-Marketing erfolgreich zu sein. Viele CMS-Programme wie WordPress sind bereits auf die mobile Nutzung optimiert, sodass hier kein großer nachträglicher Abstimmungsbedarf mehr besteht. Achten Sie auf die Bezeichnung „Responsive Design". Dies bedeutet, dass sich die Website entsprechend anpasst, je nachdem, ob ein Nutzer über einen stationären Computer oder auch ein Smartphone darauf einsteigt. Ist dies der Fall, wird eine abgespeckte Version der Website geladen, auf der die Menüfelder für die Bedienung auf dem Touchscreen optimiert sind, weniger oder kleinere Bilder angezeigt werden und die Kontaktdaten im Vordergrund stehen, um sie mit einem Klick zu aktivieren und mit Ihnen in Kontakt zu treten.

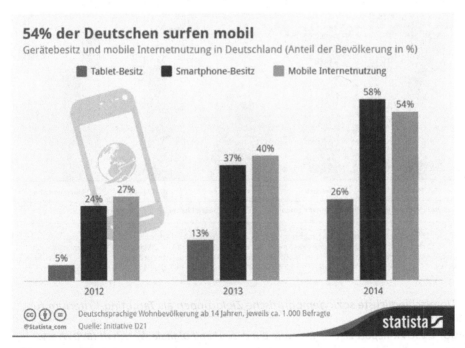

Abb. 74: Mobile Internetnutzung
Quelle: https://de.statista.com/statistik/daten/studie/197383/umfrage/mobile-internetnutzung-ueber-handy-in-deutschland/

4 Praxisleitfaden: Websiteerstellung für Sachverständige

b) Ausspielung von AdWords-Kampagnen für mobile Geräte

Wenn Sie mit AdWords-Kampagnen auch Menschen ansprechen möchten, die im Internet hauptsächlich über ihr Smartphone oder auch andere mobile Geräte unterwegs sind, dann ist es wichtig, dafür auch die richtigen Einstellungen zu treffen. In Ihrem AdWords-Konto finden Sie bei der Erstellung von neuen Kampagnen auch die Option, mobile Geräte zu berücksichtigen. In diesem Fall werden Ihre Anzeigen auch mobil ausgespielt bzw. es werden eigene Anzeigenformate dafür genutzt. Im Fall von Google AdWords werden die Anzeigen dann auch über das mobile Werbenetzwerk AdMob verbreitet. Damit sehen nicht nur Personen Ihre Anzeigen, die mobil auf verschiedenen Websites im Internet surfen, sondern die Anzeige taucht auch in Apps auf, die sich die Nutzer einmal installiert haben und die sich durch Werbeeinnahmen finanzieren.

Wie bei den Werbekampagnen für stationäre Geräte haben Sie auch bei der Gestaltung von Werbemaßnahmen für mobile Endgeräte die Möglichkeit, Ihre Zielgruppe wie gewohnt einzuschränken und damit gezielt anzusprechen. Also werden auch diese mobilen Anzeigen nur im Kontext Ihres Themengebietes dargestellt. Je nachdem, ob Sie eine Einschränkung nach Keywords, nach bestimmten Websites oder Apps oder auch Interessen und Themengebieten definiert haben.

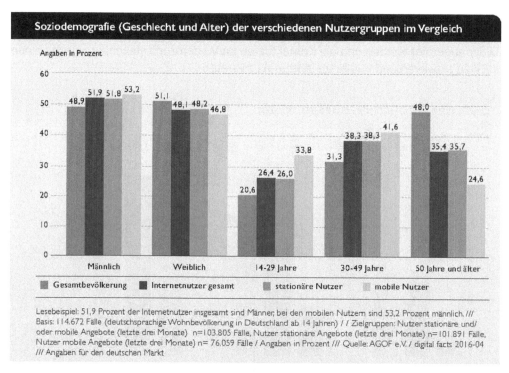

Abb. 75: Unterschiedlichste soziodemografische Zielgruppen als Targeting-Kriterium für die mobile Ansprache
Quelle: AGOF e.V./OVK-Report 2/2016 hrsg. vom Bundesverband Digitale Wirtschaft (BVDW) e.V.

Die mobile Werbeausspielung kann vor allem in Apps sinnvoll sein, die mit Ihrem Fachgebiet in Verbindung stehen. Als Kfz-Sachverständiger kann es sich etwa lohnen, in der App einer Versicherung für die Kalkulation von Autoversicherungsprämien zu werben. Als Bausachverständiger kann es sinnvoll sein, in einer Planungs-App für den Hausbau zu werben. Hier ist es sinnvoll, ein bisschen zu recherchieren, welche Apps zu Ihrem Themengebiet vorhanden sind, in denen Sie werben können. In der Display-Kampagnenerstellung von Google AdWords finden Sie ein entsprechendes Tool dafür, mit dem sich die Suche nach geeigneten Apps und Websites sehr einfach gestaltet. Schon nach der Eingabe relevanter Begriffe werden Ihnen entsprechende Seiten und Apps aus dem Werbenetzwerk von Google aufgelistet. Oft sind es sogar nur ein oder 2 Plattformen, die sich als perfekt geeignet für einen Werbetreibenden herausstellen, um dort langfristig zu werben und Umsätze zu erzielen. Sie müssen nicht gleich an Hunderten Stellen werben. Doch auch hier gilt „prüfen und optimieren", bis Sie nach und nach zu Ihrem idealen Ergebnis gelangen.

c) Standortoptimierung

Bei der Standortoptimierung hinsichtlich der mobilen Nutzer gilt es, 2 Dinge zu beachten. Einerseits sollten Sie Ihre Werbekampagnen mit Google AdWords und in anderen Werbeprogrammen (etwa von Facebook) so eingrenzen, dass nur die Region bespielt wird, aus der Sie tatsächlich Kunden erhalten möchten. Es ist wenig sinnvoll, für Werbeanzeigen und hohe Klickraten im Raum Trier zu bezahlen, wenn Sie eigentlich in Dresden zu Hause sind und auch nur Aufträge im Raum Dresden annehmen möchten.

Darüber hinaus – und das ist noch viel wichtiger – ist es wesentlich, es Nutzern, die gerade einen Bedarf an einem lokalen Anbieter für Ihr Leistungsangebot haben und mobil nach diesem suchen, möglichst einfach zu machen, Sie auch als Anbieter in ihrer Umgebung zu finden. Die Adresse im Impressum ist dabei das Mindeste. Denken Sie auch daran, sich bei Google My Business (*www.google.de/business*) zu registrieren. Damit wird Ihr Firmenstandort beispielsweise in Google Maps angezeigt und auch bei entsprechenden Suchabfragen mit Regionalbegriffen wie etwa „Sachverständiger Hannover" stellt Google Ihr Unternehmen entsprechend prominent dar. Darüber hinaus lassen sich auch hier Öffnungszeiten und Kontaktdaten eintragen und von Nutzern sehr einfach abfragen.

d) Einfache Darstellung von Kontaktdaten und Anfahrtsplänen

Sucht ein Nutzer über ein mobiles Endgerät nach Sachverständigen-Dienstleistungen, so befindet er sich zumeist in einer deutlich anderen Situation, als wenn er auf einem stationären Gerät sucht. Oft drängt hier die Zeit, um eine Lösung für das jeweilige Problem zu finden – das Handy ist da schneller zur Hand als der nächste Desktop-Computer. Die Wahrscheinlichkeit, dass der Nutzer direkt mit Ihnen in Kontakt treten möchte, ist hoch. Daher sollten Sie es ihm auch so leicht wie möglich machen, genau das zu tun. Idealerweise finden sich Ihre E-Mail-Adresse und Ihre Telefonnummer auf jeder Seite Ihrer mobilen Website an prominenter Stelle und auch unter einem Menüpunkt „Kontakt". Mit einem Klick auf die E-Mail-Adresse oder Ihre Telefonnummer können Ihnen Ihre potenziellen Kunden sofort schreiben oder Sie anrufen und eine Erstauskunft einholen. Besonders einfach gelingt es, mit Ihnen in Kontakt zu treten, wenn Sie auch ein Kontaktformular anbieten. Zwar verfügen so gut wie alle Smartphones über ein integriertes Mailprogramm, doch nicht jeder nutzt dieses auch. Mit einem einfach gehaltenen Kontaktformular gehen Sie auf Nummer sicher.

Die Darstellung eines Anfahrtsplanes ist ein weiterer Service, mit dem es Kunden auch leichter fällt, Ihre physische Adresse aufzusuchen. Hier findet sich auch die Verknüpfung zu Google Business auf Ihrer Website wieder. Denn am einfachsten lässt sich ein Anfahrtsplan auf Ihrer Website über Google Maps realisieren.

e) Für die Sprachsuche optimieren

Eine der wohl größten Herausforderungen und gleichzeitig auch Chancen für Websitebetreiber besteht in der bei Google seit geraumer Zeit zur Verfügung stehenden Sprachsuche. Anstatt Suchbefehle über die Tastatur einzugeben, steht Google-Nutzern heute die Möglichkeit zur Verfügung, auch Sprachbefehle über das Mikrofon Ihres Smartphones einzusprechen, die dann entsprechend ausgewertet und von Google beantwortet werden. Obwohl dies nur nach einer kleinen Änderung aussieht, verändert es die Suche tatsächlich allerdings sehr entscheidend.

Denn wir sprechen nicht, wie wir schreiben. Suchen Ihre potenziellen Kunden nach einer Ihrer Leistungen, werden Sie dafür höchstwahrscheinlich andere Worte bei der Spracheingabe verwenden als bei der Eingabe über die Tastatur. Dies stellt einerseits neue Anforderungen an das Content-Marketing und auch an Kampagnen mit Google AdWords, da andere Keywords gefragt sind, andererseits gibt Google oft auch schon direkt Antworten auf die jeweiligen Fragen, sofern Daten dazu im Internet hinterlegt sind.

Denn während Suchmaschinennutzer, wenn sie mit der Tastatur arbeiten, häufig nur einen oder maximal 2 oder 3 Begriffe auf einmal eingeben, werden bei der Spracheingabe nicht selten ganze Sätze und Fragen formuliert. Die Aussagekraft einer solchen Sucheingabe wird damit deutlich präziser. Entsprechend diesen Sucheingaben sollte auch der Content von relevanten Websites angepasst sein. Darüber hinaus bietet Google einige Möglichkeiten, um bestimmte Daten wie Öffnungszeiten, Adressen, aber auch andere Informationen in einer klaren Struktur abzuspeichern, die der Crawler sehr genau verarbeiten kann, um dem Nutzer sofort eine Antwort auf seine Frage zu geben, bevor dieser noch auf die Website eines Anbieters geklickt hat. Stellt dieser z. B. die Frage nach den Öffnungszeiten Ihres Büros und verwendet dabei auch gezielt Ihren Namen, wird Google im Idealfall noch auf der Suchergebnisseite Ihre Öffnungszeiten einblenden, sofern Sie diese korrekt hinterlegt haben. Auch das ist besonders praktisch bei der Suche am Handy, da der Nutzer nicht einmal mehr warten muss, bis Ihre Website geladen ist, und dort erst die Öffnungszeiten suchen muss, sondern sie ihm sofort dargestellt werden.

4.9 Zusammenfassung und Praxishinweise

Mit den Informationen aus den vorhergehenden Kapiteln haben Sie nun einen sehr guten Überblick darüber erhalten, was Online-Marketing leisten kann, und vielleicht auch schon die eine oder andere Idee, wie Sie Online-Marketing für sich nutzen möchten. Insbesondere in diesem Kapitel haben Sie auch erfahren, wie eine Website gestaltet sein sollte, um

Ihnen kontinuierlich neue Kunden zu bringen und die sogenannte Customer Journey aktiv zu unterstützen.

Wenn Sie sich einmal bei geplanten Veränderungen auf Ihrer Website unsicher sein sollten, denken Sie immer daran, sich in die Lage Ihrer Kunden zu versetzen, und versuchen Sie, nachzuvollziehen, wie diese Ihre Website sehen. Gefragt sind in jedem Fall klare Strukturen und einfach und leicht verständlich aufbereitete Informationen.

Sicherlich ist Ihnen auch nicht entgangen, welche große Rolle Content auf Ihrer Website spielen kann. Wenn Sie die richtigen Inhalte auf Ihrer Website veröffentlichen, die einerseits so geschrieben sind, dass sie die Information klar und deutlich vermitteln, nach der Ihre Interessenten suchen, andererseits diese Ihre Inhalte aber auch leicht finden können, da Sie darin auch die tatsächlichen Suchanfragen Ihrer Kunden berücksichtigen, so ist dies ein erster wichtiger Schritt, um langfristig gute Platzierungen in den Suchergebnissen bei Google zu erzielen und damit potenzielle Kunden auf Sie aufmerksam zu machen.

Dieses Buch soll Ihnen ein gutes Verständnis über die verschiedenen Bestandteile und Potenziale von Online-Marketing geben. Doch niemand erwartet von Ihnen, dass Sie nun einen großen Anteil Ihrer Zeit dem Online-Marketing widmen. Das grundlegende Verständnis, das dieses Buch vermittelt, wird Ihnen allerdings helfen, die richtigen Tools und Spezialisten zu finden, die Sie in Ihrem Online-Marketing unterstützen können. So müssen Sie auch nicht viele Stunden damit zubringen, die Texte für Ihre Website selbst zu erstellen. Es genügt, wenn Sie vielleicht auch nur die Ideen dazu liefern und jemanden mit der Texterstellung beauftragen, der auf SEO-Texte und Blogtexte spezialisiert ist und genau weiß, worauf es ankommt, damit sowohl Leser als auch Suchmaschinen gleichermaßen von dem Content angesprochen werden.

Usability beachten

Wer zum ersten Mal eine eigene Website plant und diese womöglich noch alleine umsetzt, kann dabei schnell das eigentliche Ziel aus den Augen verlieren. Nette Plug-ins und Funktionen mögen im ersten Moment schön erscheinen, doch sollten Sie sich fragen, ob es auch wirklich sinnvoll ist, diese auf Ihrer Website einzusetzen. Nur weil es einfach ist, einen Kalender oder gar einen Wetterbericht auf einer Website anzubieten, bedeutet das noch lange nicht, dass man das auch tun sollte. Legen Sie das Scheuklappendenken ab und sehen Sie Ihre Website nicht aus Ihrer Sicht, sondern aus der Sicht Ihrer Zielgruppe. Welche Funktionen sind tatsächlich sinnvoll und welche sollten Sie sich lieber sparen?

Wenn Sie dies ganz nüchtern betrachten, stellt sich häufig sehr rasch heraus, dass die Website deutlich schlanker gestaltet werden kann. Hier gilt „Weniger ist mehr". Erinnern Sie sich daran, dass Ihre Besucher ein dringendes Bedürfnis haben und dafür eine zeitnahe Lösung suchen. Machen Sie es ihnen leicht und gestalten Sie den Weg bis zu dieser Lösung so kurz wie möglich. Die Struktur Ihrer Website sollte klar und übersichtlich sein und keine Rätsel aufgeben.

Darüber hinaus sollten Sie sich fragen, welche Themen Sie auf Ihrer Website tatsächlich behandeln möchten. Sind lange Dokumentationen und Rechtssätze zu aktuellen Novellen tatsächlich sinnvoll? Werden Ihre Kunden diese tatsächlich lesen? Oder ist es sinnvoller, diese in einfach verständlichen Worten aufzubereiten und zusammenzufassen, damit Ihre

4 Praxisleitfaden: Websiteerstellung für Sachverständige

Zielgruppe sich leicht informieren kann und sie das Gefühl hat, in Ihnen einen Ansprechpartner gefunden zu haben, der ihre Sprache spricht?

Fragen Sie sich nicht, „Was kann ich einem Interessenten bieten?", sondern fragen Sie sich, „Was interessiert den Besucher?". Wenn Sie das immer wieder tun und entsprechende Inhalte anbieten, werden Sie erfolgreich sein.

Wenn Sie diese Hinweise beachten, wird Ihre Website inhaltlich und technisch stark zielgruppenorientiert ausgerichtet sein. Damit haben Sie eine gute Basis für die erfolgreiche Kundenansprache im Internet. Um den Spaß an der digitalen Präsenz sicherzustellen, sollten Sie sich zudem mit den rechtlichen Bedingungen auseinandersetzen. Im Kapitel 6.1 finden Sie weitere Informationen zu diesem Thema.

5 Werbung und Kommunikation – der feine Unterschied

Bei all den Möglichkeiten, die die große Vielfalt an Werbekanälen im Online- wie im Offlinebereich bietet, sollte nie außer Acht gelassen werden, wie wesentlich es ist, auch stets die richtige Botschaft nach außen zu kommunizieren. Dabei ist es oft der Ton, der die Musik macht.

Werbung und Kommunikation ist ein sehr breites Thema. Platte Sprüche und direkte Aktionsangebote mögen im Elektrofachhandel oder beim Discounter ziehen, aber bei jemandem, der einen Sachverständigen sucht, um ein komplexes Problem zu lösen, werden Sie damit wohl keinen allzu positiven Eindruck erwecken.

Sachverständige und vor allem vereidigte Sachverständige sind keine Marktschreier. Erinnern Sie sich bei allen Ihren Werbeaktivitäten stets daran, welche Aufgabe Sie haben, welche Berufssparte Sie vertreten und was Ihre Kunden von Ihnen erwarten. Speziell für Sachverständige ist es sehr wichtig, in ihrem Auftreten nicht werbend zu wirken, sondern durch Kompetenz, Seriosität und, ja, Sachverstand zu überzeugen. In Ihrer täglichen Arbeit schätzen Ihre Kunden sehr wahrscheinlich Ihre Sachkompetenz und Ihre Objektivität. Warum sollte Ihr Auftreten bei der Werbekommunikation daher anders ausgestaltet sein? Im Gegenteil. Je konsequenter Sie es schaffen, Ihre Linie auf allen Ebenen zu wahren, umso authentischer werden Sie wahrgenommen werden. Egal, ob Online-Werbung, PR-Anzeige, Internetauftritt oder eine Kampagne in einem anderen Medium: Überzeugen Sie durch seriöses Auftreten und hüten Sie sich vor der Erwartung, mit einer Werbeanzeige direkt einen Auftrag für ein bestimmtes Angebot erzielen zu wollen. Speziell in Ihrem Metier bedarf es des Vertrauensaufbaus zwischen Ihnen und Ihren Kunden, der im Onlinebereich vor allem über Ihre Website geschehen kann. Oft bedarf es mehr als nur eines Kontaktpunkts, um dieses Vertrauen aufzubauen. Mitunter stehen potenzielle Kunden über verschiedene Onlinemedien über viele Jahre mit Ihnen in Kontakt, ohne dass Sie konkret davon wissen, und greifen erst dann, wenn ein akuter Bedarf besteht, zum Telefonhörer, um Sie zu kontaktieren. Über die lange Zeit davor hat ein Vertrauensaufbauprozess stattgefunden, der keinen Zweifel daran lässt, dass Sie der richtige Ansprechpartner sind, um das Problem des Kunden zu lösen.

Die Erwartungen, die Kunden an Sachverständige stellen, sind Grund dafür, weshalb Werbekampagnen für Sachverständige meist nicht aggressiv sind und keinen hohen Werbedruck erreichen. Daher ist es wesentlich, dass die Werbestrategie durch eine ganzheitliche Kommunikationsstrategie unterstützt wird.

Wie genau die Kommunikationsstrategie ausgestaltet sein soll und welche Kanäle dabei bespielt werden sollen, hängt immer ein wenig von Art und Größe eines Unternehmens, der genauen geschäftlichen Ausrichtung und auch den zur Verfügung stehenden Kapazitäten ab. Ziel der Kommunikationsstrategie sollte es sein, eine möglichst große Reichweite zu erzielen, dabei aber immer einen roten Faden erkennen zu lassen, durch den Sie sich stark vom Mitbewerb differenzieren.

5 Werbung und Kommunikation – der feine Unterschied

5.1 Multiplikatoren als Zielgruppe erkennen

Ein Sachverständiger hat eine schwierige Aufgabe. Er muss genau in dem Moment bei einem Interessenten präsent sein, wenn dieser einen Sachverständigen benötigt oder allgemein gesprochen beauftragen möchte. Dieses Ziel zu erreichen, ist nicht besonders einfach. Denn oftmals wird ein Sachverständiger gerufen, wenn ein konkreter Schadensfall vorliegt und dieser bewertet werden soll oder eine ganz bestimmte Situation eintritt. Der konkrete Zeitpunkt, wann ein solcher Schadensfall eintritt, lässt sich aber natürlich nicht vorhersehen. Wie soll man also im richtigen Moment der richtigen Person die richtige Botschaft senden? Meines Erachtens ist es ein guter Weg, kontinuierlich Multiplikatoren zu informieren, die im richtigen Moment beim potenziellen Kontakt aus eigener Überzeugung eine Empfehlung aussprechen können. Und hier beginnt der Unterschied zwischen Werbung und Kommunikation. Ihre Zielgruppe sollten Sie bewerben, aber mit Multiplikatoren sollten Sie kommunizieren.

Ein Beispiel: Sie sind Sachverständiger für Immobilienbewertungen. Folglich sind potenzielle Interessenten Privatpersonen, die eine Immobilie kaufen oder verkaufen möchten. Personen die eine Immobilie als Wertanlage kaufen möchten, sind für Sie besonders interessant. Es wird für Sie sehr schwer möglich sein, diese Interessenten gezielt mit Werbung anzusprechen, aber viele dieser Personen entscheiden nicht von heute auf morgen „Ich möchte mir eine Immobilie als Geldanlage anschaffen". In den meisten Fällen geht dieser Überlegung ein Beratungsgespräch mit einem Steuerberater, einem Vermögensberater oder einer anderen Person voraus. Diese Berater sind Multiplikatoren für Sie. Auch wenn ein Steuerberater für sich persönlich keine Immobilienbewertung benötigt, kommt er dennoch häufiger mit Personen in Kontakt, die aus dem einen oder anderen Grund eine Immobilie bewerten lassen möchten. Es ist daher sinnvoll, dass Sie kontinuierlich eine Kommunikation mit Steuerberatern und Vermögensberatern pflegen, um somit die Leute von Ihrer Kompetenz und Ihrer Expertise zu überzeugen, die vermehrt Kontakt zu Ihren potenziellen Kunden haben. Wenn Sie also eine Veröffentlichung in einer Fachzeitschrift für Steuerberater tätigen, dann bewerben Sie damit nicht Ihre Zielgruppe, aber Sie überzeugen potenzielle Multiplikatoren durch einen informativen Beitrag.

Versetzen Sie sich dazu auch in die Lage Ihrer Multiplikatoren. Ein Steuerberater beispielsweise, bei dem sich in einem Kundengespräch herausstellt, dass eine Immobilienbewertung benötigt wird, kann diese nicht selbst anbieten. Kann er allerdings einen Experten für Immobilien benennen, auf dessen Leistung Verlass ist, bietet er seinem Kunden einen entscheidenden Mehrwert und zusätzlichen Service, was wiederum die Kundenbindung deutlich stärkt. Der Steuerberater wird sich allerdings gut überlegen, welchen Experten er für die Immobilienbewertung empfiehlt. Schließlich muss er darauf vertrauen können, dass es sich um einen Profi handelt, der seinen Kunden gut berät und eine tadellose Leistung abliefert. Hier ist also ein Vertrauensaufbau im Vorhinein notwendig und dieser kann durch die strategische Kommunikation mit Multiplikatoren bewirkt werden. Dank der vielen Kanäle, die offline wie auch online zur Verfügung stehen, ist es möglich, Vertrauen zu schaffen und sich als Experte zu beweisen, den man guten Gewissens weiterempfehlen kann.

5.1 Multiplikatoren als Zielgruppe erkennen

Um gezielt mit solchen Multiplikatoren kommunizieren zu können, ist es wesentlich, sich bewusst zu machen, welche Personen- und Berufsgruppen dafür infrage kommen. Machen Sie am besten eine Liste von Personen und Berufsgruppen, die hierfür kontaktiert werden könnten, und schreiben Sie diese auf. Denken Sie dabei an Ihr Geschäftsfeld und welche andere Spezialisten Ihre Kunden in diesem Themenkreis noch benötigen. Als Kfz-Schadensgutachter könnten es beispielsweise Mitarbeiter von Versicherungen sein, die eine wesentliche Schlüsselfunktion für Sie einnehmen könnten, um Neukundschaft zu gewinnen. In der Regel verfügen Versicherungen über ein großes Netzwerk an Sachverständigen, mit denen sie zusammenarbeiten, doch auch diese werden von Zeit zu Zeit, etwa aufgrund von Rentenantritten, ausgewechselt oder es werden auch Spezialisten mit bestimmten Fachwissen von Zeit zu Zeit benötigt. Sie werden also wahrscheinlich nicht sofort einen Auftrag bekommen, nur weil Sie einen Fachartikel in einem für Versicherungsleute relevanten Onlinemagazin veröffentlichen oder auf einem Symposium einer Versicherung einen Vortrag halten. Doch wenn Sie es schaffen, sich ab diesem Zeitpunkt immer wieder ins Gedächtnis zu rufen, wird irgendwann der Zeitpunkt eintreten, wo genau Ihre Leistung benötigt wird, und damit haben Sie bereits einen Fuß in der Tür. Wenn Sie bei diesem ersten Auftrag Ihre Sache gut machen, ist es nur eine Frage der Zeit, bis Sie weitere Aufträge erhalten oder man Sie weiterempfiehlt.

Multiplikatoren sind Menschen, die Ihre Werbebotschaft mit anderen teilen, sie also multiplizieren. Oft ist es nur eine Empfehlung an einen gerade Betroffenen oder die Weitergabe Ihrer Visitenkarte. Doch schon wenn Ihre Multiplikatoren selbst betroffen waren und den Vorfall und Ihre anschließende Hilfestellung positiv unter Freunden oder Kollegen erzählen, fällt dies in den Bereich Multiplikation – selbst wenn keiner der anwesenden Zuhörer einen aktuellen Bedarf für Ihre Leistungen hat, spätestens wenn es so weit ist, wird ihnen wieder einfallen, wer diese Geschichte erzählt hat, und denjenigen werden sie um Ihren Namen und Ihre Kontaktdaten bitten, da Sie ja auch dem Bekannten bereits geholfen haben.

Multiplikatoren spielen für den Erfolg von Unternehmen, aber insbesondere auch von Sachverständigen, eine große Rolle. Doch wie lassen sich Multiplikatoren finden und wie kommuniziert man mit diesen? Schließlich laufen diese nicht mit einem auf der Straße herum. Das Gute ist, jeder kann im Prinzip zu Ihrem Multiplikator werden. Wesentlich dafür ist, dass Sie es richtig anstellen und richtig mit diesen Menschen kommunizieren. Oft ist es ein Gefühl in einer alltäglichen Situation, ein kurzes Gespräch mit jemanden und Sie wissen, dass diese Person einmal ein guter Multiplikator für Sie werden könnte, da er eine gute Meinung von Ihnen hat. Häufig wissen Sie aber auch gar nicht, wer Ihre Multiplikatoren sind, sofern Ihre Kunden nicht darüber sprechen, wer Sie weiterempfohlen hat bzw. wie sie bei Ihnen gelandet sind.

Eine weitere Gruppe an Multiplikatoren, die vor allem für Immobilien-Sachverständige relevant sein kann, sind selbstverständlich Makler. Da Sie nur in einer abgegrenzten Region tätig sind, ist es sinnvoll, sich an die Makler zu wenden, die sich in Ihrem direkten Umfeld befinden bzw. auch in der Region tätig sind, in der Sie arbeiten. Diese Makler haben immer wieder mit Kunden zu tun, die gerade eine Immobilie kaufen möchten oder auch verkaufen. Der Bedarf an Immobilienbewertungen ist naturgemäß groß. Denn schließlich möchten Verkäufer genau wissen, was Sie für das Objekt bekommen, und Käufer nicht mehr zahlen, als die Immobilie wert ist. Erste Ansprechpartner ist auch in diesem Fall meist nicht ein Immobilien-Sachverständiger, sondern ein Immobilienmakler. Nur wenige Maklerbüros sind allerdings in der Lage, Bewertungen von Objekten auch selbst durchzuführen. Die meisten sind auf einen Immobilien-Sachverständigen angewiesen, den Sie empfehlen können oder bei dem Sie im Auftrag des Kunden eine Bewertung durchführen lassen können.

Auch hier wollen die Makler sicher sein, mit jemandem zusammenzuarbeiten, der vertrauenswürdig ist und sein Handwerk versteht. Taucht Ihr Name immer wieder einmal in für Immobilienmakler relevanten Websites im Rahmen von Fachartikeln auf oder haben Sie auch die Möglichkeit, Vorträge vor diesen Multiplikatoren zu halten, lässt sich die notwendige Vertrauensbasis rasch aufbauen und im Bedarfsfall müssen die Makler nicht mehr lange überlegen, wen sie empfehlen.

Kommunikationskanäle für Multiplikatoren

Es wird klar, dass das Entstehen von Multiplikatoren nicht das Ergebnis schlichter Werbeanzeigen ist, sondern eher langfristige Überzeugungsarbeit. Die Kanäle, auf denen mit Multiplikatoren kommuniziert werden kann, sind vielfältig. An erster Stelle steht dabei sicherlich das persönliche Gespräch. Viele Ihrer Kunden von heute können die Multiplikatoren von morgen sein. Einfach, indem Sie Ihre Arbeit gut machen und Professionalität an den Tag legen, können Sie bereits Multiplikatoren von sich überzeugen, was dazu führen wird, dass diese Sie weiterempfehlen und damit selbst zu Werbebotschaftern für Sie werden. Und zwar langfristig. Immer dann, wenn ein Bekannter oder Kollege Ihrer Multiplikatoren ein Problem hat, das in Ihren Tätigkeitsbereich fallen könnte, werden die Multiplikatoren bemüht sein, Ihren Namen zu nennen und eine Empfehlung für Ihre Leistungen auszusprechen.

Eine weitere Möglichkeit, um Multiplikatoren für sich zu gewinnen, besteht vor allem im Content-Marketing. Über Ihren eigenen Blog auf Ihrer Website, über einen YouTube-Kanal, den Sie führen, aber auch über andere soziale Medien empfehlen Sie sich mit jedem neuen kompetenten Beitrag als Experte auf Ihrem Gebiet. Menschen, die Ihre Artikel lesen, Ihre Videos ansehen und Ihre Postings wahrnehmen, kennen Ihren Namen genau und wissen auch, wofür Sie stehen. Selbst wenn diese noch nie einen Auftrag an Sie vergeben haben, entwickelt sich über die virtuellen Kanäle eine gewisse Vertrauensbasis. Sollte im persönlichen Umfeld der Multiplikatoren einmal ein Problemfall in Ihrem Themenfeld bestehen, wird man nicht zögern, Sie zu empfehlen. Auf diese Weise erhalten Sie Mundpropaganda sogar von Menschen, die Sie noch nie gesehen haben, geschweige denn, für die Sie jemals selbst tätig waren.

5.2 Sachkompetenz zeigen, Erfahrungen teilen

Warum sollten Sie abgedroschene Phrasen wählen, um Kunden für Ihre Leistungen zu begeistern, wenn Sie auch einfach durch Sachkompetenz brillieren können und somit automatisch Kunden von sich überzeugen? Doch auf welchen Wegen können Sie Sachkompetenz zeigen? In erster Linie tun Sie dies natürlich durch Ihre tägliche Arbeit für Ihre

Kunden. Indem Sie diese gut beraten und deren Fälle professionell abwickeln, investieren Sie auf dem besten Weg in Ihr eigenes Image.

Doch selbstverständlich haben Sie auch noch andere Möglichkeiten, um Ihre Sachkompetenz unter Beweis zu stellen und Beispiele aus der Praxis nicht nur mit den betroffenen Kunden zu teilen, sondern einer größeren Verbreitung zuzuführen.

In vielen Prüfungsgesprächen und Präsentationen sehe ich, wie unterschiedlich verschiedene Menschen die gleichen Inhalte vermitteln. „Bitte erklären Sie mir den Begriff Retargeting", und schon schießen die Ersten mit einer theoretischen Begriffsdefinition los, wie sie beispielsweise in Wikipedia zu finden ist: „Über Cookies lassen sich das Surfverhalten und die Interessen des jeweiligen Benutzers studieren. Besucht der Benutzer beispielsweise einen Online-Shop und verlässt diesen dann wieder, ohne etwas zu kaufen, kann dieser Benutzer später durch Retargeting mit zielgerichteter Werbung desselben (oder eines ähnlichen Shops) angesprochen werden. Die Vielzahl an gesammelten Informationen erlaubt ein detailliertes Profil der Zielperson und wird ergänzt durch Elemente des Kontext-Targetings."

Natürlich ist diese Antwort richtig, aber habe ich damit meinem Gegenüber wirklich erklärt, was Retargeting ist? Einen Aha-Effekt sehe ich eher, wenn man mit folgendem Satz antwortet: „Retargeting, das ist Werbung für Produkte oder Internetseiten, die Sie verfolgt! Ist Ihnen im Internet schon mal aufgefallen, dass Sie sich eine Website angeschaut haben, und danach wurde Ihnen beim Surfen auf ganz vielen anderen Seiten auf einmal Werbung für genau diese Seite oder ein bestimmtes Produkt gezeigt, welches Sie sich angesehen haben? Das ist Retargeting!"

Als Sachverständiger haben Sie im Lauf Ihres Berufslebens bereits viele Erfahrungen gesammelt. Je freier Sie über diese Erfahrungen berichten und sie darstellen, desto authentischer und kompetenter wirken Sie. Versuchen Sie nicht, zu verallgemeinern, sondern bringen Sie konkrete Beispiele aus Ihrem Berufsalltag. Aus der Praxis für die Praxis ist in den meisten Fällen viel greifbarer und kann von Interessenten auf Ihre jeweilige Situation adaptiert werden.

Besonders gut eignet sich diese Kommunikationstechnik natürlich bei Präsentationen und Vorträgen aller Art, bei denen Sie einer Gruppe bestimmte Inhalte vermitteln. Versuchen Sie, nicht zu sehr von für Laien komplexen Gesetzestexten oder Klauseln zu sprechen, sondern arbeiten Sie das Thema, das Sie vermitteln möchten, anhand eines praktischen Beispiels auf. So bleibt es Ihrem Publikum viel besser im Gedächtnis und Ihre potenziellen Kunden können auch besser verstehen, welche Folgen gesetzliche Rahmenbedingungen tatsächlich in der Praxis haben oder in welcher Reihenfolge sie bei einem bestimmten Fall vorgehen sollten.

Auch auf anderen Kommunikationskanälen werden Sie mit praktischen Beispielen leichter die Aufmerksamkeit auf sich ziehen. Indem Sie Ihre beruflichen Erfahrungen mit anderen teilen, können diese sehen, dass Sie das notwendige Know-how besitzen, um auch in brenzligen Fällen die richtigen Entscheidungen zu treffen. Dabei müssen Sie sich nicht darum sorgen, dass Sie zu viel aus dem Nähkästchen plaudern. In einem ernsten Fall, bei dem es schließlich um Geld geht, werden Betroffene Ihre Leistungen in Anspruch nehmen und nicht etwa ein Risiko eingehen und etwas auf eigene Faust versuchen.

Jedes Mal, wenn Sie aus der Praxis berichten, sei es bei einem Vortrag, in einem Blogbeitrag oder auch in einem Interview, erzählen Sie außerdem eine eigene Geschichte, die auf die aktuelle Situation eines zukünftigen Kunden passen könnte. Dieser wird sich daran erinnern und wissen, wo er nach Rat suchen kann, um sein Problem zu lösen. Vor allem, wenn Sie sich vornehmen, beispielsweise ein- oder zweimal pro Monat ein solches Beispiel aus der Praxis in einem Artikel auf Ihrer Website zu verarbeiten und zu veröffentlichen, werden diese Erzählungen auf großes Interesse stoßen und eignen sich auch gut, um in sozialen Medien geteilt zu werden. Sobald Sie beginnen, von diesen authentischen Geschichten aus Ihrem geschäftlichen Alltag zu berichten, befinden Sie sich bereits im Bereich des Story-Telling, einer Kommunikationsmethode, die sich besonders gut im Online-Marketing bewährt, um Neukunden zu gewinnen und eine überzeugte Community aufzubauen – diese kann wiederum als Multiplikator für Sie fungieren.

5.3 Content-Marketing/Story-Telling

Viele Menschen recherchieren mit den unterschiedlichsten Suchanfragen, um eigentlich nach Ihren Dienstleistungen zu suchen, und wissen dabei im Allgemeinen nicht einmal konkret, dass Sie einen Sachverständigen beauftragen möchten. Der Prozess der Entscheidungsfindung ist bei der Suche nach Sachverständigenleistungen sehr lange informationsorientiert, bevor ein Interessent überhaupt an einen Dienstleistungsauftrag denkt. Durch die Veröffentlichung von Informationen geben Sie Suchmaschinen eine Vielzahl an Inhalten, die beispielsweise bei entsprechenden Suchanfragen in den Suchergebnissen platziert werden können.

Ihre potenziellen Kunden suchen also womöglich gar nicht nach „Sachverständiger Berlin" bei Google oder nach „Sachverständigen-Gutachten Auto", weil sie sich in dieser Phase ihrer Customer Journey noch gar nicht darüber im Klaren sind, dass sie überhaupt einen Sachverständigen brauchen. Vielleicht hatten die betroffenen Personen noch nie in ihrem Leben mit einem Sachverständigen zu tun oder sind der Meinung, dass Sachverständige nur von großen Institutionen und Versicherungen in Anspruch genommen werden. Sie werden also vielleicht Fragen in Suchmaschinen eingeben, die am ehesten ihr Problem beschreiben, z. B. „Was tun bei Kfz-Schadensfall?" oder „Baufirma Bauschaden was jetzt?".

Sie sehen, es ist schwierig, die vielfältigen Keywords auszumachen, nach denen Ihre potenzielle Zielgruppe im Internet sucht, um eine Lösung für ihr Problem zu finden, dabei aber noch nicht erkannt hat, dass ein Sachverständiger der richtige Ansprechpartner sein könnte. Natürlich ist es möglich, eine große Anzahl davon mittels des Google-Keyword-Planers herauszufinden. Doch es ist schwer bis fast unmöglich, wirklich alle Begriffe zu recherchieren, die auf ein bestimmtes Themengebiet abzielen. Einfacher ist es, die Zusammenführung von Nachfragenden und Anbietern dem intelligenten Algorithmus von Google zu überlassen. Wenn Sie sich durch Story-Telling als Experte positionieren, merkt auch Google das und führt Ihren Content den entsprechenden Suchanfragen der Nutzer zu bzw. zeigt diesen in den entsprechenden Suchergebnissen an. Denn Google versucht immer, seinen Nutzern die Inhalte zu zeigen, die am relevantesten sind.

Wenn Sie regelmäßig über die Beispiele aus Ihrer Praxis berichten, etwa in Ihrem Blog, dann tauchen dabei automatisch auch die thematisch passenden Begriffe auf, nach denen auch Ihre Zielgruppe sucht, um eine Lösung für ihre Probleme zu finden, und werden bei Google & Co selbstverständlich auch gefunden. Darüber hinaus ist zu bedenken, dass Googles Algorithmus nicht nur ausschließlich auf das Vorhandensein von Suchbegriffen in Websites achtet. Mehrere Hundert verschiedene Faktoren fließen in das Ranking von Websites ein. Einer dieser Faktoren ist unter anderem, ob regelmäßig neue Inhalte auf der Seite publiziert werden. Mittlerweile kann der Algorithmus auch Themenkontexte sehr gut erkennen. Das bedeutet, dass Ihre Seite, wenn sich werthaltiger Content zu Ihrem Fachgebiet darauf befindet, möglicherweise sogar an erster Stelle in den Suchergebnissen zu einem Suchbegriff vorkommt, der selbst aber auf Ihrer Website gar nicht vorkommt. Doch Google hat erkannt, nach welchem Thema oder welcher Antwort die Nutzer mit diesem Suchbegriff suchen, und hat Ihre Website als die relevanteste dazu im Netz eingestuft. Sind die Blogbeiträge auf Ihrer Seite so gut und interessant, dass auch die Verweildauer der Besucher auf Ihrer Website entsprechend lang ist, bleibt dies auch Google nicht verborgen: Die Suchmaschine stuft die Beiträge mit langer Verweildauer als wichtig ein.

Es ist wichtig, nicht nur auf der eigenen Seite Content zu veröffentlichen, sondern auch bei anderen Seiten. Suchmaschinen erkennen sehr gut, dass dieser Content zusammengehört, vor allem wenn die Seiten verlinkt sind, und bewerten dies positiv. Als andere Seiten können beispielsweise Onlinefachmagazine fungieren, auf denen Sie Interviews geben oder Gastbeiträge schreiben. Ebenso können es aber auch Postings in sozialen Medien sein, in denen Sie aktiv sind.

Je öfter Sie in verschiedenen Portalen im Internet vertreten sind und aufscheinen, umso eher ergibt sich ein stimmiges Bild für Ihre Interessenten und Ihr Name verankert sich umso stärker in deren Gedächtnis.

5.4 Online-PR

Für viele führende Unternehmen gehört die Pressearbeit seit Jahrzehnten zum festen Repertoire der Marketingstrategien. Der Kontakt zu Journalisten ist sehr wichtig, aber nicht immer leicht herzustellen. Dabei gilt es häufig, eine langfristige Strategie zu wählen und nach und nach Journalistenkontakte und Kontakte zu Medien allgemein zu sammeln und zu pflegen. Indem Sie Pressemitteilungen versenden, können Sie und Ihre Arbeit auch in unterschiedlichen Medien genannt werden und Stellung zu aktuellen Entwicklungen nehmen.

Für Redakteure kann es mitunter sehr erfreulich sein, einen Experten an der Hand zu haben, der zu einem bestimmten Thema ein Interview geben oder einen Meinungsartikel veröffentlichen kann. Doch nicht immer passt der Zeitpunkt. Denn auch Medien haben einen bestimmten Themenkalender, dem sie folgen, oder müssen auch auf aktuelle Geschehnisse dieser Welt flexibel reagieren und dann schwerpunktmäßig verstärkt dazu berichten.

Daher ist es wichtig, immer wieder auf sich aufmerksam zu machen und mit den Medienvertretern einen guten Kontakt zu pflegen. Irgendwann wird sich dann der richtige Zeitpunkt einstellen und die Geduld wird sich auszahlen.

Zur Online-PR kann auch das Versenden von Newslettern gezählt werden. Denn unter den Newsletter-Abonnenten befinden sich nicht nur Endkunden, die Ihre Leistungen einmal benötigen könnten, sondern potenziell auch Journalisten und Blogger, die Ihre Informationen aufgreifen und selbst dazu Artikel auf ihren Portalen mit Verweis auf Sie veröffentlichen könnten. In jedem Fall ist jeder Newsletter-Abonnent ein potenzieller Multiplikator. Deshalb: Machen Sie diese zu Ihren Fans und überzeugen Sie durch wertvolle Tipps und Erfahrungsberichte aus Ihrem Berufsleben.

PR-Anzeigen

Eine besondere Stellung, die es sowohl im Offline- als auch im Onlinebereich gibt, besitzen PR-Anzeigen oder Advertorials. Dabei handelt es sich um Berichte – beispielsweise im Onlineportal einer Tageszeitung –, die im journalistischen Stil gehalten sind und sich dadurch von anderen Artikeln der Tageszeitung nicht deutlich unterscheiden. Lediglich ein kleiner Vermerk mit dem Hinweis „bezahlte Anzeige" oder „Werbung" weist darauf hin, dass dieser Artikel bezahlt wurde und die Initiative von einem Unternehmen ausging. Dennoch liefern diese Artikel dem Leser einen Mehrwert und befriedigen ein Informationsbedürfnis. Diese bezahlten Anzeigen werden von den Werbetreibenden entweder selbst geschrieben oder es werden von ihnen Anhaltspunkte gegeben und der Redakteur erstellt den passenden Artikel dazu.

Das Advertorial stellt eine gute Möglichkeit dar, um gezielt in bestimmten Medien vertreten zu sein, die ansonsten gerade keinen regulären Beitrag bringen würden. Wenn Sie als Sachverständiger für Bauschäden beispielsweise genau wissen, dass in einem bestimmten Zeitraum im Jahr besonders hoher Bedarf an Gutachten besteht, ist dies wahrscheinlich auch ein guter Zeitpunkt, um eine PR-Anzeige in einem passenden Onlinemedium zu buchen und darin z. B. einen Fall zu beschreiben, mit dem jeder Bauherr einmal zu kämpfen hat, oder auch die 5 heikelsten Bereiche bezüglich Bauschäden oder Vermögensschäden mit Baufirmen zu beschreiben. Selbstverständlich, ohne dabei zu vergessen, Ihre Kontaktdaten anzugeben und Ihren Namen zu nennen. So können Sie einen ersten Kontaktpunkt aufbauen, der Vertrauen schafft.

Verstärken lässt sich die Wirkung von PR-Anzeigen noch einmal deutlich, wenn diese zu einem Zeitpunkt geschaltet werden, in dem das gewählte Medium ebenfalls einen Themenschwerpunkt mit Bezug zu Ihrem Fachgebiet setzt. Online- wie auch Offlinemedien wissen oft schon Monate oder Wochen im Vorhinein, wann solche Themenschwerpunkte kommen werden, und können Sie dort gezielt einbinden. Plant das Onlinemagazin beispielsweise einen Schwerpunkt zum Thema Hausbau, dann könnte dies eine gute Gelegenheit sein, um in einem Advertorial aus der Praxis zu berichten. Die Chance, dass sich gerade dann Menschen den Beitrag ansehen werden, die sich gerade mit dem Thema Hausbau beschäftigen, ist hier besonders hoch.

5.4.1.1 Der Vorteil einer PR-Anzeige im Gegensatz zur Werbeanzeige

Die PR-Anzeige ist ein sehr wichtiges Mittel, um Kunden zu gewinnen und eine Werbebotschaft zu vermitteln. Dies ist vor allem deshalb der Fall, weil sie dies auf besondere Art und Weise tut und sich stark von der klassischen Werbeanzeige unterscheidet, für die viele Nutzer, die häufig im Internet unterwegs sind, mitunter auch schon „blind" geworden sind und diese teils schon gar nicht mehr bewusst wahrnehmen, sondern sich gezielt auf die Inhalte konzentrieren, die sie wirklich interessieren.

Eine Werbeanzeige kann einen Interessenten nur dazu auffordern, einen Klick zu veranlassen und somit auf eine neue Seite zu wechseln. Erst wenn er diesen Klick getätigt hat, können Sie ihm die Informationen präsentieren, die er lesen soll und mit denen Sie ihn von Ihren Leistungen überzeugen möchten. Bei einer PR-Anzeige ist dies anders und der Weg zur Information deutlich kürzer. Mit einer PR-Anzeige platzieren Sie Ihre Informationen gleich in dem Medium, in dem sich der Interessent ohnehin bereits bewegt. Im Vergleich zur Werbemaßnahme ist es deutlich wahrscheinlicher, dass der Interessent die Botschaft einer PR-Anzeige aufnimmt. Indem Sie einen Link von der PR-Anzeige zu Ihrer Website setzen, weiß Google, dass es sich um denselben Autor handelt, was sich wiederum positiv auf das Ranking Ihrer Website auswirkt.

5.4.1.2 PR-Anzeigen im richtigen Medium

Wesentlich ist selbstverständlich, dass Sie PR-Anzeigen im richtigen Medium schalten, in dem sich Ihre Zielgruppe tatsächlich bewegt. Dazu kommt, dass PR-Anzeigen nicht immer unbedingt günstig sind. Die Onlineportale wissen genau, dass sich Leser diesen Inhalten intensiver widmen, und lassen sich diese PR-Wirkung auch entsprechend bezahlen. Daher lohnt es sich, etwas Zeit in die Recherche zu investieren, um zu sehen, welche Portale tatsächlich geeignet sind, um dort eine PR-Anzeige unterzubringen. Hilfreich kann dabei die Placement-Funktion für Werbekampagnen in Google AdWords sein. Wie ich schon kurz angeschnitten habe, lassen sich mit diesem sehr einfach Websites zu einem bestimmten Themenfeld finden, auf denen sich mit Google AdWords werben lässt. Es ist sehr wahrscheinlich, dass die Vermarktungsabteilungen dieser Portale auch daran interessiert sind, PR-Anzeigen zu verkaufen, oder dieses womöglich sogar offensiv anbieten. In der Regel findet sich auf Newsportalen im Footer-Bereich ein kleiner Link mit dem Begriff „Mediadaten", der zu den gesuchten Kontaktdaten und Anzeigenpreisen führt. Über diesen Weg können Sie dann die gewünschten PR-Anzeigen buchen.

Bevor Sie sich für ein Medium entscheiden, in dem Sie werben möchten, sehen Sie sich dieses genau an. Versuchen Sie, ähnliche Artikel darin zu finden wie den, den Sie angedacht haben, dort zu veröffentlichen. Wie sind die Reaktionen darauf? Gibt es Kommentare? Welche Themen werden insgesamt in dem Medium behandelt und welche Personengruppen besuchen diese Website? Diese und ähnliche Fragen sollten Sie sich stellen, um das richtige Medium zu finden. Vielleicht kennen Sie sogar schon einige reale Daten aus AdWords-Werbekampagnen, die Sie auf verschiedenen Portalen schalten. Bekommen Sie schon seit längerer Zeit über AdWords-Anzeigen auf einer Website eine höhere Anzahl an

Besuchern, dann könnte dieses Portal auch gut geeignet sein, um dort eine PR-Anzeige zu platzieren. Damit kann sich der Werbeeffekt sogar noch verstärken. Bewegt sich ein Kunde in einem Onlinemagazin für Immobilien und liest dort Ihr Advertorial, ist dies der erste Kontaktpunkt. Klickt er dann noch auf einige andere Artikel in dem Portal und erscheinen daneben Ihre AdWords-Werbeanzeigen, ist dies bereits der zweite Kontaktpunkt und der Wiedererkennungswert wird verstärkt. Idealerweise gestalten Sie Ihre AdWords-Anzeigen für dieses Portal sogar so, dass sie gezielt Bezug auf das Thema im Advertorial nehmen. So ist die gedankliche Verbindung leicht hergestellt, womit sich wiederum die Klickrate auf Ihre Website erhöhen lässt.

5.5 Fachveröffentlichungen/Bloggen

Zu den Möglichkeiten, mit Multiplikatoren zu kommunizieren und die Reichweite Ihrer Botschaften zu erhöhen, zählen auch Fach- und Blogveröffentlichungen. Auf Ihrer eigenen Website einen Blog zu betreiben, ist nicht nur aus Sicht der Suchmaschinenoptimierung eine kluge Maßnahme. Hier haben Sie die Möglichkeit, Ihre Zielgruppe zu informieren, auf dem Laufenden zu halten und einen Expertenstatus aufzubauen. Doch ab und zu sollten Sie auch auf anderen Websites bloggen und Artikel veröffentlichen. Nicht nur, weil dort die Möglichkeit besteht, Links zu Ihrer Website zu setzen, was wiederum Pluspunkte für das Google-Ranking bringt, sondern vor allem auch, um neue Menschen anzusprechen und auf Ihre Website und Ihr Angebot aufmerksam zu machen.

Viele erfolgreiche Blogger, die mittlerweile Tausende oder Zigtausende an eifrigen Lesern haben, die Woche für Woche die jeweiligen Blogbeiträge lesen, haben sich nicht darauf beschränkt, nur in eigenen Gewässern zu fischen. Sie haben auch immer wieder darauf geachtet, auf anderen Websites Artikel zu Ihrem Themengebiet zu veröffentlichen, bei denen es eine thematische Überschneidung gibt. Dadurch werden Stammleser dieser meist größeren Websites auf die Artikel und auf die Blogger aufmerksam und sehen sich mitunter auch einmal den eigentlichen Blog des Bloggers an, folgen ihm vielleicht oder treten sogar mit ihm in Kontakt.

Sehr ähnlich kann dies auch für Sachverständige funktionieren. Machen Sie Websites und andere Blogs aus, die thematisch zu Ihrem Fachgebiet passen oder wo es Überschneidungen geben kann. Fragen Sie an, ob ein Gastbeitrag gewünscht ist. In manchen Fällen gibt es auch die Möglichkeit, Plätze für Gastbeiträge auf gut besuchten Seiten zu kaufen. Bei der thematischen Ausrichtung des Artikels auf der Fremdseite sollten Sie möglichst darauf achten, die Zielgruppe der Seite und deren Interessen zu berücksichtigen. Schreiben Sie einen Artikel für die Website eines Autoportals, könnten Sie als Kfz-Sachverständiger über einen aktuellen Schadensfall berichten oder auch generell darüber schreiben, was Autokäufer vor dem Kauf beachten sollten, um z. B. versteckte Mängel zu erkennen. Artikel wie diese, sofern sie fundiert und gut geschrieben sind, erwecken die Aufmerksamkeit von Autointeressierten und werden sicherlich auch den einen oder anderen Interessenten auf Ihre Website führen, der vielleicht aktuell gar kein Problem hat, sondern sich generell über Ihr Tun informieren möchte und daher auch den Blog auf Ihrer Website oder Ihre Social-Media-Aktivitäten verfolgen wird. Viele dieser Personen, die sich für Ihr Thema interessie-

5.5 Fachveröffentlichungen/Bloggen

ren und Ihnen folgen, werden vielleicht niemals Bedarf an Ihren Leistungen haben. Aber sie kennen Ihren Namen und in ihren Augen sind Sie als Experte positioniert. Sollte sich die Gelegenheit ergeben, dass diese Personen einmal einen Kfz-Sachverständigen weiterempfehlen können, wird garantiert Ihr Name ins Spiel gebracht.

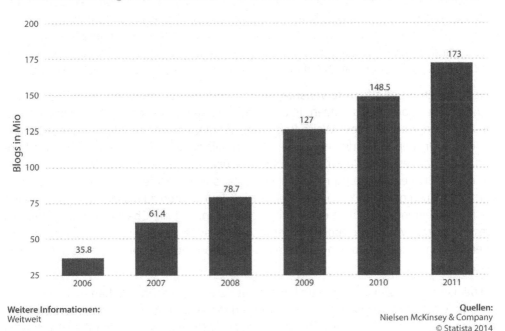

Abb. 76: Anzahl der Blogs weltweit 2006–2011
Quelle: Nielsen McKinsey & Company, © Statista 2014

Der Vorteil an Gastbeiträgen und Fachveröffentlichungen liegt darin, dass diese in der Regel ebenfalls langfristig im Internet vorhanden bleiben und damit auch langfristig für Sie werben. Auch wenn Sie dafür bezahlt haben, können Sie mitunter viele Jahre lang davon profitieren, ganz im Gegensatz zu einem Beitrag in einem Printmedium, der mit der nächsten Ausgabe bereits veraltet ist und mitunter als Altpapier im Müll landet. Durch Gastbeiträge auf großen Websites haben Sie die Möglichkeit, mit einem deutlich größeren Publikum zu kommunizieren. Einige davon werden sich Ihre Website merken und so schaffen Sie es, dass auch Ihre eigene Community stetig wächst. Speziell durch die Möglichkeiten von Social Media ist es heute sehr einfach, Personen zu folgen und somit immer wieder auf dem Laufenden gehalten zu werden. Denken Sie daher daran, auf Ihrer Website auch Buttons zu den Portalen einzupflegen, auf denen Sie aktiv sind, wie Google+, Facebook, Twitter und Co, damit Interessierte Ihnen einfach folgen können und Sie nicht aus den Augen verlieren. Speziell im professionellen Umfeld kommen dazu natürlich auch noch B2B-Netzwerke, auf die ich in Kapitel 5.6 noch näher eingehen möchte.

5 Werbung und Kommunikation – der feine Unterschied

Nutzen Sie Presseportale

Ein Kanal, den Sie nicht unberücksichtigt lassen sollten, ist der von Presseportalen. In einem Fachartikel zu erscheinen, ist für viele Unternehmen Gold wert, da damit eine große Reichweite bei vergleichsweise geringem Aufwand erzeugt werden kann, sofern es sich nicht um ein bezahltes Advertorial handelt. Doch gerade für kleinere Unternehmen ist es auch sehr schwer, von Journalisten und Redaktionen überhaupt wahrgenommen zu werden. Nicht jeder hat auch die Möglichkeit, eine aufwendige Pressekontaktliste zu führen und immer zu aktualisieren, um damit die Journalisten regelmäßig über Neuerungen zu informieren und Presseinformationen auszusenden, damit die Themen aufgegriffen werden und in Blogs, Online- und auch Offlinemedien aufgenommen und verarbeitet werden.

Eine vergleichsweise effiziente Variante, um in die Medien zu gelangen, besteht darin, bestehende Presseportale zu nutzen, in denen Journalisten unterschiedlicher Medien ohnehin aktiv sind, und auf diese Weise Reichweite zu bekommen. Im Internet existieren verschiedene Onlineportale, die teils kostenlos und teils gegen Gebühr genutzt werden können. Manche Presseportale verfügen außerdem über einen kostenpflichtigen Service, um die eigene Presseaussendung nicht nur im Portal online veröffentlichen zu können, sondern diese auch noch direkt an eine Vielzahl von Journalisten zu mailen. Doch auch wenn die Pressemeldung nur online eingestellt werden kann, ist die Chance bereits höher, von Pressevertretern wahrgenommen zu werden, die Ihre Pressemeldung dann entweder 1 : 1 übernehmen oder aber auch nur Informationen daraus nutzen und einen eigenen Artikel verfassen.

Bei der Gestaltung einer Pressemitteilung ist auf die Form zu achten. Schaffen Sie eine interessante Überschrift, einen kleinen Teaser und dann einen mit Zwischenüberschriften unterteilten Textblock. Außerdem sollten Sie Bilder einstellen, die von den Pressevertretern direkt genutzt und veröffentlicht werden können. Stellen Sie sicher, dass Sie die Rechte an den Bildern zur Veröffentlichung besitzen. Machen Sie es Journalisten so leicht wie möglich, Ihre Pressemeldung zu nutzen. Denken Sie daran, dass die meisten Mitarbeiter in Redaktionen nicht viel Zeit haben, um sich Themen ausführlich zu widmen. Wenn keine verwendbaren Bilder in hoher Auflösung vorhanden sind, wird eine Pressemitteilung mitunter schnell uninteressant und der Journalist sucht sich lieber ein anderes Thema.

Im Folgenden eine Auswahl kostenpflichtiger Presseportale:

- Pressetext.com
- Pressebox.de
- Press1.de
- Onpra.de

Außerdem eine Auswahl kostenfreier Presseportale:

- Business-press.de
- Artikeljournal.de
- Artikel-presse.de

5.5 Fachveröffentlichungen/Bloggen

- Fair-news.de
- Go-with-us.de
- News4press.com
- Offenes-presseportal.de
- Online-artikel.de
- Onlinepresse.info
- Online-zeitung.de
- Premiumpresse.de
- OpenPR.de

Eine Pressemeldung in einem der genannten Presseportale online zu stellen, ist nicht schwer. Portale wie openpr.de sind leicht verständlich gegliedert und lassen sich intuitiv bedienen. Bei openpr.de beginnen Sie damit, indem Sie auf „Pressemeldung kostenlos veröffentlichen" klicken.

Abb. 77: Pressemeldung einstellen auf www.openPR.de
Quelle: www.openPR.de

Sodann gelangen Sie in eine weitere Benutzeroberfläche, wo Sie einzelne Felder finden, die es auszufüllen gilt. Verpflichtend einzutragen in den meisten Presseportalen sind Ihre Kontaktdaten und die Angabe eines Ansprechpartners. Diese Daten scheinen dann zumeist auch in der Pressemitteilung selbst auf, damit potenzielle Kunden und Interessenten Sie kontaktieren können und sehen, wer der Urheber der Meldung ist.

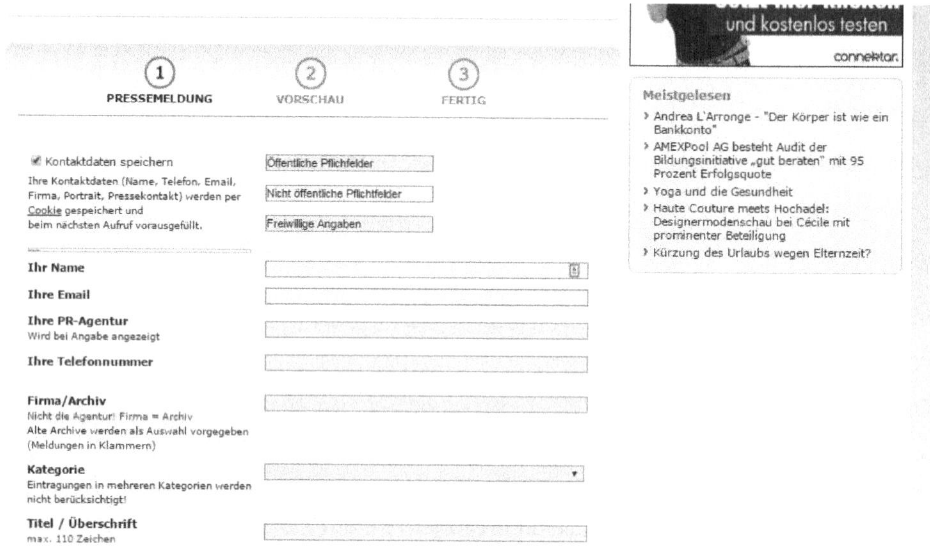

5 Werbung und Kommunikation – der feine Unterschied

Abb. 78: Eingabe der Kontaktdaten auf openPR.de
Quelle: www.openPR.de

Entscheidend für den Erfolg kann auch die Kategorie sein, die Sie für Ihre Pressemeldung wählen. Wählen Sie hier eine unpassende Kategorie, kann es schnell passieren, dass Ihre Botschaft von der potenziellen Zielgruppe nicht gefunden oder übersehen wird. Schauen Sie sich daher am besten zuvor an, welche anderen Meldungen in den jeweiligen Kategorien bereits vorhanden sind und ob Ihre Meldung in dieses Umfeld passt. Nachdem Sie eine Kategorie gewählt und auch einen Titel eingegeben haben, geht es an den eigentlichen Pressetext. Dazu wird oft auch noch ein kurzes Firmenporträt verlangt und Sie haben die Möglichkeit, ein Bild hochzuladen. Auf diese Möglichkeit sollten Sie keinesfalls verzichten. Denn eine Pressemeldung, die mit einem Bild versehen ist, zieht mit Sicherheit mehr Blicke auf sich als eine PR-Mitteilung ohne Bild. Achten Sie allerdings unbedingt darauf, dass Sie die Rechte für das verwendete Bild besitzen.

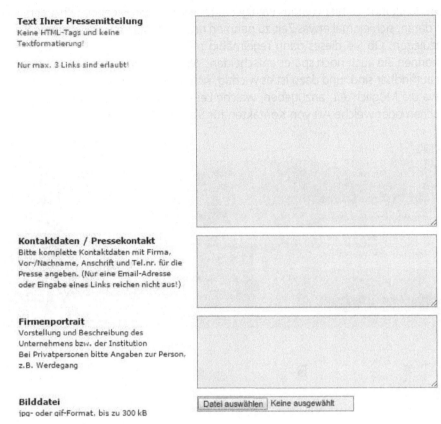

Abb. 79: Eingabe eines Artikels auf openPR.de
Quelle: www.openPR.de

Nachdem Sie alle Daten eingegeben haben und auch die AGB akzeptiert haben, können Sie Ihre Pressemeldung noch einmal in einer Vorschau betrachten. So sehen Sie, wie die Mitteilung am Schluss aussehen wird, und haben auch noch die Möglichkeit, eventuelle Fehler auszubessern. Sind Sie mit Ihrem Werk zufrieden, können Sie die Mitteilung veröffentlichen, damit sie schon bald von potenziellen Kunden und Journalisten gefunden werden kann.

5.6 B2B-Netzwerke (XING, LinkedIn)

Ob und wie intensiv Sie als Sachverständiger Social-Media-Kanäle wie Facebook, YouTube, Twitter und Google+ benutzen und darüber kommunizieren, liegt natürlich in Ihrem eigenen Ermessen. Es gibt aber auch eine Reihe von B2B-Netzwerken, die Sie nicht ignorieren sollten. Speziell hier könnten sich vielversprechende geschäftliche Kontakte auftun. Die für den deutschsprachigen Raum wichtigste Plattform ist dabei sicherlich XING, gefolgt von LinkedIn.

XING wie auch LinkedIn sind beruflich orientierte Plattformen, die dem geschäftlichen Austausch dienen sollen. Private Konversationen werden Sie dort eher selten finden. Auch die

5 Werbung und Kommunikation – der feine Unterschied

Art der Kommunikation ist hier weitaus weniger leger als etwa bei Facebook. In jedem Fall tun Sie gut daran, sich einmal etwas Zeit zu nehmen und ein Profil für sich bei diesen Plattformen anzulegen. Ob Sie dieses dann regelmäßig pflegen bzw. wie aktiv Sie dort sein möchten, können Sie auch noch später entscheiden. Wichtig ist im ersten Schritt, dass Sie überhaupt auffindbar sind, und dazu ist es wichtig, richtig verschlagwortet zu sein. So haben Sie etwa die Möglichkeit, anzugeben, welche Leistungen Sie bieten, aber auch, wonach Sie suchen oder welche Art von Kontakten für Sie interessant sind.

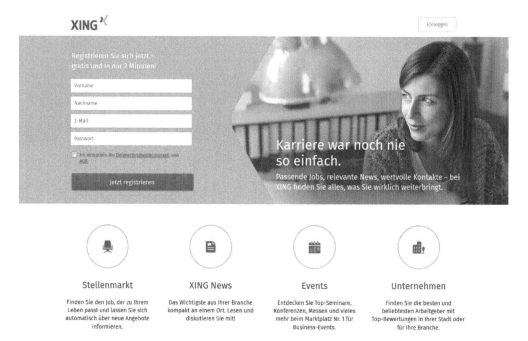

Abb. 80: XING – deutschsprachiges Business-Netzwerk für den beruflichen Austausch
Quelle: www.xing.com (Stand: 8/2017)

Besonders praktisch sind die Suchfunktionen etwa bei XING. Hier lassen sich Personen beispielsweise eingeschränkt nach Region, Branche, aber z. B. auch Firmenzugehörigkeit oder Leistungsangebot filtern und kontaktieren. So kann es natürlich auch sein, dass Sie immer wieder von Personen aus dem Netzwerk gefunden werden. Zudem werden Sie gleich von Anfang an einmal viele Kontakte zu Menschen finden, die Sie bereits kennen, sei es aus Ihrem privaten Umfeld oder aus Ihrem Beruf. Verknüpfen Sie Ihr Profil mit deren Profilen. Denn XING zeigt hier beispielsweise an, über wie viele Ihrer Kontakte und Kontakte Ihrer Kontakte Sie bestimmten Personen, nach denen Sie suchen können, bereits bekannt sind. Wer weiß, vielleicht haben Sie mit Ihrem zukünftig besten Kunden ja sogar schon einen gemeinsamen Bekannten. So fällt es deutlich leichter, in Kontakt zu treten.

Sie werden außerdem feststellen, dass auch Ihr Profil besucht wird. Denn Sie sehen, wenn andere Mitglieder der Plattform sich Ihr Profil angesehen haben, und können somit auch erkennen, welche Personen sich für Ihr Profil interessieren bzw. wie diese auf Sie gestoßen sind – und ob Sie Ihr Profil womöglich anders verschlagworten oder noch optimieren sollten. Ein besonderes Highlight, um Kontakte zu knüpfen und vor allem Multiplikatoren auf

Sie aufmerksam zu machen, ist es, den unterschiedlichen Gruppen bei XING und LinkedIn beizutreten. Denn hier finden Sie eine riesige Auswahl an Gruppen zu den unterschiedlichsten Themenbereichen. Dabei kann es lohnend sein, sich in einigen Gruppen anzumelden, in denen sich Sachverständige aus ganz Deutschland, aber auch anderen Ländern wie Österreich und der Schweiz miteinander austauschen. Ebenso kann es aber auch sinnvoll sein, die Gruppen anderer Themen zu besuchen und dort aktiv zu sein. Diese Gruppen sind wie Foren aufgebaut und Sie haben die Möglichkeit, Beiträge zu veröffentlichen. Oft gibt es auch Marktplätze oder berufliche Kontaktbörsen, aber Sie können auch selbst ein Thema beginnen und andere können dieses kommentieren bzw. darauf antworten. Als Sachverständiger kann es für Sie beispielsweise interessant sein, sich in Gruppen anzumelden, die den Themen Autoversicherungen oder Immobilienversicherungen gewidmet sind oder generell Foren bieten, in denen sich Mitarbeiter von Versicherungen austauschen. In solchen Foren Beiträge zu veröffentlichen und sich an Diskussionen zu beteiligen, kann sich lohnen. Denn hier finden sich eine Menge Multiplikatoren, die einen direkten Bezug zu Ihrem Geschäft haben und womöglich auch Bedarf an Ihren Leistungen oder Empfehlungen an ihre Kunden aussprechen können.

5 Werbung und Kommunikation – der feine Unterschied

Abb. 81: Mit entsprechenden Google-Suchparametern erhalten Sie bereits ohne Anmeldung eine Übersicht, welche Gruppen für Sie interessant sein könnten
Quelle: Google und das Google-Logo sind eingetragene Marken von Google Inc., Verwendung mit Genehmigung

In jeder Gruppe gibt es einen Moderator, der die Gruppe leitet und darauf achtet, dass sich alle an die Regeln halten. Dieser kann auch Newsletter an alle Gruppenmitglieder versenden. Um selbst Moderator einer Gruppe zu werden, können Sie eine eigene Gruppe gründen. Achten Sie dabei aber darauf, dass es noch keine Gruppe zu diesem Thema gibt. Ansonsten werden nur wenige Ihrer Gruppe beitreten, da die größere und bereits länger bestehende Gruppe wahrscheinlich von größerem Interesse für die Mitglieder ist. Sie können beispielsweise eine Gruppe für Sachverständige aus Ihrer Region gründen, um sich auszutauschen, oder – was wohl noch sinnvoller ist – eine Gruppe gründen, die sich speziell einem bestimmten Thema aus Ihrem Fachgebiet widmet, etwa Immobilienbewertung oder Bauschäden, wenn Sie als Immobilien-Sachverständiger agieren, oder eine Gruppe rund um die Themen Kfz-Gutachten, wenn Sie als Kfz-Sachverständiger tätig sind. Haben Sie einen interessanten Namen für Ihre Gruppe gewählt, werden sich mit der Zeit automatisch Mitglieder einfinden, die an genau diesem Thema interessiert sind und mitdiskutieren möchten. Sie alle kennen Ihren Namen, da Sie als Moderator die Aufnahme in die Gruppe bestätigen müssen und auch Newsletter verschicken können.

Auch bei der Beteiligung an Onlinediskussionen und Foren gilt: Glänzen Sie durch Fachwissen und Expertise. In Forenbeiträgen einfach nur plumpe Werbung zu veröffentlichen, wird nicht nur schnell zensiert, sondern erzeugt auch in der Regel kaum eine Wirkung. Denn auch in B2B-Netzwerken wie XING und LinkedIn sind direkte Werbeansprachen ohne Mehrwert verpönt und nicht gern gesehen. Besser ist es, sich aktiv und ernsthaft an bestehenden Diskussionen zu beteiligen oder auch zu aktuell in den Medien vorherrschenden Themen, die Bezug zum Sachverständigenwesen haben, Stellung zu nehmen und Ihre Meinung kundzutun. Vielleicht können Sie auch aus einem Ihrer eigenen Praxisfälle berichten und somit ein Beispiel aus erster Hand liefern. Diese Art von Story-Telling ist für Mitglieder bei XING und LinkedIn besonders wertvoll und interessant und wird mit Sicherheit gelesen. Auf diese Weise erhalten Sie Reichweite unter Multiplikatoren, und das zu sehr günstigen Kosten. Denn die meisten Dienste und Funktionen können Sie bei XING und LinkedIn kostenlos in Anspruch nehmen, so auch die Beteiligung an Gruppen. Lediglich für einige Premium-Leistungen wird eine Mitgliedsgebühr verlangt, die sich allerdings auch im überschaubaren Rahmen hält und die Sie auch relativ flexibel wieder abbestellen können.

Auch von der Funktion, sich mit anderen Mitgliedern zu verknüpfen, können und sollten Sie Gebrauch machen. Bei XING ist dies etwas einfacher als bei LinkedIn möglich, da Sie bei letzterer Plattform immer angeben müssen, woher Sie die jeweilige Person kennen, mit deren Profil Sie sich verknüpfen wollen. Die Kontaktaufnahme zu fremden Personen ist daher entsprechend schwieriger. Auch bei XING ist es gewünscht, eine kleine Nachricht zur Kontaktaufnahme zu senden. Hier können Sie etwa darauf verweisen, dass Sie in derselben Region tätig sind oder gerne sehen möchten, ob es Synergieeffekte gibt. Am besten ist es natürlich, wenn Sie sich online mit Personen verknüpfen, die Sie auch im realen Leben bereits persönlich kennengelernt haben. So lässt sich der reale Kontakt noch virtuell weiterführen, auch wenn die Gelegenheiten für echte Treffen etwa aufgrund geografischer Distanz selten sind.

Zu LinkedIn sei noch erwähnt, dass es dort auch die Möglichkeit gibt, eine Art Blog direkt auf der Plattform zu führen. Sie können dort also eigens für LinkedIn erstellte Beiträge veröffentlichen, die andere Nutzer direkt in der Plattform öffnen und lesen können. Sie haben aber natürlich auch die Möglichkeit, Links einzufügen und zu veröffentlichen. So können Sie beispielsweise auch einen Blogartikel auf Ihrer eigenen Website auf LinkedIn verlinken und dort veröffentlichen. Damit steht Ihnen eine weitere Plattform zur Verfügung, um die sogenannten Social Signals zu erzeugen, also Veröffentlichungen in Social-Media-Plattformen, die sich positiv auf das Ranking auswirken.

Ein weiterer Vorteil bei LinkedIn besteht darin, dass alle Beiträge von Personen, denen Sie folgen bzw. mit deren Profilen Sie verknüpft sind, auch in Ihrer Timeline erscheinen, wenn Sie eingeloggt sind. Diese stellt so etwas wie Ihren Startbildschirm dar. Und natürlich sieht diese auch bei allen anderen Mitgliedern sehr ähnlich aus und informiert über die Aktivitäten aus dem jeweiligen Netzwerk. Das bedeutet, dass alle Personen, die Ihnen folgen bzw. die mit Ihrem Profil verbunden sind, auch automatisch Ihre Beiträge in deren Timeline angezeigt bekommen, sobald sie sich bei LinkedIn einloggen. Damit rufen Sie sich immer wieder in Erinnerung und geraten nicht in Vergessenheit.

5.7 Praxishinweis – Fachartikel streuen

Fachartikel können sich sehr positiv auf Ihre Umsätze auswirken, vor allem wenn Sie diese in den richtigen Medien streuen. In jedem Fall tun Sie gut daran, wenn ein Teil Ihrer Kommunikationsstrategie darauf basiert, Fachartikel in unterschiedlichsten Medien zu verteilen. Idealerweise legen Sie sich eine eigene Strategie dafür zurecht und setzen sich beispielsweise das Ziel, neben Ihrem Arbeitsalltag beispielsweise pro Monat mindestens einen Fachartikel in einem Medium zu platzieren.

Denken Sie daran, dass Onlinemedien dabei den entscheidenden Vorteil bieten, dass die Fachartikel dort langfristig für ein großes Publikum sichtbar und über Google auffindbar bleiben. Wenn Sie also heute einen Fachartikel zum Thema „Wie wird eine Immobilie bewertet?" schreiben und in einem Fachmagazin online veröffentlichen, können auch potenzielle Kunden, die womöglich erst in 3 Jahren oder noch später nach genau dieser Information suchen, den Inhalt finden und kommen damit zu Ihrem Kontakt. Fachartikel, die Sie im Internet streuen, bringen Ihnen langfristig Kundschaft ein, ohne dass Sie dafür jedes Mal erneut tätig werden oder Geld in die Hand nehmen müssen.

Darüber hinaus tragen Fachartikel sehr zur Gestaltung eines positiven Images bei. Ein Beispiel: Jemand hat von Ihnen gehört und überlegt, Ihre Leistungen in Anspruch zu nehmen. Sehr wahrscheinlich wird er Ihren Namen einmal in eine Suchmaschine eingeben, um sich näher über Sie zu informieren. Tauchen nun viele Berichte über Sie bzw. von Ihnen in unterschiedlichen renommierten Fachmagazinen auf, macht dies in jedem Fall ein gutes Bild. Es zeigt, dass Sie sehr aktiv sind und mit Fachwissen aufwarten können. Selbst wenn der potenzielle Kunde sich wahrscheinlich nicht alle Fachartikel durchlesen wird, wird er sich wohl eher für Sie entscheiden als für einen Mitbewerber, über den im Internet kaum etwas zu finden ist als dessen eigene Website. Denn Ihre Kunden sind auf der Suche nach Sicherheit; Sicherheit, dass Sie Ihr Problem lösen können. Wenn viele andere Websites auf Sie verweisen bzw. dort Beiträge von Ihnen zu finden sind, ist dies vertrauensbildend und das Sicherheitsgefühl steigt.

Denken Sie auch daran, dass Sie durch die Streuung von Fachartikeln auch gezielt Ihre Multiplikatoren ansprechen können, die allein schon ein überaus entscheidender Faktor für Ihren Erfolg darstellen können. Überlegen Sie sich genau, wer Ihre Multiplikatoren sind, und veröffentlichen Sie Fachartikel, die thematisch angepasst sind, genau in jenen Onlineportalen, in denen sich diese Multiplikatoren bewegen. Denken Sie dabei auch an die Möglichkeit, Fachartikel in B2B-Portalen wie XING oder LinkedIn zu veröffentlichen oder zu verlinken, um die Reichweite zu erhöhen. Vergessen Sie allerdings nicht, dass dabei Ihre Arbeit und die Lösungsansätze für Ihre Kunden immer im Mittelpunkt stehen sollten und nicht eine marktschreierische Anpreisung Ihrer Dienstleistungen. Dies wäre eines Fachartikels nicht würdig und wird von der Leserschaft meist auch nicht positiv aufgenommen.

Treten Sie hingegen kompetent und seriös auf und verfolgen Sie Ihre Kommunikationsstrategie konsequent, müssen Sie sich hingegen um die Auftragslage keine Sorgen machen. Die Aufträge kommen bald wie von alleine.

5.8 Der Vorteil des Sachverständigen

Als Sachverständiger besitzen Sie einen riesigen Vorteil im Gegensatz zu vielen anderen Branchen. Sie arbeiten in einem Bereich, in den nur wenige Menschen tatsächlich tiefer gehenden Einblick haben, zu dem aber viele Menschen und dabei vor allem solche, die drängenden Bedarf an Ihren Leistungen haben, eine Menge Fragen haben. In vielen anderen Branchen ist dies nicht der Fall. So können Sie diesen Umstand als großen Vorteil Ihrer Kommunikationsstrategie ausspielen, wenn Sie es richtig angehen.

Vielleicht denken Sie sich aber auch, dass Ihre Branche im Allgemeinen eher eine trockene Materie für die meisten Menschen ist und daher wenig interessant. Doch genau darin liegt ein riesiges Potenzial begründet, das erst wenige erkannt haben. Gelingt es Ihnen nämlich, ebendiese Materie interessant und leicht verständlich zu kommunizieren, werden Sie sich rasch einen Namen machen können. Denn gerade dann stechen Sie hervor und differenzieren sich von Mitbewerbern.

Die Arbeit des Sachverständigen, ob diese nun im Bereich des Kfz-Sachverständigen oder des Immobilien-Sachverständigen liegt, bietet eine Menge an überaus interessanten Fällen, die für Ottonormalbürger nicht alltäglich sind und daher gerne gelesen werden. Bietet sich dann in Ihrer Berichterstattung etwa in Ihrem Blog oder in einem Fachartikel auch noch ein Mehrwert in Form eines Tipps, Ratschlags oder einer Information, der sich im Leben Ihrer Interessenten vielleicht einmal umsetzen lässt und bezahlt macht, haben Sie damit bereits überaus wertvolle Elemente für Content geschaffen, der Aufmerksamkeit erregen und Reichweite erzielen wird. Denken Sie immer daran, wie interessant und aufschlussreich Ihr tägliches Geschäft für Menschen sein kann, die damit in der Regel nicht oder nur wenig in Berührung kommen. Nicht umsonst haben sich schon vor Jahren große Fernsehsender des Bereichs von Hausbauschäden und Kfz-Käufen angenommen und dabei höchst erfolgreiche TV-Formate gemacht, die auf alltäglichen Situationen von Experten aus diesen Bereichen aufbauen und wertvolle Informationen liefern. Warum sollten Inhalte, die direkt von einem Experten stammen, nicht mindestens ebenso interessant sein können?

Als Sachverständiger können Sie auf einen über mitunter viele Jahre hinweg angesammelten Erfahrungsschatz zurückgreifen. Dabei haben Sie an vielen Praxisfällen gearbeitet, von denen einige womöglich knifflig waren, andere vielleicht kurios oder ungewöhnlich und wiederum andere sehr alltäglich und damit hoch relevant für ein breites Publikumsspektrum. Je eher es Ihnen gelingt, diese Praxisbeispiele aufzugreifen und in Ihre Kommunikationsstrategie zu integrieren, desto eher können Sie dadurch auch Erfolge erzielen und neue Kunden auf sich aufmerksam machen.

Speziell für Sachverständige gilt „aus der Praxis für die Praxis" als Geheimrezept, um erfolgreich zu kommunizieren. Denn praktische Beispielsfälle aus Ihrem Arbeitsalltag und auch die Art und Weise, wie Sie diese bearbeitet haben, sind genau das, was Ihre Zielgruppe sich wünscht. Denn einerseits wird damit auch komplexe Materie sehr verständlich und bleibt lange in Erinnerung, andererseits gelingt es somit auch schnell, die Beispiele auf die jeweilige konkrete persönliche Situation zu adaptieren. Indem Sie Ihr Tun in Beispielen beschreiben, wird es Ihren potenziellen Kunden deutlich leichter fallen, zu entscheiden, ob Sie der richtige Ansprechpartner für sie sind oder nicht. Darüber hinaus können Sie mitunter schon durch die Beschreibung vergangener Fälle viel Schaden abwenden, indem Sie etwa den Lesern Ihres Blogs die Schritte aufzeigen, wie in einem Schadensfall oder einem Konfliktfall vorzugehen ist, um nicht in juristische Fettnäpfchen zu treten oder gar Rechte zu verlieren. Ihre Leser werden Ihnen dafür dankbar sein und es liegt nahe, dass sie Sie auch für die weitere Vorgehensweise kontaktieren werden, für die dann ein Experte benötigt wird.

Indem Sie auf eine Vielzahl unterschiedlicher Beispielsfälle verweisen können, können Sie auch viele Referenzen nennen, was wiederum vertrauensbildend ist. Auch wenn Sie viele Ihrer Kunden vielleicht nicht beim Namen nennen wollen oder dürfen, wird die große Anzahl an Beispielen, die hier sichtbar wird, dafür sorgen, dass Ihre Interessenten merken, dass Sie auf viel Erfahrung und Know-how zurückgreifen können und bereits in vielen unterschiedlichen Situationen unterstützt haben und Lösungen finden konnten.

Um erfolgreich zu kommunizieren, ist es also ein erster Schritt und vielleicht sogar der wichtigste, aus der Praxis zu erzählen. Sie werden sehen, dass sich dieses Story-Telling bezahlt macht, da es Einblicke in Ihren Arbeitsalltag und Ihre Arbeitsweise gibt und Menschen, die gerade ähnliche Situationen erleben oder mit ähnlich gelagerten Problemen zu kämpfen haben, sich sehr rasch und gut hineinversetzen können.

6. Rechtliche Rahmenbedingungen[1]

Auch wenn es häufig so erscheint, ist das Internet und damit der Onlineauftritt von Sachverständigen kein rechtsfreier Raum. Es sind zum einen die Regelungen des Gesetzes gegen den unlauteren Wettbewerb (UWG) einzuhalten, die für alle Arten der Werbung gelten und die insbesondere irreführende, aggressive und gesetzwidrige Werbung untersagen. Zum anderen gelten die besonderen Regelungen des Onlinerechts, angefangen vom Impressum über fernabsatzrechtliche Vorschriften beim Vertragsschluss über das Internet bis hin zu weiteren Informationspflichten und zum Datenschutz. Zudem sind die Besonderheiten für Sachverständige zu beachten, die sich z. B. bei einer öffentlichen Bestellung und Vereidigung aus dem Pflichtenkatalog der Sachverständigenordnung ergeben.

Dieses Kapitel kann keine vollständige Darstellung des Wettbewerbsrechts und des Datenschutzrechts für Sachverständige bieten. Es soll aber dazu dienen, dass Sachverständige einen Überblick erhalten, worauf sie in rechtlicher Hinsicht unbedingt achten müssen. Zudem soll – auch mithilfe von Beispielen – ein Eindruck vermittelt werden, was zulässig und was unzulässig ist, damit Sachverständige ein Gefühl dafür bekommen, wie erfolgreiche und zugleich rechtlich einwandfreie Eigenwerbung funktionieren kann.

Es lohnt sich jedenfalls, sich mit den rechtlichen Rahmenbedingungen auseinanderzusetzen, um kostenpflichtige Abmahnungen durch Wettbewerber, Wettbewerbsvereine oder Verbraucherschutzvereine und ggf. Gerichtsprozesse sowie Ärger mit Landesdatenschutzbeauftragten zu vermeiden.

6.1 Was ist beim Einrichten einer Homepage rechtlich zu beachten?

6.1.1 Domainname

Schon bei der Auswahl des Namens der Homepage (Domain) ist zu beachten, dass dieser nicht gegen Namens- oder Markenrechte Dritter verstößt. Das heißt, es ist zu prüfen, ob es bereits eine Homepage mit dem ausgewählten Namen gibt. Hier bietet sich eine Internetrecherche an. Selbst wenn der ausgewählte Name nicht 1 : 1 identisch zu bestehenden Namen ist, empfiehlt es sich, Verwechslungen möglichst zu vermeiden. Die Maßstäbe sind ähnlich wie bei der Firmierung im Handelsregister, also dem Namen, unter dem ein Unternehmen im Geschäftsverkehr auftritt – auch hier ist Namensidentität unzulässig und Verwechslungsgefahr sollte vermieden werden. Der Name darf auch nicht irreführend sein. Bei Zweifelsfragen kann die örtliche Industrie- und Handelskammer weiterhelfen.

Sollte ein Sachverständiger neben seiner Sachverständigentätigkeit auch noch eine andere berufliche oder gewerbliche Tätigkeit ausüben, sind die Internetauftritte für beide Tätigkeiten zu trennen. Es sollte also zwei Homepages mit unterschiedlicher Domain geben,

---

[1] Autorin dieses Kapitels ist RA Hildegard Reppelmund, Berlin.

6. Rechtliche Rahmenbedingungen

wobei die beiden Seiten miteinander verlinkt werden dürfen. Wenn also ein Sachverständiger für Immobilienbewertung auch noch als Makler tätig ist, sollte es eine Homepage für die Sachverständigentätigkeit geben und zusätzlich eine für die Maklertätigkeit, z. B. „Sachverständigenbuero-MaxMeier.de" und „Immobilien-MaxMeier.de". Auf beiden Seiten darf es einen Button „Sonstige Tätigkeiten" mit Link zur jeweils anderen Homepage geben.

6.1.2 Impressum

Auf jeder Homepage muss deutlich dargestellt werden, wer hinter dieser Homepage steckt. Die Identität des Seitenbetreibers muss dazu in einem Impressum offengelegt werden. Das Impressum ist die sogenannte Anbieterkennzeichnung nach § 5 Telemediengesetz (TMG).

Diese Anbieterkennzeichnung muss leicht erkennbar, unmittelbar erreichbar und ständig verfügbar sein. Üblich ist ein Button in der auf jeder Seite erscheinenden Kopf-, Seiten- oder Fußzeile, der mit „Impressum" bezeichnet ist und der von jeder Unterseite aus sichtbar und anklickbar ist. Machen Sie es dem Nutzer Ihrer Homepage einfach, dieses Impressum zu finden und zu lesen, da es schließlich auch die Angaben enthält, die dem Nutzer die Kontaktaufnahme zu Ihnen ermöglichen. Besonders kleine Schrift, geringer Farbkontrast und die Notwendigkeit, lange zu scrollen oder sich durch mehrere Seiten klicken zu müssen, um zum Impressum zu gelangen, erfüllen weder die gesetzlichen Anforderungen noch sprechen sie für die Seriosität des Anbieters. Der Button sollte möglichst auf allen Seiten an derselben Stelle zu finden sein. Kopf- oder Seitenleiste sind gegenüber der Fußzeile vorzugswürdig, da Letztere nur durch Scrollen erreicht werden kann und dies bei langen Seiten mühsam sein kann.

Welche Angaben müssen im Impressum enthalten sein?

- **Name und Geschäftsanschrift**
  Mit dem Namen ist bei im Handelsregister eingetragenen Unternehmen die dort eingetragene Firmierung gemeint. Bei juristischen Personen (z. B. GmbH, Aktiengesellschaft) sind zusätzlich Rechtsform und Vertretungsberechtigte(r) anzugeben. Bei nicht im Handelsregister eingetragenen Unternehmen – das wird bei Sachverständigen der Regelfall sein – sind der Nachname und mindestens ein ausgeschriebener Vorname aufzuführen, bei Gesellschaften bürgerlichen Rechts jeweils Nachnamen und ausgeschriebene Vornamen aller Gesellschafter. Als Geschäftsanschrift muss die vollständige Adresse, also eine ladungsfähige Anschrift, angegeben werden. Nicht ausreichend ist die Nennung eines Postfachs oder ausschließlich die E-Mail-Adresse.

- **Kommunikationsdaten**
  Angaben, die eine schnelle elektronische Kontaktaufnahme und unmittelbare Kommunikation ermöglichen, einschließlich der Adresse der elektronischen Post, also E-Mail-Adresse, Telefon- und Faxnummer. Wird eine Servicedienste-Nummer (0180/0900) angegeben, muss auf deren Tarif ausdrücklich und deutlich wahrnehmbar hingewiesen werden. Es muss aber auch mindestens eine Rufnummer zum Basistarif geben. Achtung: Da schon kleine Tippfehler dazu führen, dass kein Kontakt hergestellt werden

6.1 Was ist beim Einrichten einer Homepage rechtlich zu beachten?

kann, ist hier große Sorgfalt geboten, zumal Telefonnummern und E-Mail-Adressen mit Tippfehlern wie fehlende Angaben gewertet werden, ganz abgesehen davon, dass Sie schließlich erreicht werden wollen.

- **Zulassungs-/Aufsichtsbehörde**
  Soweit der Dienst im Rahmen einer Tätigkeit angeboten oder erbracht wird, die der behördlichen Zulassung bedarf, sind Angaben zur zuständigen Aufsichtsbehörde erforderlich. Nach überwiegender Auffassung in der Literatur ist zwar die öffentliche Bestellung und Vereidigung eines Sachverständigen keine solche behördliche Zulassung, dennoch empfiehlt es sich, die Bestellungskörperschaft als Aufsichtsbehörde anzugeben. Sinn dieser Angabe ist es, dem Nutzer die Möglichkeit zu geben, sich über Anbieter erkundigen zu können und im Fall von Rechtsverstößen gegen Berufspflichten eine Anlaufstelle zu haben.

- **Register und Registernummer**
  Anzugeben sind das Handelsregister, Vereinsregister, Partnerschaftsregister oder Genossenschaftsregister, in das Sie eingetragen sind, und die entsprechende Registernummer.

- **Reglementierte Berufe**
  Soweit es sich um eine freiberufliche Tätigkeit mit Kammermitgliedschaft handelt, sind die Kammer, der der Diensteanbieter angehört, die gesetzliche Berufsbezeichnung und der Staat, in dem die Berufsbezeichnung verliehen worden ist, sowie die Bezeichnung der berufsrechtlichen Regelungen und dazu, wie diese zugänglich sind, anzugeben.

- **Ggf. Umsatzsteueridentifikationsnummer**
  In Fällen, in denen der Unternehmer/Sachverständige eine Umsatzsteueridentifikationsnummer nach § 27a des Umsatzsteuergesetzes oder eine Wirtschaftsidentifikationsnummer nach § 139c der Abgabenordnung besitzt, muss diese Nummer angegeben werden.

Weitere Angaben, die nicht vorgeschrieben sind, wie z. B. die Steuernummer oder Kontonummern, sollten auf der Internetseite nicht angegeben werden, damit sie nicht von unbefugten Dritten missbräuchlich genutzt werden können.

---

 *Hier ein **Beispiel** für ein Impressum eines öffentlich bestellten und vereidigten Sachverständigen, der nicht im Handelsregister eingetragen ist:*

Max Meier

Musterstraße 25

10115 Berlin

Tel.: 030/12345678

Fax: 030/12345679

E-Mail: info@sachverstaendiger-maxmeier.de

6. Rechtliche Rahmenbedingungen

Berufsbezeichnung: Öffentlich bestellter und vereidigter Sachverständiger für die Bewertung von bebauten und unbebauten Grundstücken (Sachgebiet exakt so bezeichnen, wie es in der Bestellung formuliert ist)

Aufsichtsbehörde: Industrie- und Handelskammer zu Berlin

Öffentlich bestellte und vereidigte Sachverständige sind nach Maßgabe von § 36 GewO tätig. Max Meier wurde durch die IHK zu Berlin, Fasanenstraße 85, 10623 Berlin, für das Sachgebiet „Bewertung von bebauten und unbebauten Grundstücken" öffentlich bestellt und vereidigt. Er unterliegt den Bestimmungen der Sachverständigenordnung der IHK zu Berlin. Diese kann unter www.berlin.ihk.de eingesehen werden.

Land der Zuerkennung: Deutschland

Umsatzsteuer-Ident-Nummer: DE 87 654 321

6.1.3 Impressum bei Social Media

Sollten neben der Homepage auch noch Social Media genutzt werden, z. B. Facebook, XING, LinkedIn, Blogs und Ähnliches, sind auch dort Impressumspflichten einzuhalten. Die meisten sozialen Netzwerke stellen dafür eigene Bereiche zur Verfügung, z. B. „Info", „Über mich". Wenn Sie es selbst in der Hand haben und nicht an technische Vorgaben von Plattformbetreibern gebunden sind, ist es sinnvoll, die Anbieterkennzeichnung wie bei der eigenen Homepage als „Impressum" zu bezeichnen. Letztlich gelten inhaltlich formell für die Social-Media-Anbieterkennzeichnung dieselben Regelungen wie für das Homepage-Impressum, d. h., es sind dieselben Angaben zur Identität zu machen und diese müssen leicht erkennbar, unmittelbar erreichbar und ständig verfügbar sein.

6.1.4 Dienstleistungsinformationspflichtenverordnung (DL-InfoV)

Da jeder Sachverständige auch Dienstleistungserbringer im Sinne der DL-InfoV ist, sind auch deren Vorgaben einzuhalten. Das heißt, er muss seinem potenziellen Auftraggeber vor Abschluss eines schriftlichen Vertrages oder, sofern kein schriftlicher Vertrag geschlossen wird, vor Erbringung seiner Leistung eine Reihe von Informationen in klarer und verständlicher Sprache zur Verfügung stellen.

In weiten Teilen sind die nach der DL-InfoV zur Verfügung zu stellenden Pflichtangaben identisch mit denen im Impressum:

- Familienname und Vorname bzw. bei Handelsregistereintragung die Firmierung unter Angabe der Rechtsform
- Anschrift der Niederlassung und Kontaktdaten (Telefon, E-Mail, Fax)

6.1 Was ist beim Einrichten einer Homepage rechtlich zu beachten?

- bei einer Eintragung in einem Register (z. B. Handels-, Vereinsregister) das zuständige Registergericht und die Registernummer
- falls vorhanden, die Umsatzsteueridentifikationsnummer

Außerdem anzugeben sind:

- die zuständige Bestellungskammer bzw. bei Sitzverlegung die für die Aufsicht zuständige Kammer (z. B. Industrie- und Handelskammer, Handwerkskammer, Ingenieurkammer)
- die Bezeichnung „öffentlich bestellter und vereidigter Sachverständiger für … (Sachgebiet entsprechend dem Bestellungstenor)" – diese Angabepflicht gibt es selbstverständlich nur bei öffentlicher Bestellung und Vereidigung; dann ist sie allerdings ohnehin auch schon nach der Sachverständigenordnung der Kammer vorgeschrieben.
- falls Allgemeine Geschäftsbedingungen vorhanden sind, deren Wortlaut
- Vertragsklauseln über das auf den Vertrag anwendbare Recht oder über den Gerichtsstand
- wesentliche Merkmale der Dienstleistung, also des Vertragsgegenstandes (z. B. Gutachten, Schiedsgutachten, Mediation, Prüftätigkeit)
- falls eine Berufshaftpflichtversicherung besteht, Name und Anschrift des Versicherungsunternehmens und räumlicher Geltungsbereich der Versicherung

Auf Anfrage muss der Sachverständige auch noch einen Hinweis auf die berufsrechtlichen Regelungen zur Verfügung stellen, also auf die Sachverständigenordnung der bestellenden IHK und wo diese zu finden ist (in der Regel auf der Internetseite der entsprechenden IHK). Auch Angaben zum Preis der Dienstleistung sind auf Anfrage herauszugeben. Sofern dieser nicht genau angegeben werden kann, weil z. B. nach Aufwand abgerechnet wird, sind die Einzelheiten der Berechnung anzugeben oder ist ein Kostenvoranschlag zu erstellen. Bei Verträgen mit Verbrauchern gilt die Preisangabenverordnung. In ausführlichen Informationsunterlagen eines Sachverständigen – als solche kommt auch der Internetauftritt in Betracht – können diese Angaben sogar zu Pflichtangaben werden, also nicht nur auf Anfrage mitzuteilenden Angaben.

Selbstverständlich ist kein Sachverständiger verpflichtet, AGB, Gerichtsstandsklauseln und Ähnliches zu haben; er muss sie auch nicht neu schaffen, um die Angaben machen zu können. Nur wenn diese Dinge vorhanden sind, ist auch darüber zu informieren.

Der Sachverständige kann frei entscheiden, wie und wo er diese Pflichtinformationen zur Verfügung stellt. Dies kann zusammen mit dem Impressum erfolgen. Häufig sieht man auch einen Extra-Button „AGB", falls Allgemeine Geschäftsbedingungen überhaupt verwendet werden.

Verstößt der Sachverständige gegen diese Pflichtangaben, kann der Vertragsschluss unwirksam sein. Außerdem drohen ggf. Bußgelder und Abmahnungen.

6. Rechtliche Rahmenbedingungen

6.1.5 Datenschutz

Seit Februar 2016 werden Datenschutzverstöße nicht nur durch die Landesdatenschutzbeauftragten verfolgt, sondern können auch durch Verbraucherschutz- und Wettbewerbsvereine kostenpflichtig nach dem Unterlassungsklagengesetz (UKlaG) abgemahnt werden. Abmahnfähig sind neben rechtlich unzulässiger Datenverarbeitung, z. B. durch eine falsche Einwilligungserklärung, auch Verstöße gegen das Telemediengesetz, z. B. wegen einer fehlerhaften Datenschutzerklärung auf der Internetseite. Eine Abmahnung nach dem UKlaG kommt nicht in Betracht, wenn die nicht datenschutzkonforme Erhebung, Verarbeitung und Nutzung personenbezogener Verbraucherdaten ausschließlich zum Zwecke der Begründung, Durchführung oder Beendigung eines Vertrages erfolgt. Solche Fehler können nur entweder der Betroffene selbst oder der jeweilige Landesdatenschutzbeauftragte verfolgen.

a) Datenschutzerklärung auf der Homepage

Eine Datenschutzerklärung ist erforderlich, wenn der Betreiber einer Homepage personenbezogene Daten erhebt und verarbeitet. Mit jedem Seitenaufruf werden personenbezogene Daten erhoben und verarbeitet, da die IP-Adresse ein personenbezogenes Datum ist.

Wie das Impressum muss auch die Datenschutzerklärung für den Nutzer jederzeit leicht auffindbar und aufrufbar sein. Es ist daher sinnvoll, neben dem Button „Impressum" einen Button „Datenschutzerklärung" (alternative Buttonbezeichnung: „Datenschutz" oder „Datenschutzinformationen") einzurichten, über den die Datenschutzerklärung aufrufbar ist. Nicht ausreichend ist es, unter dem Button „AGB" hinter den AGB auch noch die Datenschutzerklärung anzusiedeln – dies ist nicht mehr leicht auffindbar im Sinne des Gesetzes.

b) Inhalt der Datenschutzerklärung

Die konkrete Ausgestaltung der Datenschutzerklärung hängt im Wesentlichen davon ab, welche Daten erhoben und verarbeitet werden.

– Allgemeine **Informationspflicht**
  Der Besucher einer Website ist nach dem Telemediengesetz (TMG) und dem Bundesdatenschutzgesetz (BDSG) umfassend über Art, Umfang und Zweck der Erhebung, Verarbeitung oder Nutzung der personenbezogenen Daten sowie etwaige Widerspruchsrechte zu informieren. Dies muss in allgemein verständlicher Form und zu Beginn des Nutzungsvorgangs erfolgen. Die Informationspflicht trifft jeden, der Dienste auf Internetseiten für Dritte zur Verfügung stellt, also auch Sachverständige, die eine Homepage betreiben.

  Zu dieser Informationspflicht gehören auch Hinweise, ob die Website Cookies setzt, ob die Nutzung ggf. noch durch weitere Tools elektronisch analysiert wird (Tracking) und welche Daten dabei von wem erhoben und verarbeitet werden. Bei Social-Media-Plug-ins ist zu prüfen, ob eine 2-Klick-Lösung notwendig ist (siehe unten bei Social-Media-Plug-ins).

6.1 Was ist beim Einrichten einer Homepage rechtlich zu beachten?

- **Cookies**
Cookies sind besonders zu behandeln. Dies sind kleine Textdateien, die auf dem Rechner des Besuchers der Internetseite abgelegt werden, um das Angebot auf seine Bedürfnisse abzustimmen und ihm die Nutzung bestimmter Funktionen zu ermöglichen. Fast jede Website nutzt inzwischen eine Cookie-Technologie. Dazu gehören z. B. die Einrichtung eines Warenkorbs, in dem Produkte abgelegt werden können, oder die vorübergehende Speicherung von Produkten, die kürzlich angesehen wurden. Hierbei handelt es sich um sogenannte Sitzungs-Cookies, die in der Regel nach dem Ende einer Browser-Sitzung wieder von der Festplatte des Nutzers gelöscht werden. Wenn solche Cookies verwendet werden, reicht es aus, den Nutzer in der Datenschutzerklärung darauf hinzuweisen, da es sich um Nutzungsdaten handelt. Empfehlenswert ist zudem, den Nutzer darüber zu informieren, dass er durch Einstellungen seines Browsers das Abspeichern von Cookies verhindern kann, dass dadurch aber eventuell bestimmte Funktionen der Internetseite nicht genutzt werden können.

Daneben gibt es aber auch noch sogenannte permanente Cookies. Permanente Cookies speichert der Browser, bis ein vom Server definiertes Ablaufdatum erreicht ist. Mit permanenten Cookies können wiederkehrende Besucher der Seite erkannt werden. Auch Analysetools, wie z. B. Google Analytics, arbeiten auf der Basis von Cookies.

- **Analysetools**
Ebenfalls in der Datenschutzerklärung aufzuführen ist die Verwendung sogenannter Analysetools, z. B. Google Analytics, eTracker, Piwik und Ähnliche. Dies sind Programme, mit deren Hilfe sich Zahl und Art der Zugriffe und Nutzung der Website auswerten lassen, um das Angebot zu optimieren. In datenschutzrechtlicher Hinsicht kann die Anwendung dieser Programme problematisch sein, wenn sie die IP-Adresse der Seitenbesucher erfassen und verarbeiten, da es sich bei der IP-Adresse um ein personenbezogenes Datum handelt.

Datenschützer haben daher bestimmte Kriterien entwickelt, die ein Analyseprogramm erfüllen sollte, um ohne Einwilligung angewendet werden zu dürfen: Analyseprogramme sollten nur gekürzte und damit anonymisierte oder im Idealfall gar keine IP-Adressen erheben und verarbeiten. Außerdem muss es dem Besucher einer Internetseite immer möglich sein, der Erhebung seiner Daten zu widersprechen. Schließlich müssen die Daten nach Abschluss der Analyse gelöscht werden und dürfen zu keinem Zeitpunkt mit der betreffenden Person zusammengeführt werden.

- **Social-Media-Plug-ins**
Bei sozialen Netzwerken wie Facebook, Google+ und Ähnlichem gibt es die Möglichkeit, auf der Internetseite Programme in Form eines „Gefällt mir"- oder eines „+1"-Buttons zu installieren. Als problematisch angesehen werden solche Buttons, weil schon mit Aufruf der Internetseite, auf der sich der Button befindet, eine Verbindung mit den Servern des jeweiligen Netzwerks hergestellt und die IP-Adresse des Besuchers dorthin übermittelt wird. Dies passiert unabhängig davon, ob dieser Besucher bei dem sozialen Netzwerk eingeloggt oder überhaupt registriert ist. Bei eingeloggten Nutzern wird der Besuch einer Seite mit Plug-in außerdem ihrem Nutzerkonto zugeordnet.

6. Rechtliche Rahmenbedingungen

Der Plug-in sollte zunächst nur als bloße Grafik ohne aktive Funktion auf der Seite erscheinen, damit nicht schon beim Aufruf der Seite Daten an die Server des jeweiligen Netzwerkes weitergeleitet werden. Erst durch Anklicken wird dann der eigentliche Plug-in aktiviert und die Verbindung zu den Servern des sozialen Netzwerks hergestellt. Zuvor sollte der Besucher auf diese Folge hingewiesen werden. Auf diese Weise muss er aktiv einwilligen, bevor seine Daten an das Netzwerk weitergeleitet werden (sogenannte 2-Klick-Lösung).

- **Datentransfer in Drittländer**
Auch wenn gar kein Drittlandsbezug und keine Datenübermittlung in Drittländer beabsichtigt sind, kann es aufgrund der zugrunde liegenden Technik sein, dass bei der Nutzung von Internetseiten personenbezogene Daten der Besucher in andere Staaten außerhalb der EU übermittelt werden. Dies gilt insbesondere bei der Nutzung von Analysetools und Social-Media-Plug-ins. Erlaubt ist die Übermittlung von Daten in Nicht-EU-Staaten grundsätzlich nur dann, wenn dort ein angemessenes Datenschutzniveau gewährleistet ist. Das heißt, der Anbieter einer Internetseite sollte wissen, wohin die Daten der Nutzer seiner Seite übermittelt werden. Gerade für die Datenübermittlung in die USA müssen z. B. besondere Regeln eingehalten werden, die im sogenannten Privacy Shield bzw. in EU-Standardvertragsklauseln geregelt sind.

- **Auftragsdatenverarbeitung**
Wenn im Zusammenhang mit dem Erstellen und dem Betrieb der Internetseite Dienstleister eingeschaltet sind, die Zugriff auf die auf dieser Seite erhobenen personenbezogenen Daten haben, ist der Abschluss von Auftragsdatenverarbeitungsverträgen erforderlich. Das kann z. B. bei der Nutzung von Analysetools der Fall sein.

6.1.6 Urheberrecht

Internetseiten enthalten in der Regel Bilder und Texte, zum Teil auch Logos. Wer Bilder, Texte und Logos auf seine Website stellt, muss sicherstellen, dass er dafür die Nutzungsrechte hat. Bei selbst geschriebenen Texten ist das unproblematisch. Abschreiben bei anderen, und sei es z. B. für Allgemeine Geschäftsbedingungen, ist äußerst riskant. Zum einen kann man nicht sicher sein, dass der Text des anderen keine rechtlichen Fehler enthält, sondern z. B. AGB-Klauseln oder Widerrufsbelehrungsformulierungen, die unzulässig sind und damit ein Abmahnrisiko darstellen. Zum anderen steht das Urheberrecht an fremden Texten demjenigen zu, der sie formuliert hat (oder einen Rechtsanwalt mit der Formulierung beauftragt und dafür das Nutzungsrecht erworben hat). Das heißt, dass dieser andere einwilligen müsste, wenn ein anderer seine Texte nutzen will. Ohne eine solche Einwilligung in die Nutzung liegt ein Urheberrechtsverstoß vor, den der Urheber (oder der berechtigte Nutzer mit ausschließlichem Nutzungsrecht) kostenpflichtig abmahnen kann. Neben den Kosten für die Abmahnung fällt dann außerdem eine – in der Regel erhöhte – Lizenzgebühr für die Dauer der unberechtigten Nutzung an. Also: Schreiben Sie Ihre Texte selbst oder klären Sie mit demjenigen, der sie schreibt, die Nutzungsrechte, und dies aus Beweisgründen möglichst schriftlich.

6.1 Was ist beim Einrichten einer Homepage rechtlich zu beachten?

Noch größere Relevanz hat das Thema Urheberrecht bei Bildern, Fotos, Grafiken und Stadtplanausschnitten. Auch hier ist zu klären, dass diese für die eigene Internetseite genutzt werden dürfen. Ganz sicher kann man sein, wenn man die Bilder selbst erstellt hat. Nutzen Sie fremde Bilder, ist eine möglichst schriftliche Nutzungsberechtigungserklärung einzuholen. Gerade bei Fotos aus Fotodatenbanken im Internet und bei Stadtplanausschnitten ist die Verfolgungswahrscheinlichkeit bei Nutzung ohne Lizenz sehr hoch und sehr teuer. Zu Recht verfolgen professionelle Fotografen, Bildagenturen und Stadtplanverlage Urheberrechtsverstöße rigoros. Da können schnell Summen in vierstelliger Höhe für die unbefugte Nutzung, Abmahnkosten, Schadenersatz und Lizenzgebühr zustande kommen. Wichtig ist: Stellen Sie die Nutzungsberechtigung auch sicher, wenn Sie Dritte, z. B. Webdesigner oder Werbeagenturen, mit der Erstellung Ihrer Internetseite beauftragen.

Wenn Sie Nutzungslizenzen erwerben – zum Teil ist dies sogar kostenfrei möglich –, ist sicherzustellen, dass die Lizenzbedingungen eingehalten werden. So ist z. B. im Regelfall bei Fotos der Fotograf als Urheber unter dem Bild als Quelle anzugeben. Es ist aber von Datenbank zu Datenbank unterschiedlich geregelt, was dabei genau zu beachten ist.

Wenn Sie selbst Bilder erstellen, indem Sie Fotos machen, die für Ihre Internetseite passen, ist zu berücksichtigen, dass bei Bildern von Personen deren Persönlichkeitsrecht zu beachten ist. Wenn also auf Fotos einzelne Personen erkennbar sind und diese nicht nur Teil einer Menschenmenge sind, dann müssen diese Personen gefragt werden, ob sie mit der Veröffentlichung des Bildes im Internet (und ggf. auch in einer Werbebroschüre) einverstanden sind. Wichtig ist, in der Einwilligungserklärung auch den Nutzungszweck (Internet, Broschüre) zu benennen.

Ein Sonderfall ist die Logo-Nutzung. Logos können den Wiedererkennungswert steigern, sie können aber auch wie ein Qualitätssiegel wirken.

Selbst erstellte Logos führen zumindest nicht zu urheberrechtlichen Problemen, wenn sie nicht von anderen abgekupfert werden oder sehr ähnlich wie bestehende Logos von anderen aussehen. Sie sollten außerdem in Inhalt und Form so gestaltet sein, dass sie nicht irreführend wirken, sondern mit dem Grundsatz der sachlichen Informationswerbung in Einklang stehen. Jede Verwendung von staatlichen Wappen (z. B. Bundesadler, Wappen von Bundesländern oder Kommunen) ist unzulässig. Verwechslungsgefahr mit staatlichen Symbolen ist jedenfalls zu vermeiden. Selbst wenn solche Logos rechtlich vielleicht noch so gerade zulässig sein sollten, sind sie jedenfalls kein Zeichen für Seriosität, da der Eindruck hervorgerufen wird, dass bewusst Staatsnähe, eine staatliche oder hoheitliche Zulassung und vielleicht sogar eine Beleihung (vergleichbar dem TÜV) vorgetäuscht wird.

Sollen Logos von Verbänden oder Institutionen genutzt werden, sind die jeweiligen Nutzungsbedingungen zu klären. So gibt es z. B. für öffentlich bestellte und vereidigte Sachverständige das von deren Bestellungskörperschaften zusammen mit dem Institut für Sachverständigenwesen (IfS) entwickelte Logo „Zeichen für Sachverstand". Dieses Logo ist als Marke für die öffentliche Bestellung und Vereidigung eingetragen und kann nach Erwerb einer Lizenz beim Markeninhaber IfS für den Internetauftritt sowie auf Visitenkarten und Geschäftspapier genutzt werden. Das IfS stellt hierfür eine Logo-CD zur Verfügung. Weitere Informationen zu diesem Logo und zu den Nutzungsbedingungen finden Sie unter https://www.ifsforum.de/sachverstaendige/zeichen-fuer-sachverstand.html.

6. Rechtliche Rahmenbedingungen

6.1.7 Links

Das Setzen von Hyperlinks auf andere Websites ist grundsätzlich gestattet, sofern der Anbieter der Seite, auf die verlinkt werden soll, dies nicht offensichtlich untersagt hat. Verlinkungen können allerdings riskant sein, da derjenige, der den Link setzt, für die fremden Inhalte ggf. in Haftung genommen werden kann, wenn diese unzulässig sind oder z. B. Urheberrechtsverstöße enthalten. Ein solches Haftungsrisiko besteht insbesondere dann, wenn man von den Rechtsverstößen auf der verlinkten Website Kenntnis hatte oder man sich den Inhalt der verlinkten Website „zu eigen" gemacht hat. Wichtig ist daher, dass Links als sogenannte externe Links gestaltet werden, also nicht als Bestandteil in die eigene Website eingebettet werden. Sinnvoll ist es darüber hinaus, auf der Internetseite eine Erklärung abzugeben, dass Sie sich den Inhalt von verlinkten Seiten nicht zu eigen machen. Dies kann z. B. hinter den Datenschutzhinweisen oder am Ende des Impressums erfolgen. Wichtig ist außerdem, Links sofort zu entfernen, sobald Sie Kenntnis davon erhalten, dass dort rechtswidriger Inhalt enthalten ist. Ohnehin sollte man Links regelmäßig überprüfen, zumal es für Nutzer ärgerlich ist, wenn Links nicht (mehr) funktionieren.

6.2 Werbung im Internet

Wer im Internet „kommerzielle Kommunikation" als Werbung im weiteren Sinne betreibt, muss einerseits § 6 Telemediengesetz (TMG) beachten, der speziell die kommerzielle Kommunikation im Internet regelt. Zum anderen gelten auch für Internetwerbung die allgemeinen Regeln des Gesetzes gegen den unlauteren Wettbewerb (UWG). In Teilen läuft beides gleich, ausführlicher sind aber die Regeln des UWG. Beides ist jedenfalls einzuhalten. Bei Verstößen drohen kostenpflichtige Abmahnungen und ggf. Gerichtsverfahren (Näheres dazu siehe unten).

6.2.1 Kommerzielle Kommunikation nach § 6 TMG

§ 6 TMG schreibt einige Selbstverständlichkeiten fest: So muss Werbung als solche klar zu erkennen sein. Außerdem ist die Identität desjenigen anzugeben, in dessen Auftrag die kommerzielle Kommunikation erfolgt, also welche natürliche oder juristische Person hinter dieser Werbung steckt. Für Sachverständige etwas weniger relevant dürften die Vorgaben zu Verkaufsfördermaßnahmen sein: Angebote zur Verkaufsförderung wie Preisnachlässe, Zugaben und Geschenke müssen klar als solche erkennbar sein. Auch die Bedingungen für ihre Inanspruchnahme müssen leicht zugänglich sowie klar und unzweideutig offengelegt werden. Preisausschreiben oder Gewinnspiele mit Werbecharakter müssen klar als solche erkennbar sein. Auch für deren Teilnahmebedingungen gilt der Transparenzgrundsatz.

6.2.2 Gesetz gegen den unlauteren Wettbewerb (UWG)

Jeder Werbetreibende – und damit auch jeder Sachverständige, der über das Internet um Auftraggeber wirbt – muss sich an das UWG halten. Das UWG hat den Zweck,

Mitbewerber, Verbraucher und sonstige Marktteilnehmer (z. B. Unternehmer als Werbeadressat/Auftraggeber/Vertragspartner) vor unlauteren Geschäftshandlungen zu schützen; zugleich schützt es das Interesse der Allgemeinheit an einem unverfälschten Wettbewerb. Es ist vom Grundsatz geprägt, dass Irreführung und aggressive Werbung unzulässig sind. Es fällt jede geschäftliche Handlung darunter, also jedes Verhalten einer Person zugunsten des eigenen oder eines fremden Unternehmens vor, bei oder nach dem Geschäftsabschluss, das mit der Förderung des Absatzes oder des Bezugs von Waren oder Dienstleistungen oder mit dem Abschluss oder der Durchführung eines Vertrages über Waren oder Dienstleistungen objektiv zusammenhängt. Wegen der Dienstleistungen ist es also auch für Sachverständige relevant. Unerheblich ist, ob der Vertragspartner Verbraucher oder Unternehmer ist. Es können allenfalls Unterschiede im Umfang der Pflichten bestehen, insbesondere der Informationspflichten, die gegenüber Verbrauchern stärker ausgeprägt sind. Verstöße können durch aktives Tun, aber auch durch Unterlassen erfolgen.

Hier soll vor allem der Onlineauftritt des Sachverständigen beleuchtet werden. Letztlich ist aber auch sonstige Werbung des Sachverständigen, sei es durch Anzeigen, Flyer, Außenwerbung am Sachverständigenbüro, die Vertragsgestaltung, AGB, Verhalten nach Kundenbeschwerden und Ähnliches, am Maßstab des UWG zu messen.

Geschäftliche Handlungen, die sich an Verbraucher richten oder diese erreichen, sind unlauter, wenn sie nicht der unternehmerischen Sorgfalt entsprechen und dazu geeignet sind, das wirtschaftliche Verhalten des Verbrauchers wesentlich zu beeinflussen. Hierzu gibt es als Anhang zum UWG eine sogenannte Schwarze Liste von Geschäftspraktiken, die auf jeden Fall unzulässig sind, z. B. Schleichwerbung, die nicht erkennen lässt, dass es sich um Werbung handelt (als Information getarnte Werbung), oder die Werbung mit einem Verhaltenskodex, obwohl man sich einem solchen nicht unterworfen hat oder ihn nicht einhält.

Bei der Beurteilung von geschäftlichen Handlungen gegenüber Verbrauchern ist auf den durchschnittlichen Verbraucher oder, wenn sich die geschäftliche Handlung an eine bestimmte Gruppe von Verbrauchern wendet, auf ein durchschnittliches Mitglied dieser Gruppe abzustellen. Geschäftliche Handlungen, die für den Unternehmer vorhersehbar das wirtschaftliche Verhalten nur einer eindeutig identifizierbaren Gruppe von Verbrauchern wesentlich beeinflussen, die aufgrund geistiger oder körperlicher Beeinträchtigungen, Alter oder Leichtgläubigkeit im Hinblick auf diese geschäftlichen Handlungen oder die diesen zugrunde liegenden Waren oder Dienstleistungen besonders schutzbedürftig sind, sind aus der Sicht eines durchschnittlichen Mitglieds dieser Gruppe zu beurteilen.

Die im Gesetz aufgeführten Fallgruppen sind inzwischen danach unterschieden, ob es sich um mitbewerberschützende Regelungen, um aggressive, irreführende oder um vergleichende Werbung handelt oder ob sich die Unlauterkeit aus einem Rechtsverstoß gegen andere Gesetze ergibt (sogenannter Rechtsbruch). Letztlich steckt hinter allen Fallgruppen der Grundgedanke „Verhalte dich fair gegenüber deinen Kunden und Mitbewerbern und achte auf Wahrheit und Klarheit".

6. Rechtliche Rahmenbedingungen

a) Rechtsbruch

Die Fallgruppe „Rechtsbruch" bedeutet, dass z. B. ein Verstoß gegen das TMG wegen eines falschen Impressums nicht nur durch die TMG-Ordnungsbehörde als Ordnungswidrigkeit verfolgt werden kann, sondern zusätzlich auch mit den Mitteln des UWG, also durch Abmahnung durch einen Mitbewerber, Verbraucherschutzvereine, Wettbewerbsvereine oder IHKs. Gleiches gilt für einen Verstoß gegen die Preisangabenverordnung. Ob auch ein Verstoß gegen die Sachverständigenordnung einer IHK darunterfällt, ist umstritten. Meist wird dabei aber noch ein weiterer Aspekt (z. B. Irreführung) hinzukommen, sodass jedenfalls dann mit einer UWG-Abmahnung zu rechnen ist.

b) Mitbewerberschützende Regelungen

Bei den mitbewerberschützenden Regelungen geht es darum, dass es unzulässig ist, einen Mitbewerber oder seine Leistungen herabzusetzen oder zu verunglimpfen, ihn zu behindern oder seine Dienstleistungen in unredlicher Weise nachzuahmen.

c) Verbot der aggressiven Werbung

Das Verbot der aggressiven Werbung bedeutet unter anderem, dass keiner durch Druck, Nötigung oder Drohung zu einer Entscheidung „gezwungen" werden soll, die er sonst nicht getroffen hätte. Dazu gehört auch das bewusste Ausnutzen von konkreten Unglückssituationen oder Umständen von solcher Schwere, dass sie das Urteilsvermögen des Verbrauchers oder sonstigen Marktteilnehmers beeinträchtigen, um dessen Entscheidung zu beeinflussen.

Beispiel:

 Ein Sachverständiger, der an einem gerade geschehenen Autounfall vorbeikommt, darf dort den Unfallopfern nicht direkt vor Ort seine Leistungen zur Schadensbegutachtung und der Schadensabwicklung anbieten.

d) Irreführung

Die wohl wesentlichste Fallgruppe ist das **Verbot der Irreführung**, sei es durch aktives Tun, sei es durch Unterlassen.

Eine geschäftliche Handlung ist irreführend, wenn sie unwahre Angaben enthält oder sonstige zur Täuschung geeignete Angaben über folgende Umstände enthält:

aa) die wesentlichen Merkmale der Ware oder Dienstleistung wie Verfügbarkeit, Art, Ausführung, Vorteile, Risiken, Zusammensetzung, Zubehör, Verfahren oder Zeitpunkt der Herstellung, Lieferung oder Erbringung, Zwecktauglichkeit, Verwendungsmöglichkeit, Menge, Beschaffenheit, Kundendienst und Beschwerdeverfahren, geografische oder betriebliche Herkunft, von der Verwendung zu erwartende Ergebnisse oder die Ergebnisse oder wesentlichen Bestandteile von Tests der Waren oder Dienstleistungen;

Beispiele:

- *Alleinstellungs- oder Spitzenstellungswerbung, ohne dass diese Behauptung den Tatsachen entspricht („Ich bin der Beste", „... der Größte in ..."; „Wir sind die Nr. 1 bei ...", „Ich bin der Einzige, der in Deutschland das ...-Verfahren verwendet"; „Wir sind Hauptgutachter des Gerichts xy")*
- *Behauptung, dass die Kosten eines Privatgutachtens im gerichtlichen Verfahren erstattet werden, ohne zu sagen, dass diese nur dann erstattet werden, wenn das Gutachten zur zweckentsprechenden Rechtsverfolgung erforderlich war*
- *Gutachten binnen 24 Stunden, obwohl dies nicht in jedem Fall gewährleistet werden kann*
- *Werbung mit bestimmten Messverfahren, obwohl die dafür erforderlichen Geräte nicht verwendet werden*

bb) den Anlass des Verkaufs wie das Vorhandensein eines besonderen Preisvorteils, den Preis oder die Art und Weise, in der er berechnet wird, oder die Bedingungen, unter denen die Ware geliefert oder die Dienstleistung erbracht wird;

cc) die Person, Eigenschaften oder Rechte des Unternehmers wie Identität, Vermögen einschließlich der Rechte des geistigen Eigentums, den Umfang von Verpflichtungen, Befähigung, Status, Zulassung, Mitgliedschaften oder Beziehungen, Auszeichnungen oder Ehrungen, Beweggründe für die geschäftliche Handlung oder die Art des Vertriebs;

Beispiele:

- *Behauptung, der Sachverständige sei öffentlich bestellt und vereidigt, obwohl das nicht der Fall ist*
- *Werbung mit Zertifizierung, obwohl keine Zertifizierung vorliegt. Achtung: Die Teilnahme an einem Zertifikatslehrgang berechtigt nicht ohne Weiteres zur Verwendung des Begriffs „zertifizierter ...", weil für eine Zertifizierung andere Voraussetzungen erfüllt sein müssen.*
- *eigenmächtige Abänderung oder Ausdehnung des Sachgebietes, für das eine öffentliche Bestellung und Vereidigung vorliegt*
- *falsche Angaben über die fachliche Qualifikation (Studienabschlüsse, Ausbildung, Prüfungen, Lehrgänge, Zertifikate)*
- *Jubiläumswerbung, obwohl gar kein Jubiläum besteht („50 Jahre Sachverständiger Meier in Berlin")*
- *Werbung mit der Mitgliedschaft im IfS oder einem Sachverständigenverband, ohne dass diese Mitgliedschaft besteht*

6. Rechtliche Rahmenbedingungen

dd) Aussagen oder Symbole, die im Zusammenhang mit direktem oder indirektem Sponsoring stehen oder sich auf eine Zulassung des Unternehmers oder der Waren oder Dienstleistungen beziehen;

Beispiele:

- *Verwendung des IfS-Logos oder eines Verbandslogos, obwohl dort keine Mitgliedschaft besteht*
- *Verwendung des Logos für öffentlich bestellte und vereidigte Sachverständige ohne öffentliche Bestellung und ohne eine entsprechende Lizenz des IfS (= Markeninhaber und Lizenzgeber) zu besitzen*
- *missbräuchliche Verwendung des Rundstempels, der den Eindruck einer öffentlichen Bestellung und Vereidigung erweckt*

ee) die Notwendigkeit einer Leistung, eines Ersatzteils, eines Austauschs oder einer Reparatur;

ff) die Einhaltung eines Verhaltenskodexes, auf den sich der Unternehmer verbindlich verpflichtet hat, wenn er auf diese Bindung hinweist;

Beispiel:

Einige Verbände haben Verhaltenskodizes, deren Einhaltung Voraussetzung für die Mitgliedschaft ist. Dann ist es irreführend, auf diesen Verhaltenskodex hinzuweisen, ohne ihn einzuhalten oder ohne Mitglied zu sein.

gg) Rechte des Verbrauchers, insbesondere solche aufgrund von Garantieversprechen, oder Gewährleistungsrechte bei Leistungsstörungen.

Eine geschäftliche Handlung ist auch irreführend, wenn sie im Zusammenhang mit der Vermarktung von Waren oder Dienstleistungen einschließlich vergleichender Werbung eine Verwechslungsgefahr mit einer anderen Ware oder Dienstleistung oder mit der Marke oder einem anderen Kennzeichen eines Mitbewerbers hervorruft.

e) Irreführung durch Unterlassen

Nicht nur die aktive Irreführung durch Falschinformation ist unzulässig, sondern dem gleichgestellt ist die Irreführung durch Unterlassen. Eine solche liegt vor, wenn bewusst oder unbewusst Informationen vorenthalten werden, die für die Entscheidung des potenziellen Auftraggebers/Kunden für das Rechtsgeschäft gerade wesentlich gewesen wären. Das heißt, dass nicht jedes Verschweigen oder Vergessen von Informationen sofort UWG-relevant ist. Vielmehr kommt es auf die Bedeutung der unterlassenen Information für die geschäftliche Entscheidung des Kunden an.

Als unzulässiges Vorenthalten von Informationen gilt auch

- das Verheimlichen wesentlicher Informationen,
- die Bereitstellung wesentlicher Informationen in unklarer, unverständlicher oder zweideutiger Weise und
- die nicht rechtzeitige Bereitstellung wesentlicher Informationen.

Welche Information als wesentlich anzusehen ist, ist einzelfallabhängig und kann auch je nach Kommunikationsmittel unterschiedlich zu beurteilen sein. Bei Online-Werbung werden jedenfalls im Internet aber „mangelnder Platz" oder „hohe Anzeigekosten" nie ein Argument dafür sein, dass Informationen weggelassen werden könnten.

Werden Waren oder Dienstleistungen unter Hinweis auf deren Merkmale und Preis in einer dem verwendeten Kommunikationsmittel angemessenen Weise so angeboten, dass ein durchschnittlicher Verbraucher das Geschäft abschließen kann, gelten schon kraft Gesetzes folgende Informationen als wesentlich, sofern sie sich nicht unmittelbar aus den Umständen ergeben:

- alle wesentlichen Merkmale der Ware oder Dienstleistung in dem dieser und dem verwendeten Kommunikationsmittel angemessenen Umfang
- die Identität und Anschrift des Unternehmers, ggf. die Identität und Anschrift des Unternehmers, für den er handelt
- der Gesamtpreis oder in Fällen, in denen ein solcher Preis aufgrund der Beschaffenheit der Ware oder Dienstleistung nicht im Voraus berechnet werden kann, die Art der Preisberechnung sowie ggf. alle zusätzlichen Fracht-, Liefer- und Zustellkosten oder in Fällen, in denen diese Kosten nicht im Voraus berechnet werden können, die Tatsache, dass solche zusätzlichen Kosten anfallen können
- Zahlungs-, Liefer- und Leistungsbedingungen sowie Verfahren zum Umgang mit Beschwerden, soweit sie von Erfordernissen der unternehmerischen Sorgfalt abweichen
- das Bestehen eines Rechts zum Rücktritt oder Widerruf

Voraussetzung für diese Informationspflichten ist also, dass der Verbraucher das Geschäft abschließen kann. Dies ist weit auszulegen, liegt aber jedenfalls nur vor, wenn Preis und Ware bzw. Dienstleistung konkret beschrieben werden. Geht es hingegen um reine Imagewerbung, sind die Anforderungen nicht ganz so hoch. Da gerade bei der Widerrufsbelehrung leicht Fehler gemacht werden, die wegen ihrer leichten Recherchierbarkeit im Internet ein sehr hohes Abmahnrisiko bergen, sollte gut überlegt werden, wie konkret die Leistungsangebote im Internet dargestellt werden. An dieser Stelle liegt jedenfalls ein besonders hohes rechtliches Risikopotenzial.

f) Vergleichende Werbung

Vergleichende Werbung ist gerade in Deutschland schwierig. Zum einen muss sie wahrheitsgemäß und sachlich sein. Der Mitbewerber, mit dem verglichen wird, darf nicht herabgesetzt werden. Zum anderen sind Vergleiche nur für tatsächlich Vergleichbares zulässig.

6. Rechtliche Rahmenbedingungen

Das heißt, es dürfen nicht die berühmten Äpfel mit Birnen verglichen werden. Die wesentlichen Grundlagen des Vergleichs müssen sich entsprechen – dies muss auch offengelegt werden. Bei Dienstleistungen wie denen von Sachverständigen dürfte es schwierig sein, eine zu 100 % identische und damit vergleichbare gleiche Leistung als Vergleichsgrundlage zu finden. Insgesamt ist bei vergleichender Werbung große Zurückhaltung geboten, zumal sie bei den Adressaten häufig nicht gut ankommt. Es spricht nicht gerade für Seriosität und Sachlichkeit, wenn sich vergleichende Werbung auf diesem rechtlich recht dünnen Eis bewegt.

g) Belästigende Werbung

Das UWG regelt in § 7, dass belästigende Werbung unzulässig ist. Dabei wird differenziert zwischen Brief-, Telefon-, Fax- und E-Mail-Werbung. Letztere wollen wir unter dem Aspekt der Online-Werbung näher beleuchten.

Als Grundsatz gilt: Elektronische Post ist verboten, wenn keine vorherige ausdrückliche Einwilligung des Adressaten vorliegt.

Elektronische Post in diesem Sinne sind sowohl die einzelnen Werbe-E-Mails, die konkret an einen bestimmten Adressaten geschickt werden, als auch elektronische Newsletter.

Es ist immer eine vorherige Einwilligung erforderlich. Anders als bei der Telefonwerbung gibt es bei E-Mails nicht einmal im B2B-Bereich, also bei der Werbung gegenüber Unternehmen, die Möglichkeit, sich durch eine mutmaßliche Einwilligung zu rechtfertigen – ganz abgesehen davon, dass diese Rechtfertigung auch bei Telefonwerbung in der Praxis von den Gerichten an so hohen Maßstäben gemessen wird, dass sie nie angenommen wird.

Eine ausdrückliche Einwilligung ist nur dann entbehrlich, wenn der Unternehmer im Zusammenhang mit dem Verkauf einer Ware oder Dienstleistung von dem Kunden dessen elektronische Postadresse erhalten hat, der Unternehmer die Adresse zur Direktwerbung für eigene ähnliche Waren oder Dienstleistungen verwendet, der Kunde der Verwendung nicht widersprochen hat und der Kunde bei der Erhebung der Adresse und bei jeder Verwendung klar und deutlich darauf hingewiesen wird, dass er der Verwendung jederzeit widersprechen kann, ohne dass hierfür andere als die Übermittlungskosten nach den Basistarifen entstehen. Diese Voraussetzungen müssen kumulativ vorliegen, also alle dieser Voraussetzungen müssen erfüllt werden.

Bei Newslettern wird empfohlen, das sogenannte Doppel-Opt-in-Verfahren zu nutzen. In der Regel wird der Sachverständige auf seiner Internetseite anbieten, den Newsletter zu abonnieren. Wenn jemand dort also den Newsletter bestellt, indem er den Button „Newsletter bestellen" anklickt und dort seine E-Mail-Adresse einträgt, sollte ihm zunächst eine E-Mail geschickt werden, in der sinngemäß festgestellt wird „Sie haben auf meiner Internetseite meinen Newsletter bestellt. Bitte bestätigen Sie, dass Sie diesen Newsletter tatsächlich beziehen wollen". In dieser E-Mail sollte auf keinen Fall bereits Werbung enthalten sein, sondern lediglich die Bestätigungsaufforderung. Erst wenn dann die Bestätigungsmail durch den Newsletter-Besteller geschickt wurde bzw. die Bestätigung durch das Anklicken des in der E-Mail angegebenen Bestätigungslinks erfolgt ist, sollte mit dem eigentlichen Newsletter-Versand begonnen werden. Hintergrund ist, dass bei der Angabe der E-Mail-Adresse bei der ursprünglichen Bestellung nicht sichergestellt werden kann, ob derjenige berechtigterweise diese E-Mail-Adresse angegeben hat und nicht für beliebige Dritte – ohne deren Wissen und Willen – den Newsletter bestellt hat. Durch die Bestätigung ist gewährleistet, dass nur derjenige den Newsletter erhält, der ihn wirklich erhalten will. Dies ist entsprechend zu dokumentieren. Gleichzeitig ist wichtig, dass am Ende eines jeden Newsletters darauf hingewiesen wird, dass jederzeit die Möglichkeit besteht, ihn wieder abzubestellen, möglichst mit einem Link für die Abbestellung oder zumindest der Beschreibung, wie die Abbestellung möglich ist (z. B. Mail, an wen usw.). Wird der Newsletter abbestellt, ist unverzüglich die Adresse aus dem E-Mail-Verteiler zu entfernen, da sonst schon beim nächsten Versand des Newsletters eine Abmahnung wegen belästigender Werbung möglich ist.

6.2.3 Rechtsdienstleistungen und Rechtsdienstleistungsgesetz

Vorsicht ist bei dem Angebot von Rechtsdienstleistungen geboten. Diese sind nach dem Rechtsdienstleistungsgesetz (RDG) grundsätzlich nur Rechtsanwälten erlaubt. Es gibt allerdings eine Ausnahme für Sachverständige, wenn die Rechtsdienstleistung als Annexleistung zu einer gutachterlichen Hauptleistung (§ 5 RDG) oder nach anderen Vorschriften des RDG zulässig ist. Für verbotene Dienstleistungen darf auch nicht geworben werden. Das Risiko, dies im Internet zu tun, ist besonders hoch wegen der dort möglichen Recherchemöglichkeit. Zudem haben Ihre Wettbewerber Sie immer im Blick. Dies sind jedenfalls gut vermeidbare Fallen, in die man besser nicht hineintappt. Zudem ist zu berücksichtigen, dass selbst nach dem RDG zulässige Rechtsdienstleistungen ein hohes Haftungsrisiko bergen, das mit der Berufshaftpflichtversicherung wohlweislich vorab zu klären ist.

Zulässig, weil nicht als Rechtsdienstleistung im Sinne des RDG einzuordnen, sind für Sachverständige folgende in § 2 Abs. 3 RDG aufgeführten Leistungen:

- die Erstattung wissenschaftlicher Gutachten
- die Tätigkeit von Einigungs- und Schlichtungsstellen, Schiedsrichterinnen und Schiedsrichtern
- die Mediation und jede vergleichbare Form der alternativen Streitbeilegung, sofern die Tätigkeit nicht durch rechtliche Regelungsvorschläge in die Gespräche der Beteiligten eingreift
- die an die Allgemeinheit gerichtete Darstellung und Erörterung von Rechtsfragen und Rechtsfällen in den Medien

Solche Dienstleistungen kann der Sachverständige, wenn er sie anbietet, auch bewerben.

6.3 Besonderheiten für die Werbung von Sachverständigen

Für Sachverständige gibt es kein Berufsgesetz. Auch der Begriff „Sachverständiger" oder „Gutachter" ist nicht geschützt, sodass sich theoretisch jeder „Sachverständiger" nennen kann, der Sachverstand hat, ohne dass es einer vorherigen Zulassung, Qualitätsprüfung oder Erlaubnis bedarf. Dennoch wäre es irreführend, als Sachverständiger aufzutreten, ohne über besondere Kenntnisse, Qualifikationen und Erfahrungen im jeweiligen Sachgebiet zu verfügen und diese nachweisen zu können. Nach der Rechtsprechung darf sich nur derjenige als Sachverständiger bezeichnen, der unabhängig und unparteiisch ist und über eine überdurchschnittliche Sachkunde verfügt. Ausbildung und Kenntnisstand müssen den Vorstellungen entsprechen, die sich die Allgemeinheit von einem Sachverständigen der entsprechenden Branche macht.

Der Gesetzgeber hat aber aus Gründen des Verbraucherschutzes und um mehr Transparenz auf dem Gutachtenmarkt zu schaffen die öffentliche Bestellung und Vereidigung geschaffen. Außerdem gibt es zertifizierte Sachverständige, verbandsanerkannte Sachverständige und die „selbst ernannten" Sachverständigen. Schon in der Werbung sollte deutlich werden, um welche Art von Sachverständigem es sich handelt. Die Anforderungen an die Darstellung sind zum Teil unterschiedlich, da insbesondere der öffentlich bestellte und vereidigte Sachverständige wegen seiner besonderen Stellung besonderen Anforderungen unterliegt.

Als Grundsatz sollten alle Sachverständige Wert darauf legen, in ihrer Selbstdarstellung insofern eine gewisse Zurückhaltung zu üben, dass sie nicht durch marktschreierisches Auftreten und durch übertriebenes Herausstellen ihrer Qualifikationen auffallen, sondern durch sachliche Information und gemäßigte Darstellung dem Anspruch an Seriosität, Neutralität/Unparteilichkeit und Integrität gerecht werden.

6.3.1 Werbung als öffentlich bestellter und vereidigter Sachverständiger (öbuv)

a) Werbung mit der öffentlichen Bestellung und Vereidigung

Die öffentliche Bestellung und Vereidigung von Sachverständigen nach § 36 Gewerbeordnung (GewO) ist ein Nachweis der besonderen Qualifikation und persönlichen Eignung des Sachverständigen. Mit einer solchen besonderen Qualifikation darf der Sachverständige auch Werbung treiben, solange er dabei den Grundsatz der sachlichen Informationswerbung einhält. Das heißt, die Werbung darf nicht marktschreierisch sein. Selbst wenn sie dazu dient, sich von Mitbewerbern abzugrenzen, darf die Werbung die Mitbewerber nicht herabsetzen. So ist z. B. eine Behauptung unzulässig, dass nicht öffentlich bestellte und vereidigte Konkurrenten pauschal weniger geeignet, weniger fachlich qualifiziert oder per se unseriös seien. Abgesehen davon, dass eine solche Werbung ggf. sogar UWG-widrig sein und einen Verstoß gegen §§ 4, 6 Nr. 5 UWG darstellen kann, ist sie jedenfalls kein Zeichen von Seriosität des in solcher Weise werbetreibenden Sachverständigen.

6.3 Besonderheiten für die Werbung von Sachverständigen

Wichtig ist, dass der öbuv-Sachverständige sich im Zusammenhang mit der öffentlichen Bestellung auch genau als „Sachverständiger" bezeichnet, also diese offizielle Bezeichnung, die mit der öffentlichen Bestellung verliehen wird, und nicht Begriffe wie „Gutachter" oder „Experte" verwendet.

Die Sachverständigenordnungen der Bestellungskörperschaften verpflichten öbuv-Sachverständige, bei Sachverständigenleistungen auf ihrem Bestellungsgebiet auf die öffentliche Bestellung hinzuweisen. Dies liegt darin begründet, dass die öffentliche Bestellung im öffentlichen Interesse erfolgt und daher auch der Öffentlichkeit bekannt sein muss. Bei Sachverständigenleistungen auf anderen Sachgebieten darf der Sachverständige nicht in wettbewerbswidriger Weise auf seine öffentliche Bestellung hinweisen oder hinweisen lassen. Das heißt, auf Sachgebiete, für die ein Sachverständiger nicht öffentlich bestellt und vereidigt ist, darf er seinen guten Ruf durch eine öffentliche Bestellung und Vereidigung nicht übertragen oder diesen dafür ausnutzen. Dies gilt in gleicher Weise auch für gewerbliche Tätigkeiten, die neben der Sachverständigentätigkeit ausgeübt werden, wenn also z. B. ein Handwerker neben seinem Handwerksbetrieb auch öbuv-Sachverständiger ist – dies muss klar getrennt werden, sowohl im Internetauftritt als auch in der sonstigen Werbung (sogenanntes Trennungsgebot).

Je nach Werbemedium muss ggf. nicht der genaue Wortlaut des Bestellungstenors angegeben werden. Es können einzelne Angaben weggelassen oder in ihrem Wortlaut geändert werden, aber davon sollte nur sehr zurückhaltend Gebrauch gemacht werden. Beispielsweise wäre es zulässig, die Abkürzung „IHK" für Industrie- und Handelskammer zu verwenden oder besonders lange regionale Bezeichnungen der Bestellungskörperschaften dadurch zu verkürzen, dass nur der Ort des Sitzes der Bestellungskörperschaft wiedergegeben wird (z. B. „Niederrheinische Industrie- und Handelskammer Duisburg – Wesel – Kleve zu Duisburg" durch „IHK Duisburg"). Nicht in andere Begriffe geändert werden darf hingegen der Begriff „öffentlich bestellt und vereidigt", da es sich um die gesetzliche Bezeichnung handelt. Abkürzungen (z. B. „öff. best. u. vereid.") sind aber möglich, solange sie ausreichend klar und transparent für den Nutzer sind. Da es aber auf der Internetseite keine Platzprobleme gibt, ist zumindest dort von Verkürzungen abzuraten.

b) Werbung mit „Ehemals öffentlich bestellt und vereidigt"

Mit einer ehemaligen öffentlichen Bestellung und Vereidigung darf nicht mehr geworben werden, da diese gerade nicht mehr besteht. Das heißt, mit Erlöschen der öffentlichen Bestellung ist die Werbung zu ändern.

Unzulässig ist also folgende Werbung:

– Ehemals/vormals öffentlich bestellter und vereidigter Sachverständiger

– Öffentlich bestellter und vereidigter Sachverständiger a. D.

– Bis zum 31.12.2015 öffentlich bestellter und vereidigter Sachverständiger

Eine solche Werbung wäre zwar wahrheitsgemäß, wenn die öffentliche Bestellung vorher bestand. Dennoch kann die Werbung mit einem Qualifikationsnachweis, der früher einmal bestand, irreführend sein, da unklar ist, ob die fachliche Eignung fortbesteht, zumal die

6. Rechtliche Rahmenbedingungen

öffentliche Bestellung aus unterschiedlichsten Gründen entfallen sein kann. So kann z. B. die öffentliche Bestellung durch Widerruf durch die Bestellungskörperschaft wegen Verstoßes des Sachverständigen gegen die Sachverständigenordnung erloschen sein oder weil erforderliche Qualifikationsnachweise nicht beigebracht wurden.

6.3.2 Werbung mit einer Zertifizierung

Gerade im Sachverständigenbereich gibt es etliche Personenzertifizierungen durch private Stellen. Eine solche Personenzertifizierung ist bei Weitem nicht jedes Zertifikat, das man z. B. durch Absolvieren eines Zertifikatslehrgangs erwerben kann. Auch führt die bloße Mitgliedschaft in einem Verband nicht dazu, mit einer Zertifizierung werben zu dürfen. Vielmehr gibt es für Personenzertifizierungen strenge Voraussetzungen.

Eine Werbung mit einer Personenzertifizierung ist nur dann zulässig, wenn die Zertifizierung von einer Zertifizierungsstelle vorgenommen wurde, die über die dafür erforderliche sachliche Qualifikation, Unabhängigkeit und Objektivität verfügt, die dabei den Erwartungen entspricht, die das Rat suchende Publikum in die Tätigkeit eines durch sie zertifizierten Sachverständigen setzt, und die garantiert, dass der einzelne Sachverständige eine überdurchschnittliche Qualifikation aufweist und diese in einer Prüfung vor einer dafür kompetenten Stelle unter Beweis gestellt hat. Dem Sachverständigen wird bei bestandener Zertifizierung eine entsprechende Zertifikatsurkunde mit Nennung des Sachgebiets, der Zertifizierungsstelle und der Zertifizierungsdauer ausgehändigt.

In der Regel müssen solche privaten Zertifizierungsstellen sich durch die Deutsche Akkreditierungsstelle (DAkkS) in Berlin akkreditieren lassen. Die DAkkS begutachtet, bestätigt und überwacht als unabhängige Stelle die Fachkompetenz von Zertifizierungs- und Inspektionsstellen nach einem strengen Qualitätssicherungssystem, auch in Form von Audits, und dies in bestimmten zeitliche Abständen. Hierdurch soll die besondere Kompetenz der Zertifizierungsstelle bestätigt werden.

Ein Beispiel für eine solche Zertifizierungsstelle ist die Zertifizierungsstelle der IfS GmbH für Sachverständige (IfS Zert), die für die Personenzertifizierung auf dem Gebiet „Kraftfahrzeugschäden und -bewertung" von der DAkkS akkreditiert ist.

Wenn also eine dementsprechende Zertifizierung durch die richtige Stelle und durch eine entsprechende Sachkundeprüfung erworben wurde, kann damit geworben werden. Dabei ist schon in der Werbung anzugeben, welche Zertifizierungsstelle zertifiziert hat und für welches Sachgebiet zertifiziert wurde. Wird in der Werbung die Zertifikatsurkunde gezeigt, muss diese vollständig dargestellt werden; Verkleinerungen sind nur zulässig, soweit der Urkundentext noch lesbar ist. Im Einzelnen sind die Vorgaben der jeweiligen Zertifizierungsstelle zu beachten. Dort ist meist auch geregelt, ob und inwieweit ggf. Logos der Zertifizierungsstelle in Zusammenhang mit der Zertifizierung genutzt werden dürfen.

Von der Personenzertifizierung zu unterscheiden ist die Zertifizierung von Qualitätsmanagementsystemen. Bei der Qualitätsmanagementzertifizierung wird nicht die Qualifikation/fachliche Kompetenz des Sachverständigen geprüft und zertifiziert, sondern Prozessabläufe im Unternehmen des Sachverständigen, mit denen die Qualität sichergestellt werden soll. Bei der Werbung mit Zertifizierungen muss daher deutlich werden, um welche Art der Zertifizierung es sich handelt. Erkennbar ist dies auch an den entsprechenden DIN-EN/ISO-Bezeichnungen.

Bei Lehrgangszertifikaten handelt es sich dagegen nicht um Zertifizierungen. Sie bestätigen nur die Teilnahme an einer Aus- oder Weiterbildungsmaßnahme und ggf. deren erfolgreichen Abschluss. Eine „echte" Zertifizierung hingegen ist ein Qualifikationsnachweis, der innerhalb einer bestimmten Dauer regelmäßig überprüft wird und nach Ablauf der Zertifizierungsdauer durch eine Rezertifizierung erneut nachgewiesen werden muss. Zudem gilt während der Zertifizierungsdauer ein umfassender Verhaltenskodex, ähnlich den Sachverständigenordnungen der Bestellungskörperschaften für öffentlich bestellte und vereidigte Sachverständige.

6.3.3 Werbung mit „anerkannter Sachverständiger" und sonstigen Bezeichnungen

Ohne weitere Zusätze ist eine Werbung mit „anerkannter Sachverständiger" unzulässig, weil daraus nicht erkennbar ist, wer den Sachverständigen anerkannt hat, aber der Anschein erweckt wird, dass es sich um eine staatliche Anerkennung handelt. Gegebenenfalls kann dies sogar als Missbrauch von Titeln, Amtsbezeichnungen und Abzeichen strafrechtlich relevant sein (§ 132a Strafgesetzbuch), ähnlich der Amtsanmaßung. Wenn eine Verbandsanerkennung vorliegt, indem z. B. Kooperationsvereinbarungen geschlossen werden oder die Mitgliedschaft in einem Sachverständigenverband kraft Mitgliedschaft zum Führen der Anerkennungsbezeichnung berechtigt, ist hingegen die Werbung als „anerkannter Sachverständiger" zulässig, sofern der entsprechende Verband benannt wird.

Beispiel:

 – „anerkannt vom ADAC"

 – „anerkannt vom BVSK"

Das heißt, es muss offengelegt werden, welcher Verband oder welche Organisation die Anerkennung ausgesprochen hat. Der Verband, der die Anerkennung ausspricht, muss zudem über die dazu erforderliche fachliche Qualifikation, Unabhängigkeit und Objektivität verfügen und den Erwartungen genügen, die das Rat suchende Publikum an die Tätigkeit eines von ihm anerkannten Sachverständigen stellt. Und der verbandsanerkannte Sachverständige muss eine besondere, den Standard seiner Mitbewerber deutlich überragende Qualifikation aufweisen und diese Qualifikation in einer Prüfung vor einer dafür kompetenten Stelle mit Erfolg unter Beweis gestellt haben. Es ist also ähnlich streng wie bei einer Zertifizierung.

Unter diesem Aspekt wäre auch die Bezeichnung als „geprüfter Sachverständiger" unzulässig. Auch hier wird der Eindruck hervorgerufen, dass eine staatliche Prüfung abgelegt wurde. Selbst wenn z. B. am Ende eines IHK-Lehrgangs eine Prüfung bestanden wurde, berechtigt dies nicht dazu, sich „geprüfter Sachverständiger" zu nennen.

Ähnlich ist der Fall gelagert, wenn sich z. B. ein Architekt als „gerichtlich zugelassener Bausachverständiger und Schätzer" bezeichnet, obwohl es keine gerichtlich zugelassenen Sachverständigen gibt. Ebenso darf sich ein Sachverständiger nicht mit der Bezeichnung „vom Gericht bestellt" oder „Gerichtssachverständiger" schmücken, auch wenn er von Gerichten häufig mit der Erstattung von Gutachten beauftragt wird.

Irreführend ist die Bezeichnung als „eidesstattlich verpflichteter Sachverständiger" durch einen Sachverständigen, der vor einem Notar die eidesstattliche Versicherung abgegeben hat, er werde seine Gutachten stets nach bestem Wissen und Gewissen erstatten.

6.3.4 Trennungsgebot

Häufig sind Sachverständige neben ihrer Sachverständigentätigkeit auch noch handwerklich oder gewerblich tätig, z. B. der Kfz-Sachverständige auch als Kfz-Meister mit Werkstatt, der Briefmarkensachverständige auch als Briefmarkenhändler oder der Sachverständige für Immobilienbewertung auch als Immobilienmakler.

Die verschiedenen Tätigkeitsbereiche dürfen in der Werbung und insgesamt im Außenauftritt – also auch auf der Homepage – nicht miteinander vermischt werden. Eine gemeinsame Darstellung der verschiedenen Bereiche wäre wettbewerbswidrig, da auf diese Weise das Image als neutraler, objektiver oder gar öffentlich bestellter und vereidigter Sachverständiger und damit als besonders qualifizierte und vertrauenswürdige Person zur Werbung auch für die anderen Bereiche „missbraucht" würde.

Diese Grundsätze gelten auch, wenn ein öffentlich bestellter und vereidigter Sachverständiger neben dem Sachgebiet, für das er öffentlich bestellt worden ist, auch noch als Sachverständiger (ohne öffentliche Bestellung) für weitere Sachgebiete tätig ist.

Die Grenze zwischen dem, was in der Darstellung gerade noch zulässig ist und was nicht mehr, ist sicherlich nicht trennscharf und wird bei öffentlich bestellten und vereidigten Sachverständigen etwa strikter gesehen werden als bei anderen Sachverständigen. Um Ärger zu vermeiden, sollte aber generell auf eine getrennte Darstellung geachtet werden. Es ist daher zu empfehlen, zwei unterschiedliche Homepages für die jeweiligen Bereiche zu erstellen und diese allenfalls miteinander zu verlinken. Im Zweifel ist es auch sinnvoll, wenn öffentlich bestellte und vereidigte Sachverständige hierzu mit ihrer jeweiligen Bestellungskörperschaft reden.

6.3.5 Werbung mit Referenzen

Werbung mit Referenzen ist für Sachverständige schwierig und bei der Überlegung, ob auf der Internetseite solche Referenzdarstellungen eingefügt werden, sind Aufwand und Nutzen abzuwägen.

Zum einen Teil ist die Werbung mit Referenzen bereits von vornherein unzulässig, da alle Dinge (z. B. Namen, Anschrift, begutachtete Objekte, Begleitumstände), die dem Sachverständigen im Zusammenhang mit einem Gerichtsgutachten bekannt werden, der gesetzlichen Schweigepflicht unterliegen. Sollten solche Umstände offenbart werden, kann dies sogar strafrechtlich verfolgt werden.

Zum anderen gilt für alles, was nicht im Zusammenhang mit einer Tätigkeit für ein Gericht steht, jedenfalls das Persönlichkeitsrecht der Betroffenen. Alle Merkmale, die auf Personen schließen lassen, müssten also anonymisiert werden. Und die Betroffenen sollten gefragt werden, ob sie mit einer solchen öffentlichen Darstellung einverstanden sind, d. h., vor Veröffentlichung ist eine Einwilligung einzuholen.

6.4 Praktische Tipps

6.4.1 Wen kann man fragen, ob Werbung rechtlich in Ordnung ist?

Die Darstellung in diesem Buch soll als erste Information und zur Sensibilisierung dienen, welche rechtlichen Fallstricke es gibt und an welchen Stellen Vorsicht geboten ist. Auch der Blick ins Gesetz wird nicht ohne Weiteres dazu führen, dass Sie wissen, ob Ihre Werbung rechtlich einwandfrei ist und einer gerichtlichen Überprüfung standhält. Für die konkrete Gestaltung der Homepage (und sonstiger Werbung) wird es daher sinnvoll sein, sich nochmals rechtlich beraten zu lassen, da Fehler teuer werden können.

Für rechtliche Beratung sind in erster Linie Rechtsanwälte die richtigen Ansprechpartner. Bei der Auswahl sollte darauf geachtet werden, dass sich der Rechtsanwalt im Wettbewerbsrecht, Onlinerecht und gewerblichen Rechtsschutz auskennt.

Öffentlich bestellte und vereidigte Sachverständige können sich auch zunächst an ihre Bestellungskörperschaft wenden. Die Kammern sind schließlich nicht nur für die Bestellung zuständig, sondern haben auch ein Interesse daran, dass öbuv-Sachverständige von potenziellen Auftraggebern gefunden werden. Dazu dient im Übrigen auch die im Internet zugängliche Darstellung unter www.svv.ihk.de und www.svd-handwerk.de, wo alle öffentlich bestellten und vereidigten Sachverständigen mit ihren Sachgebieten aufgelistet sind. Diese Listen werden stets aktualisiert. Sie sind kostenlos zugänglich. Die Suche erfolgt nach Sachgebieten. Öbuv-Sachverständige können in dieser Liste einen Link auf ihre eigene Homepage setzen lassen. Die Industrie- und Handelskammern sowie die Handwerkskammern verfügen über wettbewerbsrechtlich erfahrene Kollegen, die in der Regel für eine Erstberatung bereitstehen. Zudem sind die Bestellungskörperschaften daran interessiert, dass öbuv-Sachverständige „ordentlich" auftreten und nicht durch unzulässige Werbung auffallen. Auch unter diesem Aspekt können öbuv-Sachverständige sich also mit wettbewerbsrechtlichen Fragen zu ihrer geplanten Werbung an die Kammern wenden.

6.4.2 Was passiert, wenn man Fehler gemacht hat?

Verstöße gegen das UWG werden durch Abmahnung und ggf. Gerichtsverfahren vor dem Landgericht verfolgt. Eine Abmahnung ist ein außergerichtliches Verfahren zur gütlichen Einigung, das das Ziel hat, den Rechtsverstoß schnell abzustellen und eine Wiederholungs-

6. Rechtliche Rahmenbedingungen

gefahr zu vermeiden. Sie hilft also, Gerichtsverfahren zu vermeiden, und ist im Verhältnis zum Gerichtsverfahren kostengünstig.

Abmahnbefugt sind Mitbewerber, Wettbewerbsvereine, Verbraucherschutzvereine (diese müssen in eine Liste beim Bundesamt für Justiz eingetragen sein) sowie Industrie- und Handelskammern und Handwerkskammern.

In der Abmahnung schildert der Abmahner die gerügte Werbemaßnahme und stellt fest, dass dies einen Verstoß gegen §§ ... UWG darstellt. In der Regel ist eine sogenannte vorformulierte Unterlassungserklärung beigefügt, in der der Abgemahnte sich verpflichtet, den genau beschriebenen Verstoß künftig zu unterlassen. Für den Fall der Wiederholung verpflichtet er sich, eine Vertragsstrafe zu zahlen. Außerdem verpflichtet sich der Abgemahnte, die Kosten für die Abmahnung zu übernehmen. In der Regel ist eine sehr kurze Frist gesetzt, innerhalb derer die Unterlassungserklärung eingefordert wird.

Reagiert der Abgemahnte nicht fristgerecht, riskiert er, dass der Abmahner beim Landgericht den Erlass einer einstweiligen Verfügung beantragt. Dies ist ein Gerichtsverfahren im sogenannten einstweiligen Rechtsschutz, d. h., die Gerichtsentscheidung in Form der einstweiligen Verfügung ergeht ohne mündliche Verhandlung auf der Grundlage einer Plausibilitätsprüfung und ohne Anhörung des Abgemahnten. Das Ganze geht ziemlich rasch – innerhalb weniger Tage kann eine solche einstweilige Verfügung erlassen sein.

6.4.3 Was tun, wenn Sie eine Abmahnung erhalten haben?

Wer eine Abmahnung erhält, sollte jedenfalls innerhalb der Frist reagieren und sich ggf. rechtzeitig Rat holen, sei es bei der Bestellungskörperschaft, der Industrie- und Handelskammer, bei einem Verband (Voraussetzung: Mitgliedschaft) oder bei einem auf Wettbewerbsrecht spezialisierten Rechtsanwalt.

Folgende Dinge sind zu prüfen:

a) Ist der vorgeworfene Rechtsverstoß tatsächlich ein Rechtsverstoß?

– Ist die dort beschriebene Werbung tatsächlich so veröffentlicht worden?

– Ist darin ein Rechtsverstoß zu sehen?

b) Stimmen die Formalien?

– Richtige Adressatenbezeichnung und Anschrift?

– Eingangsdatum und Zustellungsart festhalten – gibt es dabei Unstimmigkeiten?

– Ist die Frist angemessen? In der Regel beträgt die Frist nur wenige Tage, da ein Interesse des durch den Rechtsverstoß Verletzten und der Allgemeinheit daran besteht, dass der Rechtsverstoß zügig abgestellt wird und nicht zu weiteren Schäden führt. Durch Verzögerungen bei der Zustellung der Abmahnung, z. B. weil sie nicht unmittelbar nach dem Datum der Abmahnung zur Post gegeben wurde, kann es zu unangemessen verkürzten Fristen kommen, die gerügt werden können. Wichtig ist aber, auch eine solche unangemessen kurze Frist nicht einfach verstreichen zu lassen, sondern den Abmahner auf die Unangemessenheit hinzuweisen und Fristverlängerung zu fordern.

c) Ist derjenige, der abmahnt, zur Abmahnung befugt?

- Bei einem Mitbewerber: Prüfen, ob er tatsächlich Mitbewerber ist (Aktivitäten im Internet, Bewertungen? Seit wann tätig? Welches Sortiment? Gibt es im Internet bereits Informationen über weitere Abmahnungen?)
- Bei einem Wettbewerbsverein: Gibt es im Internet bereits Informationen über Gründungsdatum, Mitgliederzahl und -struktur, Vereinssatzung? Gibt es im Internet Informationen über weitere Abmahnungen?
- Bei einem Verbraucherschutzverein: Prüfen, ob eine Eintragung in der Liste beim Bundesamt für Justiz besteht (sogenannte Liste qualifizierter Einrichtungen nach dem Unterlassungsklagengesetz § 4 Abs. 2 UKlaG, zu finden unter www.bundesjustizamt.de, dort unter Bürgerdienste – Verbraucherschutz)

Zur Abmahnbefugnis sollten Sie ggf. auch bei der örtlichen Industrie- und Handelskammer nachfragen, ob über den Abmahner Informationen zur Aktivlegitimation vorliegen, da die IHKs häufig Erfahrungen mit bereits auffällig gewordenen, rechtsmissbräuchlich abmahnenden Unternehmen, Rechtsanwälten oder Vereinen haben und Hinweise zum weiteren Vorgehen geben können.

d) Wie ist die Unterlassungserklärung formuliert?

- Wird der Verstoß konkret genug beschrieben? Dies ist wichtig, da bei jeder Wiederholung desselben Verstoßes die Vertragsstrafe fällig wird. Je weiter die Unterlassungserklärung formuliert ist, desto eher fällt man in die „Wiederholungsfalle" und Vertragsstrafen sind erheblich teurer als Abmahnungen (häufig zwischen 3.000 und 5.100 Euro).
- Ist die Vertragsstrafe im Wiederholungsfall angemessen? Häufig ist es besser, diese Klausel entsprechend dem sogenannten Hamburger Brauch zu formulieren. Das bedeutet, dass als Vertragsstrafe statt einer festen Summe eine vom Abmahner zu bestimmende und im Streitfall vom zuständigen Gericht zu überprüfende angemessene Summe (ohne Bezifferung in der Unterlassungserklärung) festgelegt wird.
- Ist die Höhe der Abmahnkosten angemessen? Diese liegt bei Abmahnung durch Wettbewerbs- oder Verbrauchervereine bei ca. 200 Euro. Bei Abmahnungen durch Mitbewerber sind die Kosten des Rechtsanwalts zu erstatten, wobei sich der für die Rechtsanwaltsgebühren zugrunde liegende Streitwert nach der Art des Verstoßes richtet. Bei UWG-Verstößen können Streitwerte zwischen 1.000 und 10.000 Euro angemessen sein.

Wenn Sie – auch nach Hinzuziehung von externem Rat – bei dieser Prüfung zum Ergebnis kommen, dass unklar ist, ob tatsächlich ein Rechtsverstoß vorliegt, kann es sinnvoll sein, die Einigungsstelle für Wettbewerbsstreitigkeiten bei Ihrer örtlichen IHK anzurufen, also dort einen Antrag auf Durchführung eines Einigungsstellenverfahrens zu stellen. Dies soll-

6. Rechtliche Rahmenbedingungen

ten Sie mit der IHK besprechen. Auch an dieser Stelle sei nochmals betont, dass das alles innerhalb der vom Abmahner gesetzten Frist erfolgen sollte. Gegebenenfalls ist eine Fristverlängerung zu beantragen, die häufig gewährt wird, wenn Sie nur um wenige Tage Fristverlängerung bitten und eine nachvollziehbare Begründung dafür angeben. Der Abmahner ist allerdings nicht verpflichtet, der Fristverlängerung zuzustimmen.

Glossar

Ad Impressions (Werbeaufrufe)

Als Ad Impressions wird die Anzahl der Aufrufe von Werbemitteln bezeichnet. Die Zahl der einzelnen Aufrufe wird in der Regel protokolliert und dient zur Abrechnung von Online-Werbung. Diese Abrechnung erfolgt meist nach dem sogenannten TKP (Tausend-Kontakt-Preis). Auch ist die Anzahl der Ad Impressions ein wichtiger Indikator zur Feststellung der Reichweite diverser Werbemittel und späteren Optimierung.

Advertorials

Das Advertorial ist eine Wortzusammensetzung aus dem englischen Wort für Anzeige und Leitartikel und wird als redaktioneller Beitrag einer Werbeanzeige definiert. Hierbei werden in Form von meist ausführlichen Artikeln zu einem Thema auch Werbeinhalte vermittelt, ohne dass dies dem Lesenden als Werbung ins Auge sticht. Gemäß deutschem Presserecht sind allerdings redaktionelle Inhalte und Werbung klar voneinander zu trennen und Advertorials als solche zu kennzeichnen.

Click-Through-Rate

Die Click-Through-Rate (Klickrate) ist das Verhältnis der Anzahl der Klicks zu der Anzahl der Ad Impressions. Wird eine Werbeanzeige z. B. 100-mal ausgeliefert, und dabei 5-mal angeklickt, spricht man von einer Klickrate von 5 %.

CMS – Content-Management-System

Das Content-Management-System (Inhaltsverwaltungssystem) ist eine Software zur gemeinschaftlichen Erstellung, Bearbeitung und Verwaltung von Inhalten von Websites. Das Hauptaugenmerk bei CMS ist auf eine medienneutrale Datenhaltung gerichtet, sodass Inhalte in verschiedenen Dateiformaten abrufbar sind. Zu den bekanntesten offenen Content-Management-Systemen zählen WordPress und Typo3.

Content

Der Content ist der Inhalt einer Website, Produktbeschreibung, von Blogs oder Ähnlichem. Die Qualität dieses Inhaltes ist ebenfalls ein Entscheidungskriterium beim Ranking. So sollte der Content jedenfalls einzigartig (unique) sein und sollte Bilder, Videos und Links zu anderen Websites oder Unterseiten enthalten. Speziell in letzter Zeit ist man auch dazu übergegangen, umfangreiche Beschreibungen mit rund 1.000 Worten zu verfassen. Quantität kann aber hierbei Qualität nicht ersetzen.

Conversion Pixel

Mithilfe eines Conversion Pixels kann man einen JavaScript-Code in eine Website einfügen. Wenn man z. B. Onlinekäufe nachverfolgen möchte, fügt man das Conversion Pixel in die Bestätigungsseite ein. Durch das integrierte Pixel wird die Kauftransaktion an eine Webanalyse-Software übermittelt und kann analysiert werden. Diese Daten werden dann mit dem Werbeaufwand verglichen und ermöglichen eine Auswertung über Zielgenauigkeit

Glossar

und Wirksamkeit von Werbemaßnahmen. Für die Budgetplanung ist dies ein sehr hilfreiches Tool.

Cookies

Cookies sind kleine Textdateien, welche mit Einverständnis auf dem Computer des Nutzers kurzfristig gespeichert werden. Sie enthalten Daten über besuchte Websites, welche über den Browser geliefert werden.

Der Vorteil für den Nutzer besteht darin, dass sich dieser schneller im Netz bewegen kann und Seiten, auf denen er sich oft befindet, rascher aufgerufen werden. Auch werden diverse persönliche Seiteneinstellung wie Schriftgröße, Zoom, Sprache oder Ähnliches gespeichert.

Der Vorteil für den Websitebetreiber ist, dass er mit Cookies die Benutzer genau identifizieren und Werbung somit gezielt einsetzen kann. Oftmals wird hier ein Tracking Code eingefügt.

Cost per Click

Cost per Click (CPC) ist eine Abrechnungsform im Bereich des Online-Marketings. Hierbei werden die Kosten einer Werbeschaltung abhängig von den darauf erfolgten Klicks berechnet. Bei diesem Modell zahlt der Werbende keine Pauschale, nur wenn Nutzer tatsächlich auf den z. B. Werbebanner klicken, werden Kosten fällig.

Cost per Mille (CPM), Tausend-Kontakt-Preis (TKP)

Bei dem Abrechnungsmodell CPM oder TKP wird im Vorfeld eine Summe bestimmt, welche pro 1.000 Sichtungen des Werbemittels fällig wird. Der Werbende zahlt hier pro Sichtung und nicht zwangsläufig pro Klick. Wenn z. B. auf einer Website ein Werbebanner erscheint, muss dieses vom Nutzer nicht angeklickt werden, der Besuch auf der besagten Seite reicht für eine Zählung bereits aus. Das Abrechnungsmodell TKP ist Standard im Printbereich.

Cost per Order

Über das Modell Cost per Order (CPO) werden Provisionen oder Vermittlungsgebühren von tatsächlichen Käufen des Nutzers über sogenannte Affiliate-Seiten abgerechnet. Kosten werden nur fällig, wenn es zu einem Verkaufsabschluss kommt.

Cross-Media-Marketing

Als Cross-Media-Marketing bezeichnet man die zeitliche, inhaltliche und optische Abstimmung von Werbekampagnen über verschiedene, mindestens 3, Werbeträger.

Customer Journey

Als Customer Journey wird der Kaufprozess eines Kunden vom ersten Interesse bis hin zum tatsächlichen Kauf bzw. bis zum Ausführen einer Zielaktion bezeichnet. Hierbei werden alle Berührungspunkte (Touchpoints) des Nutzers mit einem Produkt oder einer Dienstleistung berücksichtigt. Hierzu zählen nicht nur die direkten (Anzeige, Werbespot, Website usw.), sondern auch die indirekten Berührungspunkte wie Social Media, Userforen, Blogs oder Ähnliches. Für eine erfolgreiche Marketingstrategie sind Kenntnisse der Customer Journey Voraussetzung.

Display-Banner, Display-Werbung

Als Display-Werbung gelten alle Arten von Online-Werbung mithilfe grafischer Darstellungen wie z. B. Animationen, Bilder oder Videos. Die beliebteste Form der Display-Werbung sind Display-Banner. Hierbei werden Werbungen als Grafikdatei in eine Website eingebunden und mittels eines Hyperlinks mit der Website des Werbenden vernetzt.

Google AdMob

Google AdMob ist ein von Google Inc. bereitgestellter Dienst, um Google-Anzeigen in mobile Anwendungen zu integrieren. Somit kann Werbung auch auf Handys, Tablets oder Ähnlichem angeboten werden.

Google AdWords

Google AdWords ist ein Werbesystem des US-Unternehmens Google Inc. Werbende können hiermit in der Suchmaschine Google Werbeanzeigen schalten. Die Abrechnung der Werbeanzeigen erfolgt nach der CPC-Methode.

Google Maps

Google Maps ist ein Onlinekartendienst von Google Inc., bei welchem geologische Daten, Straßenkarten oder Lokalitäten als Luft- oder Satellitenbild dargestellt werden. Mittlerweile verfügt Google Maps über eine Reihe von Zusatzfunktionen und wird vor allem von zahlreichen Handys als Navigationssystem verwendet. Für Werbetreibende ist die Funktion, auch Firmenstandorte einzutragen, relevant.

Google My Business

Google My Business ist das virtuelle Branchenbuch von Google Inc. Durch den Eintrag erhält das Unternehmen eine öffentliche Präsenz auf Google, Google Maps und Google+. Anders als bei Google Places sind hier Richtlinien zwingend zu beachten. Die Eintragung in Google My Business ist kostenfrei, es muss allerdings ein persönlicher Kundenkontakt nachgewiesen werden.

Google Places

Google Places ist ein Programm von Google Inc., welches eng mit Google Maps verknüpft ist. Es handelt sich hierbei um ein virtuelles Verzeichnis, in das sich Unternehmer oder auch Ortschaften, Museen usw. eintragen können. Werden nunmehr über Google Maps lokale Unternehmen, Orte oder Sehenswürdigkeiten gesucht, wird dieser Eintrag aufgespielt, bei Anklicken desselben erhält man Detailinformationen. Auch Google selbst trägt hier immer wieder neue Daten ein.

Glossar

Google Search Console

Google Search Console ist ein kostenloses Analyseprogramm von Google Inc. und steht ausschließlich Websiteinhabern zur Verfügung. Ein Google-Konto und die Integration eines Bestätigungsschlüssels auf der Website sind erforderlich. Danach stehen dem Websitebetreiber verschiedene Analysetools zur Verfügung.

Google Trends

Google Trends ist ein Onlineservice von Google Inc., welcher Informationen über das Nutzerverhalten im Rahmen der Suchmaschine Google zur Verfügung stellt. Mithilfe von Google Trends lassen sich Keywords ermitteln oder die häufigsten Suchanfragen nachschlagen. Die Daten werden von Google wöchentlich aktualisiert.

Keywords

Als Keywords bezeichnet man jene Begriffe, welcher ein Nutzer in die Suchmaschine eingibt, um diverse Websites aufzurufen. Sie sind essenziell für den Erfolg oder Misserfolg einer Website verantwortlich. Das beste Produkt oder die beste Serviceleistung ist irrelevant, wenn sie niemand findet. Keywords sollten sowohl auf Landing Pages, in Produktbeschreibungen, in Unterseiten und Blogbeiträgen vorkommen.

Lost Impression Share

Impression Share ist der prozentuelle Anteil der möglichen Impressionen (Aufrufe) einer Anzeigenschaltung. Die Berechnung erfolgt durch die Teilung der tatsächlichen Anzeigen durch die geschätzten möglichen Anzeigen.

Der Lost Impression Share ist nunmehr der Anteil an entgangenen möglichen Aufrufen z. B. durch ein zu geringes Werbebudget oder durch einen zu geringen Anzeigerang. Dieser Rang kann durch sogenannte Keywords oder optimierten SEO-Text erhöht werden.

Meta-Daten

Als Meta-Daten im Rahmen des Marketingbereichs werden für den Nutzer einer Website deren nicht sichtbare Informationen und Daten bezeichnet. Zweck der Meta-Daten ist die Vereinfachung der Erfassung der Informationen durch Suchmaschinen. Mögliche Meta-Daten sind übergreifende Informationen über eine Ressource.

Meta Description

Die Meta Description ist eine Kurzbeschreibung, die den Inhalt des HTML-Dokuments für Suchmaschinen erläutert. Die Länge sollte 175 Zeichen nicht überschreiten. Ziel der Meta Description ist es, dem Nutzer eine Übersicht über den Inhalt zu geben. Häufig findet man hier auch einen Call-to-Action-Aufruf.

Meta Title

Der Meta Title einer Website ist eine kurze, aussagekräftige Beschreibung des HTML-Dokuments und der Unterseiten. Der Meta Title ist verpflichtend und darf nur einmal im gesamten Dokument vorkommen. Üblicherweise besteht der Meta Title aus der Firmen- oder

Markenbezeichnung. Er sollte eine Länge von 70 Zeichen nicht überschreiten. Im Rahmen der SEO hat der Meta Title eine enorme Bedeutung.

Page Impression (Seitenaufruf)

Als Impressionen wird im Marketingbereich im deutschsprachigem Raum die Anzahl der Abrufe einer einzelnen Website und deren Unterseiten bezeichnet. Programme wie Google Analytics erlauben es, genaue Analysen zu treffen und Statistiken auszuwerten. Hierbei wird jeder Seitenaufruf (Page Impression) gezählt. Unterseiten werden ebenfalls gezählt. Im englischsprachigen Raum wird hauptsächlich der Begriff Page View/Page Impression verwendet.

Ein Nutzer, der eine Website 3-mal im Monat aufruft und beim ersten Besuch 4 Seiten, beim zweiten Besuch 6 Seiten und beim dritten Besuch 2 Seiten abruft, produziert im Durchschnitt 4 Seitenaufrufe pro Visit. Die Summe der Seitenaufrufe ist 12.

Paid Search

Als Paid Search oder auch Paid Ads werden bezahlte Werbeeinblendungen (Werbebanner) innerhalb von Suchmaschinen bezeichnet. Bei der Suchmaschine Google werden die Werbeanzeigen als Google AdWords bezeichnet. Das gleichnamige Werbeprogramm dient zur Erstellung der besagten Anzeigenkampagnen.

Placement

Unter dem Placement versteht man den genauen Werbeplatz, der einer Werbeeinschaltung zugewiesen wird. Mit dem Werbeprogramm Google AdWords für Display-Kampagnen beispielsweise haben Werbetreibende die Möglichkeit, Placements gezielt auszuwählen und damit zu entscheiden, auf welchen Seiten im Werbenetzwerk (Google-Display-Netzwerk) ihre Einschaltungen geschaltet werden sollen.

Plug-in

Ein Plug-in oder auch Add-on ist eine Softwareerweiterung. Diese Erweiterungen werden beispielsweise bei Browsern eingesetzt, um Formate für Video, Audio, Onlinespiele, Werbebanner usw. zu verarbeiten. Ein weitverbreitetes Plug-in ist z. B. der Flash Player. Achtung! Unterschiedliche Browser sind nur mit bestimmten Plug-ins ausstattbar.

Quellcode, HTML

Der Quellcode ist ein Computerprogramm oder eine Website, welche in Sprache (HTML-Datei) umgesetzt wird. Im Rahmen der SEO spielt der Quellcode eine wichtige Rolle, da er über die korrekte Ausführung einer Website und somit den Rankingerfolg auf Suchmaschinen entscheidet. Quellcode-Optimierung ist ein Bestandteil des technischen SEO. Da auch die Ladezeit einer Website Einfluss auf das Ranking hat, sollte der Quellcode möglichst effizient und kurz gestaltet sein.

Glossar

Retargeting, Remarketing

Auch das Retargeting oder Remarketing ist eine Technik des Targetings. Hierbei wird auf bereits vorhandene Nutzerdaten zugegriffen, welche bei vorherigen Websitebesuchen gespeichert wurden, und diese werden nach dem Wiedererkennungsprinzip genutzt. Somit können Werbeanzeigen interessengesteuert eingesetzt und angezeigt werden. Remarketing wird im allgemeinen Sprachgebrauch auch oft als „Werbung, die einen verfolgt" bezeichnet.

SEA (Search Engine Advertising)

SEA oder Suchmaschinenwerbung ist wie SEO ein Zweig des SEM (Search Engine Marketing) und bezeichnet Online-Werbung über Suchportale mithilfe von Keywords.

SEO (Search Engine Optimization)

SEO oder Suchmaschinenoptimierung hat sich mittlerweile als eigener Berufszweig entwickelt. Es handelt sich hierbei um die Optimierung von Websites mithilfe von Keywords, um ein möglichst gutes Ergebnis im Ranking von Suchmaschinen zu erzielen. Neben Keywords gibt es hier noch unzählige andere Möglichkeiten der Optimierung.

Targeting

Targeting ist ein Begriff des Online-Marketings und bezeichnet die Möglichkeit der Zielgruppenansprache. Voraussetzungen für ein gelungenes Targeting sind die Zielgruppenbestimmung im Vorfeld sowie die Wahl der richtigen Technik, um Streuverluste möglichst gering zu halten. Beim Targeting werden folgende Techniken unterschieden:

- regionales Targeting auf Basis des geografischen Ursprungs des Nutzers
- Kontext-Targeting auf Basis des Umfeldes der Werbeplatzierung
- Keyword-Targeting auf Basis des Suchverhaltens des Nutzers im Bereich der Suchmaschinenwerbung oder im Bereich der Display-Werbung auf Basis vordefinierter Begriffe, die im Umfeld der Werbeausspielung thematisch zutreffend sind
- technisches Targeting auf Basis des Browsers, Betriebssystems, der Peripherie oder Ähnlichem des Nutzers
- CRM-Targeting auf Basis der bereits vorhandenen Kundendaten des Nutzers (Kundenbindungsmanagement)
- Behavioural Targeting (Interessentargeting) auf Basis des Surfverhaltens des Nutzers

Tracking Code

Ein Tracking Code ist meist eine kleine Textdatei im HTML-Format, die automatisch erzeugt wird, um das Nutzerverhalten auf Websites analysieren und zuordnen zu können. Oftmals geht dieser Code mit der Zustimmung zur Verwendung von Cookies einher. Verkäufe im Affiliate-Marketing werden hiermit zugeordnet und abgerechnet.

Glossar

Unique User

Die Anzahl der Unique User gibt an, wie viele Nutzer in einem vordefinierten Zeitraum (beispielsweise ein Monat) den Internetauftritt besucht haben. Im Unterschied zu den Visits werden hier keine mehrfachen Aufrufe desselben Nutzers einer Website gewertet. Es wird die eindeutige Nutzeranzahl pro Monat gezählt. Dieser Wert gibt Aufschluss darüber, wie viele Nutzer pro Monat die Seite aufgerufen haben.

Ein Nutzer, der eine Website 3-mal im Monat aufruft und beim ersten Besuch 4 Seiten, beim zweiten Besuch 6 Seiten und beim dritten Besuch 2 Seiten abruft, produziert im Durchschnitt 4 Seitenaufrufe pro Visit. Er hat 3 Visits ausgeführt und wird als ein Unique User im Zeitraum gewertet.

Virales Marketing

Virales Marketing ist die Spezialisierung des Marketings im Bereich Social Media und hat das Ziel, Werbung bzw. Botschaften möglichst rasch (gleich einem Virus) medial zu verbreiten. Als beliebtester Werbeträger gilt hier das Viral Video. Findet ein Video Anklang bei den Nutzern, wird es meist innerhalb kürzester Zeit millionenfach aufgerufen und mit Freunden geteilt. Der Kostenaufwand für virales Marketing ist im Vergleich zum möglichen Nutzen sehr gering. Ein bekanntes Beispiel für die Verbreitung einer derartigen Kampagne ist die Ice Bucket Challenge, die als Spendenkampagne im Sommer 2014 ihren Hype hatte.

Visits

Der Wert Visits gibt an, wie oft eine Website aufgerufen wird. Im Unterschied zu den Page Impressions werden hier Unterseiten nicht berücksichtigt. Der Aufruf der Internetpräsenz wird als Gesamtwert gemessen. Auch mehrere Aufrufe desselben Nutzers einer Website werden bewertet. Dieser Wert gibt Aufschluss darüber, wie oft eine Website pro Monat besucht wird.

Ein Nutzer, der eine Website 3-mal im Monat aufruft und beim ersten Besuch 4 Seiten, beim zweiten Besuch 6 Seiten und beim dritten Besuch 2 Seiten abruft, produziert im Durchschnitt 4 Seitenaufrufe pro Visit. Er hat 3 Visits ausgeführt und wird als ein Unique User im Zeitraum gewertet.

Webanalyse (auch Web Analytics oder Web Controlling)

Bei der Webanalyse wird das Verhalten von Besuchern auf Websites gesammelt und ausgewertet. Untersucht werden hierbei Daten wie z. B. die Herkunft der Besucher, welche Bereiche einer Website besucht werden, die Dauer des Besuches, der Besuch von Unterseiten und Verlinkungen. Verwendet werden diese Daten zur Optimierung der Website zur Erreichung der gewünschten Ziele. Einer der bekanntesten Webanalysedienste ist Google Analytics.

Werbekanal

Der Werbekanal ist die spezifische Plattform oder Art, auf die geworben wird. So kann es innerhalb eines Werbemediums auch unterschiedliche Werbekanäle geben. Wer auf das Werbemedium Suchmaschinen setzt, hat hier etwa die Wahl zwischen Yahoo!, Google,

Bing und anderen Suchmaschinen, die Werbeprogramme anbieten. In Zeitungen wiederum lassen sich Werbeeinschaltungen, journalistische Texte oder auch bezahlte Advertorials unterscheiden.

Werbemedium

Das Werbemedium oder der Werbeträger dient zur Übermittlung der Werbebotschaft. Man unterscheidet hier

- Printmedien (z. B. Zeitungen, Zeitschriften, Prospekte),
- elektronische Medien (Fernsehen und Radio),
- Onlinemedien (z. B. Portale, Suchmaschinen, Produktvergleiche, Onlinedienste, Social Media),
- Streuwerbung (z. B. Einkaufstüten, Werbegeschenke, Schaufenster),
- aber auch Personen (z. B. Sportler, Schauspieler).

Je nach gewünschter Reichweite werden unterschiedliche Werbemedien oder eine Kombination der Werbeträger eingesetzt. Speziell Onlinemedien wurden aufgrund der einfachen und kostengünstigen Umsetzung und der enormen Reichweite in den letzten Jahren immer beliebter.

Werbereichweite

Die Werbereichweite gibt an, wie viele Personen durch einen Werbeträger oder die Kombination verschiedener Werbeträger erreicht werden. Für einen Vergleich müssen die Zielgruppe, das Werbemedium sowie die Werbedauer festgelegt werden. Angegeben wird die Werbereichweite entweder in einem Prozentsatz oder in absoluten Zahlen. Das Internet weist seit Jahren die höchste Zunahme bei Werbereichweiten aus.

Werbewirksamkeit

Die Werbewirksamkeit ist das Erreichen der gewünschten Reaktion bei der Zielgruppe unter Einsatz von Werbemitteln. Da Werbeziele unterschiedlich sein können, unterscheidet man zwischen ökonomischer, verhaltenswissenschaftlicher und psychologischer Werbewirksamkeit. Die ökonomische Wirksamkeit richtet das Augenmerk auf Absatz und Umsatzsteigerung, die psychologische und verhaltenswissenschaftliche Wirksamkeit auf Aufmerksamkeit, Erinnerung an Werbebotschaften oder Image eines Produktes.

Die Autoren

Kim Weinand

Informatiker, IT-Referent, Softwareentwickler, EDV-Sachverständiger, Online-Marketing-Manager, Buchautor, Dozent, Speaker, Unternehmer. Der Autor ist seit über 10 Jahren Sachverständiger und gehört dem Prüfungsgremium der IHK Köln für die Ausbildung zum Online-Marketing-Manager (IHK) an. Er referiert an IHKs und Bildungseinrichtungen zum Thema Online-Marketing und Social-Media-Marketing. Vor drei Jahren gründete er die Agentur moccabirds GmbH (www.moccabirds.com), der er als geschäftsführender Gesellschafter vorsteht. Die Agentur gehört zu den 15 größten Performance-Agenturen Deutschlands.

Weitere Informationen unter www.kim-weinand.de und www.moccabirds.com.

Hildegard Reppelmund

Die Autorin ist Rechtsanwältin und leitet als Syndikusrechtsanwältin das Referat Wettbewerbsrecht, Kartellrecht, Wirtschaftsstrafrecht beim Deutschen Industrie- und Handelskammertag e. V. (DIHK) in Berlin, der Dachorganisation der deutschen Industrie- und Handelskammern. Sie ist in dieser Funktion Mitglied der UWG-Expertengruppe des Bundesministeriums der Justiz und für Verbraucherschutz. Zudem hat sie die Geschäftsführung des Gutachterausschusses für Wettbewerbsfragen inne. Sie ist seit 16 Jahren mit dem Wettbewerbsrecht befasst.

Stichwortverzeichnis

3
3D 105

A
Ad Impressions (AI) 74
Advertorials 164
Augmented Reality 104

B
B2B-Netzwerke 171
Bannerwerbung 94
Behavioural Targeting 47
Besucherquellen 149
Bewegtbild 105
Bezahlte Suchanzeigen 45
Bloggen 166
Blogs 56

C
Click-Trough-Rate (CTR) 73
CMS-Systeme 143
Content .... 128 f.
Content-Marketing 61, 128, 162
Content-Strategie 64
Contextual Targeting 46
Cookies 33
Cost-per-Click (CPC) 14, 46, 74, 84
Cost-per-Order (CPO) 75
Cross Media Marketing 62
Customer Journey 36, 39, 95

D
Demografische Daten 150
Display-Werbung 94

E
E-Mail-Marketing .... 100 ff.
Erfolgskontrolle 69

F
Facebook 171

G
Gastbeiträge 167
Google Analytics 148
Google Trends 30
Google-Adwords 83

H
Hashtags 94

I
Interessenstargeting/Behavioural
   Targeting 47
Interne Verlinkungen 143
Internetnutzerzahlen 65

K
Kaufverhalten 33
Keyword-Planer .... 130 ff., 136
Keyword-Recherche 132
Keyword-Targeting 40
Kommunikationskanal 18, 160

L
Ladezeit 108
LinkedIn 171

Stichwortverzeichnis

M

Marketingmix	17 f.
Marketingziel	35
Massenmedium	34
Meta Description	143
Meta Title	143
Meta-Daten	143
Mobile Ready	94
Mobile Werbung	152
Mobilfähigkeit	109
Multiplikatoren	160

N

Natürliche Suchergebnisse	23

O

Online-Diskussionen	175
Online-Marketing	13
Online-PR	102, 163
Organische Suchergebnisse/ Natürliche Suchergebnisse	78

P

Paid Search	45
Phasen der Entscheidungsfindung/ Customer Journey	36
Placements	51
PR-Anzeige	165
Pressemeldung	169 f.
Presseportal	168 f.

R

Ranking	81
Reichweite	13
Remarketing	33
Retargeting	56, 161

S

Search Console	139
Social Media Marketing	91
Social Media Targeting	52
Social-Media	89
Sprachsuche	154
Story-Telling	162
Streuverluste	13, 22
Suchmaschinenmarketing	76
Suchmaschinenoptimierung	142, 144

T

Targeting	34, 39
Thementargeting/Contextual Targeting	46

U

Unique Users	74
Usability	155

V

Virales Marketing	61 f.

W

Webmaster Tools	139
Webseite	64
Website-Analyse	70, 147
Website-Ladezeit	108
Werbeansprache	35
Werbekanäle	61
Werbemöglichkeiten	18
Werbereichweite	26
Werbewirksamkeit	26
WordPress	112

X

XING	171 ff.

Y

Youtube 54

Z

Zielgruppenansprache 34
Zielgruppenselektion 34